KB166825

쿼드러플 오브젝트

컨템포러리 총서

쿼드러플 오브젝트

그레이엄 하먼 지음 | 주대중 옮김

현실문화

이 책은 이집트 카이로의 아메리칸대학교에서 제공한 교수 연구 보조금 덕분에 만들 수 있었다. 호의를 담아 보조금을 재가해준 리사 앤더슨 학장과 알리 하디 부학장에게 고마움을 표한다. 또한 10개의 유용한 다이어그램을 능숙하게 작업해준 포틀랜드 주립대학의 마이클 플라워 교수에게도 감사드린다.

차례

일러두기

● 이 책은 Graham Harman, *The Quadruple Object*(Winchester, UK: Zero books, 2011)를 번역한 것이다.

● 제목 표기 시 단행본에는 「 」를, 단행본에 포함된 글이나 단편소설에는 「 」를, 강연에는 ' '를 사용했다.

● 본문의 [ ]는 원문의 이해를 돕기 위해 옮긴이가 보충한 것이다.

● 원서의 (제목 표기가 아닌) 이탤릭체는 강조체로 옮겼다.

● 지은이가 본문에서 인용하는 책은 한국어판이 있으면 그 서지사항을 달아놓았다.

● 외국 인명/지명 등의 표기는 국립국어원에서 펴낸 외래어 표기법을 원칙으로 하되, 국내에서 널리 사용되는 것은 관행에 따랐다.

나는 이 한국어판 서문을 내가 처음 한국을 방문한 지 10년 후이자, 이 책을 가능케 한 철학적 발견을 했던 날로부터 정확히 20년 후인 2017년 성탄절에 쓴다. 그 두 번의 기념일 중 먼저 첫 번째에 관해 말하는 것으로 이 글을 시작해보려 한다. 여기 나의 한국 독자들에게 이 글을 쓰는 중에, 다른 여행객들과 마찬가지로, 내가 한국에서 주로 머물렀던 서울의 아름다움을 회상하게 되어 기쁘다. 예상대로 나는 실로 엄청나게 현대적인 도심과, 현대적인 지하철 시스템이 지닌 속도와 광범위한 편재성에 감탄했다.

하지만 서울이 지닌 자연과의 근접성이 보다 더 놀라운 발견이었다. 대부분의 현대적인 대도시들은 국립 공원에서 걸어갈 만한 거리에 있지 않으며, 나는 리우데자네이루 이외에는 도심에 산이 있는 도시를 상상할 수 없었다. 2007년 여름은 이렇게 멋진 기억으로 남았다. 다만 여행하는 동안 한국의 어떠한 철학자도 만나지 못했다는 점은 아쉬웠다. 왜냐하면 나는 오랫동안 한국이 철학 분야의 새로운 추세에 꽤 민감하다고 알고 있었기 때문이다.

이제 20년 전인 1997년 성탄절로 돌아가보자. 그때 객체 지향 철학은 시카고에 있는 한 아파트에서 태어났다. 내 친구 대니얼 셀커가 나를 파티에 초대했지만, 나는 집에 홀로 앉아 내가 19살 이후로 고집해왔던 마르틴 하이데거의 철학을 왜 더는 받아들일 수 없다고 느꼈는지를 이해하고자 했다. 하이데거의 주요 사유 중 하나는 우리의 지각 혹은 이론적 인식이 우리에게 더 심원한 실재에 대한 캐리커처만을 제공할 뿐이라는 것이다. 예를 들어 로마 제국의 역사를 돌이켜본다는 것은 필연적으로 그 제국을 그 완전한 존재의 작은 부분으로 환원해 **객체화한다는** 것을 의미한다. 이것은 우리 자신이 완전히 포착할 수 없는 객체인 나무 혹은 사과에 대한 우리의 지각에도 동일하게 해당한다. 객체의 이와 같은 난해함 때문에 하이데거는 물러남withdrawal, 감춤veiling, 은폐concealing, 간직함sheltering이라는 용어를 사용했다. 그러한 생각은 하이데거에게 너무나 기본적인 것이어서 심지어 1980년대 후반에 학부생이었던 내게도 익숙했다. 내가 1997년 운명적인 성탄절 아침에 깨달았던 것은 실재라고 하는 것이 인간과 몇몇 영리한 동물 종에게서 그냥 물러나지 않는다는 점이었다. 그보다 물러남이란 목화, 바위, 먼지와 같은 무생물들 사이의 관계를 포함하는 **모든** 관계의 특징을 말한다. 내가 판단할 수 있는 한, 이러한 생각은 철학의 역사에서 새로운 것이다. 하이데거, 칸트, 그리고 아마도 다른 몇몇은 직접적 접근으로부터 물러나 있는 실재 그 자체에 관해 잘 알았을 테지만, 그들에게서 물러남은 동물도 아니고 무생물도 아닌, 오직 인간 존재에게만 출몰할 따름이다. 반대로 알프레드 노스 화이트헤드와 브뤼노 라투르 같은 철학자들은 객체-객체 관계가 인간과 객체 사이 관계와 동일한 언어로 취급되어야 한다는 점을 의식했다. 이런 생각이 지닌 흥미로움을 가장 잘 보았던 분은 워싱턴대학교의 헨리 스테이턴 교수였다. 그는 나의 첫 번째 책인 『도구-존재Tool-Being』(2002)의 뒷표지 글에서 이러한 생각을 "저마다 볼품없는 존재의 심오한 공명을 자아내는, 존재자들로 가득 찬 우주에 대한 기이하고 시적인" 모델이라고 불렀다.

그래서 내 철학의 발전 과정에서 첫 번째 단계는 비정신적 존재들도 서로의 현상적 존재들에 대해서만이라도 관계 맺을 수 있도록 실재와 현상 사이의 칸트적이거나 하이데거적 구별을 표면화하는 일이었다. 하지만 두 번째 구별이 이루어지고 있으니, 내가 첫 번째 책을 낼 때는 그것이 그리 명확하지 않았다. 두 번째 구별이란 객체와 성질들 간 구별이자, 숨어 있는 실재의 층위**와** 현상적 외관의 층위 모두에서 발생하는 구별을 말한다. 영국 경험론이 최소한이나마 운이 좋았던 점은 '객체'란 성질들의 다발 외에 아무것도 아님을 2세기 동안 독자들에게 납득시키는 일이었을 것이다. 우리는 실제로 '사과'를 보지 못하며 단지 붉고 둥글고 달콤하고 차갑고 딱딱하고 즙이 있는 성질들을 경험할 따름이다. 이러한 성질들이 너무 빈번히 함께 나타나 우리는 그것들을 함께 연결 짓고, '사과'라는 단일 별칭으로 부르는 **습관**을 형성한다. 에드문트 후설의 현상학이 성취했던 주요한 발견은 이러한 영국 경험론자들의 강조점을 뒤집는 것이었다. 우리는 모든 성질과 대면해서 '사과'라고 불리는 상상의 묶음을 구성하기 위해 그와 같은 성질들을 활용하는 것이 아니라, 우선 실제로 사과를 지각한 뒤 그 성질들이 순간마다 끊임없이 변함에도 그것을 계속해서 **동일한** 사과라고 생각한다. 나는 후설을 관념론자라고 부르는 비평가들에 동의한다. 하지만 비평가들은 후설이 가장 위대한 **객체 지향**object-oriented 관념론자이며, 객체가 그 모든 특징이 끝없이 변동하는 와중에도 어떻게 동일하게 남아 있는가에 관한 문제에 깊이 관련된 사람이라는 점을 놓친다.

이러한 두 가지 구별로부터 『쿼드러플 오브젝트Quadruple Object』의 철학이 태동했다. 우리에게서 물러나 있고, 어떤 방식으로도 우리에게 의존하지 않는 실재에 위치한 것들이 자신의 실재 성질real qualities을 지닌 실재 객체real objects인 것이다. 동시에, 현상적 외관의 수준에서 ─ 인간, 동물, 심지어 먼지와 돌의 외관까지 ─ 내가 **감각** 객체sensual objects와 그것들의 **감각** 성질sensual objects이라고 부른 것들이 있다. 여러분이 이 책을 읽으면서 알게 되겠지만, 세계를 이루는 네 개의 사분면은 '실재 객체RO' '실재 성질RQ' '감각 객체SO' '감각 성질SQ'이라고 약칭된다. 그리고 성질을 갖지 않는 순수한 객체란 없으며, 객체 없이 자유롭게 유동하는 성질도 없기 때문에 우주에는 만물에 대한 네 가지 가능한 순열, 즉 감각 객체-감각 성질, 실재 객체-감각 성질, 실재 객체-실재 성질, 감각 객체-실재 성질이 있다. 이 책에서는 이들을 각각 '시간' '공간' '본질' '형상eidos'이라고 정의했다. 이는 또한 이 새로운 철학이 적용되는 모든 분야에 대한 일반적인 객체 지향적 방법을 제시하는 것이기도 하다. 즉, 우리는 객체와 성질을 뒤섞어놓음으로써 그러한 긴장을 제거하거나 부정하기 위해 애쓰기보다 객체와 그 성질 사이의 긴장을 찾아봐야 한다.

나는 한 가지 사례를 드는 것으로 이야기를 마치려 한다. 건축학은 객체 지향 철학이 지금까지 가장 따뜻하게 포용했던 분야다. 내가 대학 철학과의 뻔한 자리에 앉아 있기보다는 로스앤젤레스의 서던캘리포니아건축학교 교수로 있는 것이 우연은 아니다. 20여 년 동안 건축학 분야에서 가장 지배적 영향력을 발휘했던 철학자들은 질 들뢰즈와 펠릭스 과타리였다. 그들의 사유는 지속적 흐름의 건축, 구석이 없는 부드러운 파사드의 건축, 익숙한 기하학적 입체를 회피하는 건축을 제안했으며, 건물 내부 구역 사이 경계나 건물과 주변 환경 사이 경계를 흐리게 했다. 한국계 미국인 건축가 데이비드 류는 들뢰즈와 과타리의 모델에 기초한 모든 건축에 도전할 수 있는 잠재력이 객체 지향 철학에 있다는 것을 깨달은 최초의 인물이다. 건축은 유동과 흐름fluxes and flows이라는 이전의 특권을 대신해, 외부 세계와 전혀 소통하지 **않는** 밀폐된 공간을 만들면서 환경으로부터 어느 정도 물러나는 것처럼 보인다. 부드럽게 흐르는 선보다 외부와 내부의 갑작스러운 접합이 다시 유행할 것이다. 로스앤젤레스의 건축가 톰 위스컴은 자루같이 생긴 덮개 아래쪽에 모호한 형태가 있는 건축을 제안한다. 건물은 그 독특함을 강조하고자 땅 위로 솟아오르며 표면은 건축의 구성 원칙과는 다소 거리가 먼 문양으로 꾸며진다. 미 동부 해안의 마크 포스터 게이지는 객체 지향 건축과는 약간 다른 접근법을 취한다. 그는 모더니즘적인 금욕적 외관에서 파열시키기 위해 인지 가능한 객체들을 광대하게 연결해 결과적으로 일종의 신고딕풍 건축을 선보인다.

독자들이 이 책을 다 읽었다고 해서 객체 지향 철학의 주제를 철저히 파헤쳤다고 볼 수는 없을 것이다. 하지만 여러분은 이 책을 통해 새로운 사유 방식의 기본 원리들을 익히고 새로운 관점으로 세계를 보게 될 것이다. 이 세계가 복잡한 상호작용과 관련된 두 기본적 이원론으로, 바로 실재 대 감각, 객체 대 성질로 구성되어 있다는 것이다. 『쿼드러플 오브젝트』는 2010년에 프랑스어로, 2011년에 영어로 출간되었다. 이제 한국어판을 보게 된다니 마치 새로운 집에 초대받는 것 같다. 한국어판의 번역자와 출판사에 고마움을 전한다.

그레이엄 하먼
터키의 앙카라에서
2017년 12월 25일

이 책은 릴에 있는 올리비에 뒤부클레즈가 멋지게 번역한,『쿼드 러플 오브젝트: 하이데거 이후의 사물의 형이상학L'Object quadruple: Une metaphysique des choses après Heidegger』(Paris: PUF, 2010)이라는 제목의 프랑스어 판으로 먼저 출간되었다. 기획 과정이 책의 주요 구조를 형성했기에 독자 여러분도 여기에 흥미가 있을 듯싶다.

몇 년 동안 캉탱 메이야수는 내 저작들을 프랑스어로 보고 싶다 는 바람을 내비쳤다. 그의 가장 앞선 소망은 누군가 나의 첫 책인『도 구－존재: 하이데거와 객체의 형이상학Tool-Being: Heidegger and the Metaphysics of Objects』(Chicago: Open Court, 2002)을 번역하도록 권하는 일이었다. 그 러나 파리의 출판업자에게 이 일은 아직 프랑스에 잘 알려지지 않은 저자에게 값비싼 비용을 치르는 일일 뿐이었다. 심지어 메이야수가 프 랑스대학출판부(PUF) 형이상학 시리즈의 공동 편집자가 된 후에도 상 황은 실망스러워 보였다. 오랫동안 그 기획은 진행하기 힘들어 보였다.

어느 날 내게 그 반대로 작업하는 것이 어떨까 하는 생각이 떠 올랐다. 이미 있는 책을 번역할 기금을 찾아 나서기보다, 한정된 예산 과 토지라는 제약에 묶인 건축가처럼, 내가 먼저 보조금을 찾고 그에 맞는 새 책을 쓰는 것이다. 그 아이디어는 즉시 나를 흥분시켰고, 국

지적 환경의 압박이 생각을 더욱 강력하게 만든다는 내 관점이 더해졌다. 메이야수는 당황하지 않고 그 제안이 갖는 이점을 알아보았다. 나는 즉시 내가 일하고 있는 카이로의 아메리칸대학교에 연구 기금을 신청했다. 기금을 모으는 과정에서 벌어진 관료적 모험까지 이야기할 때는 아직 오지 않은 것 같다. [상황을] 이해해준 두 명의 깨어 있는 행정관들이 개입해준 덕분에 이 책이 때 이른 죽음에서 벗어났다고 말하는 것으로 충분하다(나는 책 어딘가에서 그들에게 고마움을 표했다). 수표는 카이로에서 현금화되었고 정산은 파리에서 이뤄졌다. 메이야수는 이내 프랑스대학출판부의 표준 번역료율에 따라 작업이 얼마나 걸릴지를 내게 알려줬다. 프랑스 출판업자들은 단어보다 **기호**에 맞춰 작업하기는 해도 요청된 길이는 대략 4만 7000자에 이르렀다. 그렇게 멋지고 활기차며 얇은 책이 나왔다. 운 좋게도 우리의 번역자는 이미 의뢰받은 상태였으며, 메이야수는 뒤부클레즈가 지닌 철학자로서의, 영어 능력자로서의, 그리고 프랑스어 스타일리스트로서의 능력에 대한 자신의 확신이 맞았음을 증명해주었다.

그러나 문제는 타이밍이었다. 2009년 여름 동안 나는 크로아티아에서 강연 한 번, 영국에서 강연 두 번을 해야 했고 그곳에서는 결혼식도 해야 했다. 그래서 책을 쓰기 위해 내게 남은 시간은 단지 6개월뿐이었다. 해야 할 일을 하면서, 나는 나의 인터넷 독자들을 위해 책을 쓸 수 있도록 '라이브 블로그'(http://doctorzamalek2.wordpress.com를 참조할 것)를 운영하기로 결심했다. 독자가 있다는 것은 내가 매일 열심히 책을 쓰는 데 유용한 압박이 되었고, 책이 어떻게 쓰이는지를 나의 대학원생 독자들이 깊이 바라보게 하는 추가적 이점도 제공해주었다. 7월 후반부터 8월 말을 거쳐 나는 매일 내 작업을 업데이트했다. 순전히 호기심 때문에 나는 시간을 **재가면서** 책을 썼는데, 이렇게 해보니 『쿼드러플 오브젝트』의 최종 초고를 완성하는 데 86시간 34분이 걸렸다는 것을 깨달았다.

분량 제한에 덧붙이자면, 책의 내용 몇 가지는 독자의 특성에 맞춰졌다. 프랑스 독자 대중은 내 저작을 거의 접하지 못했다. 이는 프랑스 독자들이 이해할 수 있도록 내 초기 저작의 핵심 아이디어를 되풀이해서 말할 필요가 있다는 것을 의미했다. 그러나 [여기서는] 되풀이할 말이 **그렇게 많이** 있지 않을 것이기에 [프랑스어판과 똑같다면] 나의 영어권 독자 누구도 지금 자신 앞에 놓인, 불가피하게 만들어진 영어판 책에 큰 흥미가 없을 것 같았다. 이렇게 해서 이 독특한 책이 탄생했다. 앞 장에서는 내가 이미 구축해놓은 사유의 고도로 압축된 판본을 제시하고, 책의 끄트머리로 갈수록 새로운 영역을 개척하는 방식의 책이. 또한 나는 고상한 고전 프랑스 산문의 가장 잘 알려진 힘을 모방하면서, 평상시보다 더욱 간결하고 직접적으로 쓰려고 노력했다. 결국 나는 괴상한 농담과 이미지들이 번역될 수 없음을 확인하고는 그것들을 프랑스어판에서 삭제해버렸다. 당연히 나는 영어판에는 그 구절을 유지했다. 중혼 전통이 있는 남태평양의 제의 지도자를 떠올려보라. 한편 나는 메이야수와 뒤부클레즈 둘 모두의 훌륭한 조언에 따라 **양쪽** 언어로 수고를 고쳤다. 그들의 권유로 5,000단어가 추가되었고, 뒤부클레즈는 추가된 글을 무료로 번역해주며 놀랄 만한 친절을 보여주었다. 마지막으로 나의 친구 마이클 플라워(나는 그를 이메일로만 만났을 뿐이다)는 이 책에 담긴 매력적인 다이어그램을 만들어주었다. 이 세 사람에 더해서 카이로의 두 행정관이 연구 기금을 확보해주었으니, 나 자신 외에 적어도 다섯 사람이 『쿼드러플 오브젝트』가 존재하는 데 결정적 기여를 한 것이다. 여기에 내가 제로북스 출판사에서 만난 중요한 인물들(특히 타리크 고다드와 마크 피셔)까지 덧붙인다면 그 수는 더 크게 늘어난다.

나는 철학 블로거로서 종종 학생들에게 글쓰기에 대해 조언하곤 한다. 내가 그들에게 말해주고 싶은 것 중 하나는 글쓰기의 가장 커다란 두 가지 적이자 작가가 겪는 슬럼프의 가장 나쁜 두 원인이 바로 **없음**nothingness과 **무한**infinity이라는 것이다. 없음은 우리가 [글쓰기를] 시작할 텅 빈 종이나 컴퓨터 스크린을 가리킨다. 무한은 경계를 넘는 시야와 의미에 관해 뭔가 말하려 할 때 스스로 짊어지는 압박감이다. 밀접히 연관된 이 두 위협을 다루는 방법은 내 통제력을 넘어선 기획에 가해지는 모든 **제약**에, 내가 선택의 여지도 없이 반드시 따라야 하고 전적으로 없는 것도 아니고 무한도 아닌 규칙에 초점을 맞추는 것이다. 주어진 기획에 작동하는 제약을 그저 확인하는 것만으로도 자유로운 결정의 여지는 좁혀지고, 다룰 수 있는 범위에 초점이 맞춰지면서 비로소 없음과 무한의 망령은 떠오르는 태양 속으로 곧바로 흩어져버린다. 그런 일이 일어날 때, 여러분 인생의 저작이 단 6주 만에 쓰이는 일이 가능해진다. 나는 지금 여러분이 손에 들고 있는 그 책처럼 예산과 독자가 제한된 것을 써본 적이 한 번도 없었다.

그럼에도 이 책은 지난 20년간 나를 사로잡았던 익숙한 사유와, 앞으로 20년간 나를 사로잡을 준비가 된 익숙하지 않은 사유 모두의 완벽한 정수다.

서론

급진적 회의가 아니라 소박한 생각에서 시작해보자. 철학이 과학자, 은행가, 동물의 삶과 공유하는 것은 이 모든 것이 **객체**objects와 관련된다는 점이다. '객체'의 정확한 의미는 앞으로 이 책에서 발전시킬 것으로, 물리적이지 않을뿐더러 실재적이지도 않은 존재자까지 포함해야 한다. 객체는 다이아몬드, 밧줄, 중성자와 더불어, 군대, 괴물, 사각의 원, 실재적 국가와 허구적 국가의 연맹을 포함한다. 그 모든 객체는 그저 폄하되거나 치졸하고 가치 없는 것으로 환원되지 않은 채 존재론적으로 설명되어야 한다. 그러나 내 친구들과 비평가들 모두가 내 작업에 대해 반복적으로 주장함에도 불구하고, 나는 절대로 모든 객체가 '동등하게 실재적'이라고 주장하지 않는다. 왜냐하면 용이 전신주와 똑같이 자율적 실재를 갖는다는 말은 틀렸기 때문이다. 내가 하고자 하는 말은 모든 객체가 동등하게 실재적이라는 것이 아니라, 그것이 동등하게 **객체**라는 것이다. 실재적인 것과 비실재적인 것 모두를 설명하는 더욱 포괄적 이론에서만 픽시,[1] 님프[2] 유토피아를 돛

---

1 [옮긴이] pixy. 영국 콘월 지방의 전설에 나오는 요정으로, 귀가 길고 몸집이 작으며 지하에서 사는 것으로 알려져 있다.
2 [옮긴이] nymph. 그리스 로마 신화에 나오는 자연의 정령. 젊은 여성의 모습으로 나타나며 숲과 호수를 관장한다.

단배, 원자와 동일한 언어로 다룰 수 있다. 독자들이 이런 접근법에서 객체에 대한 19세기 후반의 오스트리아 이론(트바르도프스키,[3] 마이농,[4] 후설)을 떠올렸다면 이 책에서는 적어도 두 가지 차이가 드러날 것이다. (1) 나의 모델에 따른 객체는 하이데거에게서 이끌어낸 4중[5] 구조(즉 '사방$_{Geviert}$')를 갖는다. (2) 나는 비인간 객체 사이의 인과 관계를 그것에 대한 인간의 지각과 다르지 않게 취급한다. 그러나 내가 '객체'(하이데거는 부정적으로 사용한다)와 '사물'(하이데거는 긍정적으로 사용한다)에 대한 하이데거의 구별을 채택하지 않는다는 것에 주목해야 한다. 브렌타노 학파[6]에서 '객체'라는 용어는 하이데거식 용어법의 숭배 제의에 희생되기에는 너무나 가치 있는, 일반화하는 힘을 제공한다.

철학의 역사는 개별 객체들에 대한 수많은 이론을 이미 보여주

3   [옮긴이] Kazimierz Jerzy Skrzypna-Twardowski, 1866~1938. 폴란드의 철학자이자 논리학자. 브렌타노의 제자다.

4   [옮긴이] Alexius Meinong Ritter von Handschuchsheim, 1853~1920. 오스트리아의 철학자이자 심리학자. 트바르도프스키와 마찬가지로 브렌타노의 제자다.

5   [옮긴이] fourfold, quadruple. 이 책에서 하만은 fourfold를 하이데거의 사방(geviert)과는 다른 의미로 사용하고 있다. 하만은 철학사에서 하이데거의 사방 이외에도 다양한 형태의 fourfold적 이론의 틀이 엿보인다고 한다. 예를 들면, 엠페도클레스에게서는 4요소, 아리스토텔레스의 4원인, 현대에 들어서서는 그레마스와 매클루언에게서도 보이는 fourfold적 구조가 그것이다. 따라서 하만은 fourfold를 하이데거적 의미의 '사방'이 아닌 일상적 용법인 '4중적' '4중의' 의미로 사용하고 있는 것이다. 반면에 quadruple은 객체와 성질로 결합되어 두 가지 층위로 이루어진 4가지 객체를 의미하며, 우리말로 굳이 옮기자면 '4종의'가 되겠지만 이 책에서는 fourfold와의 혼동을 피하기 위해 quadruple의 음역 그대로 '쿼드러플'로 옮겼다.

6   [옮긴이] 철학자 프란츠 브렌타노를 중심으로 그의 제자 트바르도프스키와 마이농은 의식 현상의 본질이 대상을 지향하는 데 있다고 간주했다. 그들은 의식의 지향성을 통해 대상의 본질적 구조를 규명하고자 했다.

었다. 그 이론들은 우리를 아리스토텔레스의 제1실체부터 라이프니츠의 모나드[7]를 거쳐, 앞서 언급한 오스트리아의 후설과 그의 경쟁자들의 이론, 그리고 하이데거의 사방 '사물'로 이끈다. 나는 이렇게 훌륭한 선조들을 존경하지만, 이 책은 종합이 아니라 모든 객체, 그리고 그것과 관련한 지각적이고 인과적 관계를 말할 수 있는 새로운 형이상학을 목표로 한다. 나는 사람과 객체 사이 관계의 단일한 틈새에 사로잡힌 포스트칸트주의를 거부한 채, 목화와 불의 상호작용이 목화와 불에 대한 인간의 상호작용과 동일한 발판 위에 귀속한다고 주장한다.

객체가 철학이라는 건물의 벽돌임을 부정하는 이들은 기본적인 두 대안만을 갖고 있을 따름이다. 그들은 객체란 심층적 힘의 단순한 표면 효과일 뿐이라고 말할 것이다. 그래서 객체는 하부 채굴된다 undermined.[8] 다른 이들은 객체란 아주 명백한 성질 혹은 관계와 비교했을 때 쓸모없는 미신이라고 말할 수도 있다. 그래서 객체는 '상부 채굴된다 overmined.' 이 두 비판적 전략에서 시작해 왜 이들이 성공할 수 없는지, 왜 객체가 최종적으로 우세하게 될지를 살펴보자. 독자 여러분

---

7   [옮긴이] monad. 근대 철학자 라이프니츠(Gottfried Wilhelm von Leibniz, 1646~1716)의 철학에서 핵심 개념. 부분을 갖지 않는 가장 근원적인 실체를 가리킨다.

8   [옮긴이] undermine, overmine. 1장의 제목이기도 한 undermine, overmine은 이 책에서 일반적인 사전적 어의와 다르게 사용되고 있다. 그중 undermine은 근원적 실재를 찾고자 마치 땅속을 캐 들어가는 듯한 실재의 탐구 방법을 연상케 하여 '하부 채굴'로 옮겼고, 그와 달리 overmine은 객체 내부의 근원적 실재가 아니라 객체 표면의 여러 성질들의 묶음을 객체의 모습으로 간주한 탐구 방법을 가리키며, 이 책에서는 '상부 채굴'로 옮겼다.

은 그 결과가 원자와 당구공의 따분한 전통적 실재론이 될 것이라고 걱정할 필요는 없다. 그보다 이 책에서 제시되는 객체는 일본의 절에 나오는 귀신이나 달이 불가사의하게 비추는 징조만큼이나 이상한 것이다.

1. 하부 채굴과 상부 채굴

우리가 일단 의심부터 하기보다 소박한 생각에서 시작하게 되면, 객체는 즉각 무대 중앙을 차지하게 된다. 내 책상 위에는 펜, 안경, 만료된 미국 여권이 있다. 이것들 각각은 수많은 성질을 갖고 있으며 다른 외관과 용도를 드러내는 것으로 바뀔 수 있다. 게다가 각 객체는 그 다수의 특징에도 불구하고 통일된 사물이기도 하다. 이 점은 이집트, 카이로, 혹은 자말렉 지구[1]와 같이 나를 둘러싼 비물리적 존재자에게서도 마찬가지다. 에드워드 기번의 『로마제국 쇠망사』를 펼쳤을 때, 나는 우리에게 더는 존재하지 않는 디오클레티아누스 황제와 그 노시스주의자[2]와 같은 역사적 객체를 발견한다. 수학자들이 물리 세계에서 벗어나 자신만의 관념의 영역으로 도피할 때, 그들은 여전히 정수整數부터 원뿔까지 배열되어 있는 객체와 대면한다. 내가 일로 너무 스트레스를 받을 때 나를 생각에 잠기게 하는 켄타우로스, 페가수스, 일각수, 호빗도 마찬가지로 객체다.

이 객체 중 어떤 것은 물리적이고 다른 것은 그렇지 않다. 어떤

---

1   [옮긴이] Zamalek. 이집트 카이로의 한 구역.
2   [옮긴이] 서기 1~3세기에 지중해를 중심으로 활발했던 영지주의(靈知主義) 운동. 육체와 물질을 악한 것으로 영혼을 선한 것으로 보고 참된 앎을 통해 구원받을 수 있다는 이원론을 펼쳤으며, 초기 기독교에 영향을 준 뒤에는 이단으로 배척되었다.

것은 실재적이고 다른 것은 조금도 실재적이지 않다. 그러나 그것들은 정신이라 불리는 세계의 한 부분에 한정된다고 하더라도 모두 **통일된** 객체다. 객체는 다수의 특성을 드러내는 동시에 은폐하는 단위다. 그러나 이 책에서 드러내는 소박한 입장이 이러한 객체 중 어떤 것이 실재적인지 혹은 비실재적인지에 관해 어떤 주장도 내세우려 하지 않는 반면, 지성의 작업은 대체로 소박하기보다 **비판적**이어야 한다고 여겨진다. 비판적 사고는 이렇게 존재자로 가득 찬 동물원을 받아들이는 것 대신, 객체를 [중심에 놓는 사고가] 틀렸다고 주장하고 그것의 자율성을 부정한다. 객체는 마음의 허구나 더 작은 물리적 조각의 총합이라는 점에서 기각된다. 그러나 이 책이 취하는 태도는 비판이 아니라 진정성이다. 나는 어떤 객체를 다른 것의 더 큰 영광에 환원시키기보다는 어떻게 객체가 우리 눈에 보이거나 보이지 않는 스스로의 성질과 관련되는 것은 물론 우리 자신의 마음과도 관련되는지를, 이 모든 것을 설명할 단일한 형이상학 안에서 기술할 것이다.

하부 채굴

객체에 대한 첫 번째 비판적 반응은 객체가 근본적이지 않다는 주장이다. 우리가 관찰하는 모든 개, 양초, 눈송이는 훨씬 기본적인 어떤 것으로 만들어지며, 보다 더 심층적인 실재가 철학을 위한 적절한 주제라는 것이다. 탈레스는 파도가 아나톨리아의 해안가를 마구 치는 까닭에 물을 만물의 제1원리로 제안했다. 이후 물이 아니라 공기가 세상의 근본이라고 주장한 아낙시메네스가 등장했다. 엠페도클레스에 와서는 조금 더 복잡해졌는데, 그에게 만물은 별개의 4요소로 구성되어 있는 것이었다. 공기, 흙, 불, 물은 사랑과 증오[미움]의 힘을 통해 모이기도 하고 나뉘기도 한다. 그리고 마침내 데모크리토스에 이르러 다른 모양과 크기의 원자가 더 큰 모든 사물의 근본 요소가 된다. 누군가는 현대 유물론을 통해 쿼크quirk나 극소의 끈string이 원자를 대신하는 근본 요소라고 말한다. 그런 모든 경우에 비판적 방법은 동일하게 적용된다. 즉, 처음에는 자율적 객체처럼 보이는 것이 실제로는 단지 더 작은 조각으로 만들어진 잡다한 총합일 뿐인 것이다. 기본적인 것만이 실재적일 수 있다는 것이다.

누군가는 소크라테스 이전 사상가들이 제안한 것 같은 작은 요소의 이 같은 유물론보다 더 멀리 나아갈 수 있을 것이다. 하나 혹은 그 이상의 물리적 요소를 다른 것의 주인이라고 명명할 때 거기에는 분명 경박함이 있기 때문이다. 기본적 물리 요소에 대한 그런 식의 이론은 우리가 실재는 근본적으로 **하나**이고 다양성은 환영illusion이라는 주장을 고수할 때 피상적으로 나타난다. 철학은 일원론이 되어버리는 것이다. 고대 그리스인의 사유에서 일자the One는 저마다 다른 이름 — 때로는 **존재**, 때로는 경계 없는 **아페이론**³ — 으로 불렸다. 이러한 관념의 대변인은, 일자가 과거에 존재했지만 어찌된 일인지 조

---

3   [옮긴이] apeiron. 고대 그리스의 자연철학자 아낙시만드로스(Anaximandros, 기원전 610~기원전 546) 우주론의 핵심 개념으로 세상 만물의 시원(arche), 한계, 경계를 뜻하는 peiras에 부정 접두어 a가 결합해 '한계가 없는 것', 즉 비물질적인 '무한한 것'을 의미한다.

각조각 흩어졌다고 하든(피타고라스, 아낙사고라스), 우리의 감각이 달리 생각하도록 속이는 와중에도 현재 존재한다고 하든(파르메니데스), 일단 모든 저항을 정당하게 분쇄한 뒤 미래에 존재할 것이라고 하든(아낙시만드로스), 이들과는 입장이 전혀 다르다. 유사한 사례가 최근의 프랑스에서도 발견된다. 오직 인간의 의식만이 조각조각으로 부숴버릴 수 있는 **그저 있음**$_{il\,y\,a}$을 이야기하는 에마뉘엘 레비나스,[4] 모든 특정한 존재에 선행하는 무정형의 '그 어떤 것$_{whatever}$'를 논하는 장뤽 낭시[5]가 그들이다. 그러한 이론이 갖는 문제점은 만일 모든 것이 참된 일자라면 그것이 파편으로 흩어져야 할 이유가 거의 없어 보인다는 것이다.

점점 더 미묘한 모델이 흔히 생기는 것은 정확히 이런 골칫거리 때문이다. '전前개체적$_{pre-individual}$' 사물들에 대한 한층 불성실한 일원론이 그것이다. 그 기원은 아낙사고라스에 있는데, 그에게서 아페이론에서 비롯된 편린들은 다른 모든 것의 씨앗을 담고 있다. 즉, 나무는 하나의 사물을 다른 사물로 변형시키는 것을 가능케 하기 때문에 새, 꽃, 불의 암호화된 형태를 품고 있어야 한다. 조르다노 브루노[6]의 야생적 형이상학에서 비롯된 이와 같은 이론은 개별 존재로의 '축소'를

---

4   Emmanuel Levinas, *Existence and Existents*. Translated by A. Lingis. (The Hague: Martinus Nijhoff, 1988.) [옮긴이] 에마뉘엘 레비나스,『존재에서 존재자로』, 서동욱 옮김, 민음사, 2003.

5   Jean-Luc Nancy, "Corpus." Translated by C. Sartiliot. In Nancy, *The Birth to Presence*. Translated by B. Holmes & Others. (Stanford, CA: Stanford Univ. Press, 1993.)

6   [옮긴이] Giordano Bruno, 1548~1600. 이탈리아의 사상가이자 철학자. 무한우주론을 주장하다 화형당했다.

기다리는 접혀 있는 형태들로 묶인 부르노의 무한 질료와 더불어 소생했다.[7] 그러한 이론의 다른 버전은 질베르 시몽동[8]이 제안하고 현재 마누엘 데란다[9]가 (베르그손 방식으로) 이야기하는 '이질적이되 연속적인' 잠재성virtuality의 지평이다. 그러나 일자의 철학이 수많은 사물의 출현을 설명하는 데 어려움을 겪는 것과 마찬가지로, 다원론자의 철학이 사물의 상호관계를 잘 설명하지 못한다는 것을 알게 되면, '전개체적' 영역에 대한 호소는 우리에게 큰 도움이 되지 못한다. 이런 심오한 실재가 개별 사물의 씨앗을 담고 있다면, 그 씨앗은 다른 것과 구별되거나 그렇지 않을 것이기 때문이다. 구별될 수 없다면 우리에게는 일원론이 있을 뿐이다. 구별된다면 우리는 현실의 객체 세계에서와 같은 똑같은 상황에 놓인다. 그 씨앗들이 '동시에 연관되기도 하고 그렇지 않기도 하다'는 **진술**assertion 이외에는 아무것도 얻을 수 없기 때문이다.

객체가 지나치게 정적이라는 이유로 거부당하고 '차이의 유희'나 생성의 원초적 흐름flux을 옹호하는 입장 탓에 쫓겨날 때도 동일한 문

---

7   Giordano Bruno, *Cause, Principle, and Unity.* Translated by R. de Lucca. (Cambridge, UK: Cambridge Univ. Press, 1988.)

8   Gilbert Simondon, *L'individuation à la lumière des notions de forme et d'information.* (Grenoble: Millon, 2005.) [옮긴이] 질베르 시몽동, 『형태와 정보 개념에 비추어 본 개체화』, 황수영 옮김, 그린비, 2017.

9   Manuel DeLanda, *Intensive Science and Virtual Philosophy.* (London: Continuum, 2002.) [옮긴이] 마누엘 데란다, 『강도의 과학과 잠재성의 철학: 잠재성에서 현실성으로』, 이정우·김영범 옮김, 그린비, 2009.

제가 발생한다. [그와 같은 입장에 따르면] 실재 그 자체는 흐름이라고 할 것이며, **객체**에 관한 논의에서 그 내면의 생동하는 활력을 빼앗긴 채 추상적 상태가 되는 것이 확실해진다. 그러나 동일한 문제가 이전과 마찬가지로 여기서도 발생한다. 우리가 어떤 특정한 개나 달이 더 심층적 흐름에서 나온 단순한 추출물일 뿐이라고 말한다면, 우리는 세상이 하나의 흐름에서 비롯된 것인지 다수의 흐름에서 비롯된 것인지 여전히 물을 필요가 있기 때문이다. 단지 하나의 흐름에서 비롯되었을 뿐이라면 우리는 일원론으로 돌아가는 셈이다. 그러나 다수의 흐름에서 비롯되었다면 각각의 흐름은 특정하면서도 통합적인 특징을 가지며, 이 특징이 객체가 된다. 차이의 철학 또한 마찬가지다. 차이의 철학은 사물이란 동일성을 갖지 못한 채 그 자체와 항상 다른 것이라고 주장하기 때문이다. 객체가 스스로와 다르다고 말하는 것이 무엇을 의미하든 비행기, 당근, 송전탑, 삼단노선trireme, 장벽, 인간이 저마다 다른 방식으로 스스로와 다르다는 사실은 여전히 변함없다. 차이의 철학은 부정negation과 관계성이 가미된 흐릿한 존재자를 우리에게 제공하긴 하지만, 그럼에도 그것은 존재자다.

이런 각각의 전략에 대해 아직도 말할 게 많이 남았을 것이다. 그러나 우리 [논의의] 목적상 그런 주장을 객체를 철학의 근본으로 **하부 채굴하는** 전략이라고 부르는 것으로 충분하다. 그런 전략은 모두 객체가 궁극적 실재라는 이름을 갖기에는 너무 개별적이라는 이유로 특정한 사물을 발생시키는 더욱 심오한 비규정적 토대를 생각해낸다. 하부 채굴 전략은 개를 세계의 기본 요소라고 생각하는 것이 소박하다고 간주하는데, 왜냐하면 개가 고체로 된 개−사물dog-thing의 정체 停滯 상태나 기후와 포식자와의 기나긴 진화적 투쟁의 결과라기보다는 실제로는 단지 유기적 화합물의 총합이나 아페이론의 파편 혹은 활달한 '쫓아다님dogging'이 틀림없기 때문이다. 그와 같은 전략은 모두 개, 양초 혹은 군대가 기본적인 물리적 혹은 역사적 요소로 구성되며, 이런 객체들은 그와 같은 요소의 순열을 통해 일종의 파생물로 발생된다고 가정한다. 이 모든 것은 객체가 자신의 실재성을 다른 무언가를 통해서만 얻을 수 있다는 환원주의의 [다른] 버전일 뿐이다. 이 모든 **비판**의 형식은 허무주의 정신으로 개별 객체를 바라보며 보다 근본적인 것을 찾기 위해 불도저로 객체를 파괴해버린다. 하부 채굴 전략은 객체가 우주의 근본적 실재가 되기에는 너무 얄팍하다shallow고 본다.

상부 채굴

객체를 철학의 주요한 등장인물로 일축해버리는 방법에는 [하부 채굴처럼] 하향 환원하는 것 말고도 상향 환원하는 것이 있다. 객체가 지나치게 얄팍해서 실재적일 수 없다고 말하는 대신, 객체가 지나치게 심원하다deep는 것이다. 이와 같은 견해에 입각하면, 객체는 쓸모없는 가설로서, 나쁘게 말해 무엇인지 모를 것je ne sais quoi이다. 객체는 아래에서 하부 채굴되는 것이라기보다 위에서 상부 채굴되는 것이다. 이런 견해에 따르면 객체는 [우리의] 마음에 나타나거나 다른 객체에 영향을 미치는 구체적 사건의 일부가 되는 한에서만 중요하다.

이른바 경험의 객체란 성질의 다발 이외에 다른 것이 아니라는, 널리 퍼져 있는 경험론자의 견해를 살펴보자. '사과'라는 용어는 단순히 습관적으로 함께 연결된 일련의 불연속적 성질에 대한 집합적 별칭일 따름이다. [그 성질은] 붉고, 달콤하고, 차갑고, 단단하고, 고체이고, 즙이 풍부하다. 존재하는 것은 개별적 인상으로서, 궁극적으로 경험의 작은 화소라는 형태를 띠고 있으며, 이와 같은 반점의 관습적 결합 때문에 우리는 이 작은 화소들을 더 큰 단위와 엮게 된다. 이런 경험론자의 모델은 꽤나 존경스러울 정도로 열정적이어서 많은 반경험론자도 [이 모델을] 채택한다. 그럼에도 이는 순전히 허구다. 우리가 경험에서 마주하는 것은 통일된 객체이지 성질의 고립된 요소들이 아니기 때문이다. 더욱이 관계는 실제로는 거꾸로 진행되는데, 사물의 개별적 성질은 이미 사물 전체의 양식style이나 느낌에 물들어 있기 때문이다. 내가 먹은 사과의 선명한 붉은 색조가 가까이 있는 셔츠나 분무 페인트에서 발견되더라도 그 색조는 저마다 다른 느낌을 가질 수 있는데, 붉은 색조들이 속한 사물에 그 색조들이 구속되기 때문이다. 후설은 이 점을 『논리 연구』[10]에서 분명하게 지적했지만 [그와 같은 논의는] 충분히 널리 퍼져나가지 못했고, 그 함의를 충분히 끌어내지도 못했다.

10 Edmund Husserl, *Logical Investigations* [2 Vols.]. Translated by J. N. Findlay. (London: Routledge & Kegan Paul, 1970.) [옮긴이] 에드문트 후설, 『논리 연구 1: 순수논리학의 서론』, 이종훈 옮김, 민음사, 2018; 『논리 연구 2-1: 현상학과 인식론 연구』, 이종훈 옮김, 민음사, 2018; 『논리 연구 2-2: 인식에 대한 현상학적 해명의 기초』, 이종훈 옮김, 민음사, 2018.

경험론이 인간의 경험 속에 객체가 있다는 점을 부정한다면 경험 **밖에 있는** 객체는 어떠한가? 이는 약간 다른 문제다. 최근의 몇몇 철학자들이 정신적으로는 실재론자인 데 반해, 칸트 이후의 아방가르드 사상가 중 대다수는 반실재론적 특징을 분명하게 보여주었다. 실재론자에게서 마음 밖 객체의 존재existence는 인간의 경험 그 자체만큼이나 실재적이다. 반실재론자는 이런 태도에 대해 두 가지 가능한 태도를 취한다. 바깥 세계의 존재는 조지 버클리[11]의 유명한 격언인 "존재하는 것은 지각되는 것이다"와 함께 그의 관념론을 통해 철저하게 부정될 수 있다. 혹은 세계는 불가지론적 경고의 어조와 더불어 회의적으로 취급될 수 있다. 캉탱 메이야수가 '상관주의correlationism'[12]라는 근사한 이름을 붙인 이 후자의 관점에 따르면 우리는 인간 없는 세계나 세계 없는 인간을 생각할 수 없고, 단지 그 두 가지 간의 원초적 상관관계나 긴밀한 관계rapport만을 생각할 수 있다는 것이다. 최근의 여러 세기 동안 이 상관주의적 입장은 모든 첨단의 철학에서 불가피한 지평과도 같아 보였다. 그러나 나는 4장의 말미에서 상관주의적 입장이 왜 오류인지에 대한 이유를 제시할 것이다.

우리가 '관계주의relationism'라고 부를 만한 상관주의적 입장의 아

---

11   [옮긴이] George Berkeley, 1685~1753. 아일랜드의 성직자이자 철학자. 지각되는 것만이 존재한다고 주장하는 극단적인 경험론자다.

12   Quentin Meillassoux, *After Finitude*, Translated by R. Brassier. (London: Continuum, 2008.) [옮긴이] 캉탱 메이야수, 『유한성 이후: 우연성의 필연성에 관한 시론』, 정지은 옮김, 도서출판 b, 2010.

주 흥미로운 변종도 있다. 본질적으로 반칸트주의적인 이 이론은 모든 실재가 인간-세계의 관계에 근거하고 있다는 점을 부정하긴 하지만, 그 어떤 것도 다른 사물에 아무런 영향을 미치지 못한다면 여전히 실재적이지 않다고 주장한다. 이 입장은 알프레드 노스 화이트헤드, 브뤼노 라투르, 미국 실용주의자들의 철학에서 발견된다. 관계주의는 창문에 떨어지는 빗방울에 대한 인간의 지각이 비와 창문 그 자체 간의 관계와 **본질상** 아무런 차이가 없다고 주장한다. 모든 관계는, 상관주의적 관점과 철저히 모순되게도, 근본적으로 동일한 종류라는 것이다. 그럼에도 두 입장 모두 사물의 존재는 전적으로 다른 사물과의 관계에 달렸다는 생각을 공유한다. 객체는 비밀스럽게 마련된 고유한 실재 없이도, 또 다른 객체에서의 그것의 현존에 따라 규명되는 것이다.

이 모든 입장은 객체를 직접적 현시manifestations로 손쉽게 대체되는 쓸모없는 기체substratum로 취급함으로써 객체를 상부 채굴한다. 우리가 객체에 대해 말하고 있는 것이라고 주장할지라도, 객체는 실제로 감각할 수 있는 성질 그 이상의 것이 아니고 다른 사물에 대한 효과이거나 마음속 이미지인 것이다. 그러나 이런 방식으로 세계와 관계 맺는 데는 문제가 있다. 단적으로 전체 세계가 현재의 소여giveness로 전부 규명되더라도 그 어떤 것도 달라질 이유가 없다. 다시 말해, 어떤 남자인 나와, 인도산産 노란 셔츠를 우연히 지금 이 순간 입고 있는 나 사이에 아무런 차이가 없다면 내 상황이 변화해야 할 이유가 없다는 것이다. 그로 인해 어떤 부조리가 미래에 영향을 미친다. 또 다른 문제는 이와 같은 입장이 서로 다른 관계들을 **동일한** 사물과의 관계로 만들도록 이들을 연결할 어떤 방법도 없다는 데 있다. 여자 셋, 아이 하나, 개 한 마리, 까마귀 한 마리가 동일한 순간에 집 하나와 마주친다면, 이들의 지각은 저마다 매우 다른 성격을 띨 것이다. 그리고 객체가 무엇인가에 대한 순수하게 **관계적인** 정의가 주어졌을 때 그 모두가 '동일한' 집에 대한 관계라고 부르기에는 불가능할 것 같다. 집 그 자체는 한 무리의 집-지각 속으로 사라져버린다. 이와 같은 재앙은 집의 경우에만 일어나진 않을 것이다. 왜냐하면 내가 사람들로 꽉 찬 강당의 무대 위에 서 있고 수백 명의 관객들이 나를 쳐다본다면, 나는 서로 다른 지각과 연결되지 않는 나에 대한 수많은 **지각들**로 용해되어버릴 것이기 때문이다. 모든 집-지각을 외적인 '가족 유사성'으로 연결하는 일이 이미 의심스러운 것만큼이나, 우리가 나에 대한 관객의 시선을 말할 때 [앞서 말한 것과] 동일한 책략은 명백히 불가능해진다. 왜냐하면 나는 무언가 실재적인 것이고 지금 여기에 있는 것이지, 외부로부터 엮인 지각의 태피스트리가 아니기 때문이다.

한번에 두 극단을 뛰어넘기

개별 객체가 형이상학의 중심 논제라는 생각에 저항하는 사람에게는 다른 선택지가 없다. 즉 객체는 아래에서 하부 채굴되거나 위에서 상부 채굴되어야 한다. 그것은 어딘가 깊은 곳에 놓인 원초적 요소로 환원되거나, 직접적으로 주어진 무언가로 대체될 수 있는 신비로운 거짓 보충물로 그려진다. 이미 나는 일원론, 전개체 철학, 본래적 흐름이나 차이(이들 모두 객체를 하부 채굴하려는 몸짓이다)는 객체를 대신할 수 없다고 말했다. 그리고 또한 나는 상부 채굴하는 관념으로서 관념론, 상관주의, 관계주의, 경험론의 '성질 다발' 역시 똑같은 정도로 객체를 대신하지 못한다고 주장했다. 그러나 우리는 또한 간략하게나마 제3의 대안인 유물론을 논의해야 할 것이다. 유물론을 특별한 적수로 만드는 것은 유물론이 객체를 단순히 하부 채굴하거나 상부 채굴하지 않고도 이런 책략을 동시에 수행한다는 데 있다. 그런 점에서 유물론은 객체 지향 철학의 오랜 정적이다.

고대 그리스에서 발생했던 초기 유물론을 살펴보자. 탈레스, 아낙시메네스, 엠페도클레스의 특권적인 물리적 요소는 모두 탁자, 기계, 말 같은 친숙한 객체보다 더 깊은 층위에 있음을 가리킨다. 객체는 고대 그리스인들에게 근본적인 것이 아니었고, 그것을 발생시키는 물리적 요소로 환원될 뿐이었다. 처음에 이와 같은 사고는 더 깊은 수준으로 이동함으로써 객체를 하부 채굴하는 교본의 사례처럼 보인다. 그러나 [객체의] 물리 요소로의 환원이 완성되는 것과 동시에 실제로 얻어지는 것이 무엇인지 살펴보자. 사실 물이나 불에 대한 소크라테스 이전의 관념에는 어떤 숨겨진 신비도 없기 때문이다. 구체적이고 만질 수 있는 속성을 가진 그런 요소들 모두 철저하게 기술될 수 있고 측정될 수 있다. 원자와 같이 보다 진보한 과학적 개념도 마찬가지다. 원자는 시공간 내에서 분명한 지점을 점유하고 있는 딱딱하고 확고부동한 입자 이외에 다른 무엇도 아니기 때문이다. 그리고 설령 그 점이 모호하더라도 양자 이론이 보여주는 것처럼 과학은 여전히 원자를 그 성질이라는 측면에서 바라본다. 즉 특정한 순간에 특정한 위치에 놓인 원자의 통계적 확률로 본다는 것이다. 원자의 미세한 물리적 크기가 그것의 모든 성질을 통일하기 위한 기체基體로 보일지도 모르지만, 원자의 진정한 기체는 경도硬度나 저항과 같이 감지할 수 있는 성질의 특정한 집합 이외의 다른 것이 아니다. 다른 말로 해서 원자는 객체로 간주될 필요가 전혀 없으며, 경험론자들은 사과를 두고 설명하는 것과 마찬가지로 원자를 관습적으로 묶인 특성의 집합이라고 부를 것이다.

이런 방식으로 유물론은 객체를 실제적으로 성질의 집합에 불과한 궁극적 요소로 취급함으로써, 하부 채굴과 상부 채굴을 동시에 수행한다. 이런 측면에서 유물론은 제1범주로서의 객체를 거부하는 모든 철학의 기본적 몸짓을 단순히 반복할 따름이다. 왜냐하면 사실상 하부 채굴하는 모든 철학은 일종의 보충물로서 상부 채굴하는 구성 요소를 필요로 하고, 그 반대도 마찬가지라는 것을 드러내기 때문이다. 모든 것은 하나에서 비롯되고 감각이 마주하는 사물의 다수성은 환영이라고 주장하는 완벽한 일원론을 살펴보자. 그러나 우리 주변에 있는 음식과 자동차와 동물 같은 이른바 경험의 환영들은 어쨌든 경험된 **것이며**, 어떤 방식으로든 철학자에 의해 설명되어야 한다. 이러한 이유로 일원론은 우리 인간의 경험을 유일하고 진정으로 실재적인 존재 그 자체에 대한 일종의 비실재적 보충물로서만 마지못해 수용할 따름이다. 전개체 철학도 마찬가지다. 현실의 객체가 더 깊은 잠재적 영역에서 파생된 것이라고 주장할 때 전개체 철학은 우리가 그런 객체를 경험한다는 점을 부정하지 않는다. 다만 전개체 철학은 이 현실적 존재자가 2차적이라고 주장할 따름이다. 하부 채굴 철학은 인간이 겪는 경험의 더욱 피상적 층위를 부정하지 않는다. 하부 채굴 철학은 단지 경험에 2차 등급의 실재를, 보충적이거나 어둑한 존재를 부여할 뿐이다. 그러나 두 극단을 설명하는 동안 하부 채굴 철학은 현실적으로 개별적이기도 하고 또한 모든 지각으로부터 자율적이기도 한, 자율적 객체라는 중간층을 완전히 건너뛰어버린다.

객체를 상부 채굴하는 정반대편의 입장도 마찬가지다. 가장 유명한 사례는 의심의 여지 없이 칸트로, 그는 경험에 유령과도 같은 물자체[13]를 보충해주며, 물자체는 대체로 그 이상의 논의에서는 배제된다. 심지어 버클리나 화이트헤드조차도 우리의 모든 지각을 상관시킬 수 있는 특별한 존재자로서의 신을 가정해야 했다. 이런 상황과 하부 채굴하는 입장 사이에는 분명 미세한 비대칭이 있으니, 상부 채굴 철학은 독일 관념론과 마찬가지로 지각 아래 숨어 있는 층위에 대한 모든 관념을 버리기 때문이다. 이와 대조적으로 감각-경험에 대한 **환영적** 존재조차 부정하는 한편 일자를 긍정하는, '독일 일원론'이라 불릴 전도된 운동을 상상하기란 상당히 어렵다. 결국 그와 같은 경험은 우리가 그 안에서 살아가는 매개로서 언제나 우리 앞에 놓여 있다. 하지만 객체에 대한 상부 채굴 철학은 여전히 직접적 접근을 넘어 우주의 무

---

13   [옮긴이] Ding an sich; thing-in-itself. 칸트는 대상을 감각에 의한 현상과 '물자체(物自體)', 즉 본체로 구별한다. 이때 물자체는 인간이 알 수 없는 것이며, 감각과 독립적일 뿐만 아니라 감각 현상을 촉발하는 것이다.

형의 1차적 층위 같은 것을 인정할 필요를 느끼지 못한다. 그리고 여기서 우리는 하부 채굴 철학에서 발견한 패턴의 역전된 판본만을 얻게 된다. 즉 자율적 객체가 다시 한번 철학의 적절한 주제에서 배제되는 동안 하나의 극단에서 또 다른 극단으로의 도약이 발생한다는 것이다.

유물론에는 정확히 두 가지 문제점이 있다. 첫째, 유물론은 훨씬 큰 창발하는emergent 존재자의 가능성을 고려하지 않는다. 유럽연합의 모든 국가가 쿼크와 전자로 이루어져 있을지도, 우리는 [유럽]연합을 변화시키지 않고서도 이들 입자들을 주변으로 어느 정도 이동시킬 수 있다. [유럽]연합 자체가 변화되지 않고서도 셀 수 없이 많은 입자의 개수와 배열의 변화를 시도해볼 수 있다. 이 원리는 종종 '중복 인과redundant causation'라고 불린다. 수없이 많은 원인이 동일한 객체를 양산할 수 있는데, 이는 객체가 더욱 원초적인 요소 너머에 있는 무엇임을 주장하는 것이다. 둘째, 실재 객체가 하향 환원[하부 채굴]될 수 없는 것처럼, [실재 객체가] 감지할 수 있는 성질로 **상향** 환원[상부 채굴]될 수 없는데, 그 이유는 후설과 하이데거가 이후의 장에서 분명하게 설명해야 할 논의거리다. 물리 입자는 객체를 하부 채굴하는 동시에 상부 채굴하려 애를 쓰지만, 결국 제 무기의 희생양으로 전락해버린다. 객체는 물리 요소보다 더 심원하기도 하고 더 얕기도 하기 때문이다.

객체

그동안의 철학사는 내가 비난했던 이런 두 전략으로 갈라진다. 그렇지만 객체가 철학의 영웅이어야 한다는 이 책의 주장은 처음도 아니거니와 유별난 명령인 것도 아니다. 객체 지향 이론object-oriented theory에 대한 요청은 비록 그 강렬함을 갱신하는 것이긴 하지만, 그저 철학사에서 이미 존재하는 경향을 추구할 따름이다. 소크라테스 이전의 철학자는 객체를 그 마력과 매력에 있어 통일된 전체이자 하나 혹은 그 이상의 기본적인 물리 요소로 환원시켰다. 이런 방식으로 최초의 그리스 철학자들은 미완성 상태avant la lettre였던 객체 지향 철학의 반대자들이었다. 플라톤과 아리스토텔레스가 기나긴 퇴폐의 망각 속으로 빠져버리는 동안 소크라테스 이전의 사유가 존재의 신비를 지켜냈다는 하이데거의 주장과 반대로, 나는 플라톤과 아리스토텔레스가 최초로 철학을 진리의 길에 올려놓았다고 주장하고자 한다.

플라톤의 대화편에서 우리는 끊임없이 사물의 정의定義를 추구하는 소크라테스를 발견한다. 소크라테스가 결코 어떤 정의에도 **도달하지** 못했다는 것은 거의 상기되지 않는다. 그와 같은 실패가 바로 철학이라는 말을, 지혜 그 자체가 아니라 지혜에 대한 **사랑**이라는 말을 만들었다. 이 말은 내가 좋아하는 대화편의 몇몇 구절에서 더욱 잘 볼 수 있다. 우리가 덕이 무엇인지 알기 전에는 덕을 가르칠 수 있을지 묻지 말아야 한다는, 대화편 「메논」에 나오는 소크라테스의 권고를 살펴보자. 혹은 우리는 수사학이 무엇인지를 알지 못한 채 그것이 '훌륭한 것'인지를 물을 수는 없다는, 「고르기아스」에서 소크라테스가 한 유사한 진술을 상기해보자. 그의 대화 상대들이 그 이상의 논의에 앞서 덕이나 수사학의 정확한 정의를 얻기 위해 단지 대여섯 쪽만 살펴보면 되었다고 해도, 소크라테스는 그들의 부주의함을 꾸짖기 위해 그런 진술을 한 것이 아니다. 요점은 이보다 더 심오하다. 즉 신들과 달리 우리, 즉 사멸하는 자들은 덕과 수사학이 실제로 무엇인지를 **알 수 없다**는 것이다. 이는 단지 앎의 한계에 관한 문제가 아니다. 소크라테스는 세계의 제1의 요소들을 그것들의 벌거벗은 순수성으로 기술하고자 하는 소크라테스 이전의 시도들을 거부하면서, 사물이 내재적으로 **제 특성보다 심오하다는 것**을 주장했으며, 이와 같은 방식으로 그는 객체와 성질 사이 도전적 균열을 지적한 것이다. 그리고 플라톤주의가 종종 삶에 대한 경멸과 천박한 기독교의 승리로 이어지는 이원적 세계론two world theory이라고 비난받는 반면에, 객체가 반으로 분리되는 것에 대한 [플라톤주의의] 인식은 기본적인 철학적 진보를 나타내는 것이기도 하다.

그럼에도 플라톤에게서 알 수 없는 덕과 그것의 가시적인 다수의 특징 사이에 놓인 이러한 균열은 객체 그 자체 내에서가 아니라, 객체와 그것을 넘어서 놓인 세계 사이에서 펼쳐진다. 오직 아리스토텔레스에 이르러 개별 객체는 처음으로 철학에서 중심 역할을 맡았다. 아리스토텔레스에게서 중요한 틈은 더는 완벽한 형상과, 질료에 담긴 형상의 결함 있는 현시 사이에 있지 않다. 그보다 객체 자체의 한복판에서 진행 중인 대결duels이 존재한다. 개별적 고양이와 그것의 덧없이 우연적인 특징 사이의 대결, 혹은 고양이와 그것의 본질적인 성질 사이의 대결. 아리스토텔레스가 철학에 영향을 미쳤던 시기 전체를 통틀어 특정한 존재자들은 명성과 위엄을 얻었다. 이는 아리스토텔레스의 별Aristotle's star을 추종했던 것으로 널리 알려진 스콜라

학파 시기에도 그렇고, 그의 탁월한 계승자인 라이프니츠에게도 마찬
가지였지만, 라이프니츠의 아리스토텔레스주의는 들뢰즈에 의해 역사
에서 거칠게 지워져버렸다.[14] 모나드는 개별 사물이지만, 그것이 지니
고 있는 다수의 성질과는 다른 통일된 사물이다. 라이프니츠가 모나
드를 다른 사물에 대한 모나드의 지각으로 정의하는 것이 참임에도,
더 중요한 점은 이런 지각이 창窓을 갖고 있지 않은 다른 모나드들과
진정으로 접촉하고 있지 않는다는 것이다. 모나드와 다른 모나드 사
이의 관계는 시초부터 신에 의해 주어진다.

이렇게 아리스토텔레스, 라이프니츠, 그리고 그들의 협력자들의
이론은 모두 실체substance의 이론이라 불릴 수 있다. 이 책에서 제안한
객체 지향 철학은 같은 계보에 있는 최신 이론이다. 그러나 여기서 제
안한 이론은 더욱 특이한데, 객체 지향 철학은 전통적으로 실체에 귀
속되는 많은 특징을 거부하기 때문이다. 무엇보다 실체는 자연적인 것
이라고 주장하는 경향이 있었다. [그러한 경향에 따르면] 나무는 실체일
수 있지만, 플라스틱 컵은 실체일 수 없다. 돌고래나 돌은 실체적이지
만, 풍차나 손을 잡고 돌고 있는 사람들의 원은 실체적이지 않다. 라
이프니츠에게서는 실체와 **단순한** 것을 동일시하려는 너무나 안타까

---

14   Gilles Deleuze, *The Fold*. Translated by T. Conley. (Minneapolis: Univ. of Minnesota Press,
1993.) 예를 들어 61쪽에서 인용한 문장을 참고하라. "스토아주의자와 라이프니츠는 처음에는 아
리스토텔레스의 본질주의에, 이어서 데카르트의 본질주의에 반대되는 매너리즘을 고안한다." [옮긴
이] 앞 문장의 프랑스어판 국문 번역에 해당되는 부분은 다음과 같다. "스토아 학파와 라이프니츠
는 한편으로는 아리스토텔레스, 다른 한편으로는 데카르트의 본질주의에 반(反)하는 '마니에리슴'
을 발명한다." 질 들뢰즈, 『주름: 라이프니츠와 바로크』, 이찬웅 옮김, 문학과지성사, 2004, 101쪽.

운 경향이 있는데, 그로 인해 그는 접착된 다이아몬드 한 짝이나 네덜란드 동인도회사가 모나드가 되는 것을 인정하지 못했다. 실체와 집합체aggregate 사이 라이프니츠식 구별은 이원적 세계론을 암시하는데, 여기서 궁극적 모나드의 최종적 층위는 실재라기보다는 단지 '이성의 사물'일 뿐인 복잡한 집합체에서 파생된 수준과는 대립한다. 그리고 실제로 아리스토텔레스로부터 퇴보하고 있다는 점에서 모나드의 유감스러운 특징이 또 있다. 즉 실체는 **파괴될 수 없는 것**이어야 한다는 라이프니츠의 견해가 그렇다. 아리스토텔레스는 자신의 제1실체와 더불어 파괴될 수 있는 궁극적 실체를 제안했던 고대 그리스의 첫 번째 철학자였다. 예를 들어 말馬을 절멸시키기는 어렵지 않다. 그러나 라이프니츠에게서는 이것이 불가능한데, 말-모나드는 인간의 모나드와 마찬가지로 파괴될 수 없기 때문이다. 전통적 실체의 또 다른 특징은 그것이 실재적이어야만 한다는 것이다. 신화의 피조물이 마음속에서 춤을 출 수는 있겠지만, 어떻게 해도 실체는 될 수 없다.

그러나 실체에 대한 이 모든 전통적 특징은 거부되어야 한다. 객체는 자연적인 것이거나 단순한 것이거나 파괴될 수 없는 것일 필요가 없다. 대신 객체는 스스로의 자율적 실재성에 의해서만 규정될 것이다. 그것은 분명 서로 다른 두 방향에서 자율적이어야 한다. 즉 부분적으로는 스스로를 다른 존재자와 관계 맺지 못하게 하는 한편, 스스로의 편린을 넘어선 무언가로서 출현한다는 점이 그것이다. 실재를 입자이건 아페이론이건 마음속에 맺힌 상이건 성질의 다발이건 실용적인 효과이건 간에 더욱 기초적인 근본으로 환원하고자 하는 급진적 시도와 달리, 객체는 환원될 수 없는 두 부분으로 **분극화된**polarized 것으로 드러난다. 이 책은 객체가 우연, 성질, 관계, 계기를 갖는다는, 고전적으로 들리는 주장을 지지하는 한편, 또한 객체가 이러한 조건을 갖기도 하고 갖고 있지 않기도 하다는 역설을 주장할 것이다.

2. 감각 객체

20세기 가장 위대한 철학 학파 가운데 후설이 창시하고 하이데 거가 발전시킨 현상학이 있다. 이 운동의 한복판에는 놀라운 역설 이 하나 있다. 왜냐하면 현상학이 '사물(사태) 자체로to the things themselves' 의 회귀를 요청함에도 불구하고 후설과 하이데거 둘 다 관념론자라 는 비난을 받았기 때문이다. 그리고 분명 이 두 사상가는 모든 것을 인간 존재에 대한 접근 가능성의 문제로 만드는 것 같다. 인간을 넘어 선 외적 세계는 그들의 사유에 거의 아무런 역할을 하지 못한다. 그 리고 현상학에는 버클리나 심지어 헤겔에게서도 찾아볼 수 없는, 부 정할 수 없는 실재론의 풍미flavor가 있다. 후설의 저작에서 우리는 찌 르레기, 켄타우로스, 우편함에 대한 기술記述을 찾아볼 수 있다. 하이 데거에게서는 망치 혹은 주전자와 같은 객체와, 일상적 파티 장면, 기 차 플랫폼에 대한 관심을 볼 수 있다. 이것은 객체와 실재론의 주제가 완전히 겹치지 않는다는 것을 시사하는데, 후설과 하이데거 모두 완 전히 만개한 실재론을 갖고 있지 않음에도 객체와 은밀하게 관련되어 있기 때문이다.

후설은 종종 또 다른 관념론자일 뿐이라고 간단히 일축되지만, 사실 철학자들 중에서 동물학적 기인奇人, 즉 그는 **객체 지향**objected- oriented 관념론자다. 비록 후설이 지향적 영역에 한정되어 있다 하더라도, 그는 또한 그 영역 내에서 매혹적인 균열을, 객체와 그것의 특성 사이 틈을 발견했다. 우리가 마주하는 나무와 찌르레기는 마음속에 있는 특정한 성질 다발의 세부적 표상presentations이 아니다. 그 대신 지향적 객체는 소용돌이치는 우연의 표면으로 둘러싸인 통일된 본질적 중핵을 갖고 있다. 한편 우리는 하이데거와 관련해 다른 상황과 직면한다. 즉 [그에게는] 지향적 영역을 넘어서 펼쳐지는 실재 세계에 대한 진정한 취향이 있다. 우리는 그의 도구-분석에서 인간의 직접적 접근으로부터 물러난 실재 망치와 송곳을 발견한다. 후설이 우리에게 우연과 지향적 성질 사이에서 분극화된 지향적 객체를 선명하게 제공해준다면, 하이데거는 우리에게 **실재** 객체에 대한 이 같은 동일한 분극화를 은밀하게 제공해준다. 이 장과 다음 장에서는 두 철학자 각각의 '분극성polarity'이 무엇을 의미하는지 설명하고자 한다.

내재하는 객체성

현상학은, 비록 그것이 사물 자체로 되돌아가기를 요청함에도, 역설적으로 사물을 단지 보이는 것으로만 간주한다. 관념론의 모든 형태는 겉보기와 달리 이와 동일한 태도를 수행해왔기 때문에, 처음에 그와 같은 관념론은 독창적이지 못한 것처럼 보일 수 있다. 그러나 우리는 후설이 그 문제를 강력하게 비틀어버렸음을 알게 된다. 잘 알려졌다시피 현상학은 사물에 관한 자연적이거나 인과적 이론의 수용을 거부하면서, 외부 세계를 고려사항에서 유보한다. 내가 밤에 사이렌을 들은 것은 **사이렌**이지 공간을 통해 내 고막에 진동을 일으키는 음파의 전이가 아니다. 이 모든 것이 한낱 이론에 머무는 데 반해, 현상학은 우리를 직접적으로 접근할 수 있는 것으로 제한한다. 후설이 『순수현상학과 현상학적 철학의 이념들 1』[1]에서 원리상 의식이 관찰할 수 없는 객체에 대한 모든 가능성을 배제한 탓에 관념론으로 향하는 그의 여정은 그 자체로 완결된다. 그러나 우리는 관념론이라는 한계에도 불구하고 [후설 현상학이] 시작부터 의외로 **객체**에 주목해왔음을 발견할 수 있다. 후설의 명석하고 카리스마적인 멘토 프란츠 브렌타노[2]는 지향성intentionality에 대한 중세적 교의를 혁신했다. 브렌타노에게서 정신적인 것을 물리적인 것과 구별해주는 것은 정신적 행동이 항상 객체를 향하고 있다는 점이다. 내가 판단할 때는 판단되는 무언가가 있다. 내가 사랑할 때는 사랑받는 무언가가 혹은 누군가가 있다. 이 무언가를 향한 나의 주목을 두고 나는 '지향한다'고 한다. 그러나 내가 지향하는 것은 의식 안에 있지 의식 밖에 있지 않다. 지향되는 것은 내 경험의 내면에 대해서만 존재하는 것이기에, 브렌타노에 의해 그것은 '지향적 비존재intentional inexistence' 혹은 '내재하는 객체성immanent objectivity'이라고 기술된다. 후설은 브렌타노가 내재하는 객체성

---

1   Edmund Husserl, *Ideas Pertaining to a Pure Phenomenology and to a Phenomenological Philosophy* (Book 1). Translated by F. Kersten. (Dordrecht: Springer, 1983.) [옮긴이] 에드문트 후설, 『순수현상학과 현상학적 철학의 이념들 1』, 이종훈 옮김, 한길사, 2009.

2   [옮긴이] Franz Clemens Honoratus Hermann Brentano, 1838~1917. 독일의 철학자이자 심리학자. 심리학을 통해 철학의 기초를 세우고자 했으며, 후설, 프로이트, 트바르도프스키, 마이농 등에게 큰 영향을 미쳤다.

을 이해하고 있는 것을 넘어서 이 객체성을 더 밀어붙인다.

후설은 독립적 자연 세계를 철학 바깥에 놓음으로써 혹독한 대가를 치른다. 자연 세계를 괄호 치는 것은 난폭한 관념론적 몸짓이다. 그의 제자들은 의식이란 결코 고립된 존재자가 아니라 항상 관찰하고 판단하며 증오하고 사랑하는 지향적 행동을 통해 그 자신 밖에 있다며 헛되이 항의했다. 현상학에 따르면, 이러한 객체는 의식으로부터 자율적이지 않기 때문이다. 객체의 존재는 내가 [거기서] 주의를 돌리고 잠이 들거나 죽으면 이미 [사라질] 위협을 받을 것이고, 우주에 있는 모든 합리적 존재가 절멸된다면 더 말할 것도 없기 때문이다. 한 후설주의자는 이와 같은 시나리오에 대해 객체의 **본질**은 모든 사유하는 피조물의 죽음 이후에도 지속할 것이라고 주장하며 응수할 것이다. 그러나 이 같은 대응조차도 요점을 놓치고 있다. 다시 말해, 사물은 현실적 관찰이나 잠재적 관찰의 객체인 것과는 별개인 자율적 실재성을 여전히 갖지 못할 것이다. 사물은 비밀스러운 생명이나 내재적 인과의 힘을 부여받지 못하며, 지금 혹은 언젠가 의식에 나타나는 한에서만 '실재적'이다. 그러나 객체가 그와 같은 외양과는 별개로 실재성을 부여받지 못한다면, 인간이 고립된 정신이 아니라 언제나 이미 사물과 관련되어 있다든가, 인간이 세계의 능동적 구성자가 아니라 사건의 수동적 참여자라고 말하는 것은 무의미하다. 후설의 지향적 영역은 아무런 실재도 갖지 못하며, 관찰자로부터 독립된 어떠한 자율성도 갖지 않는다.

후설과 관련된 문제점은 널리 알려져 있다. 이런 대가를 치르며 그가 받은 보상은 물리학적 토대나 신경학적 토대를 지지하면서 지각을 폐기하기보다는 지각을 진정한 실재로 간주하는 그의 감탄할 만한 능력에서 발견할 수 있다. 그러나 이는 내재적 영역에 모종의 존재를 부여하는 모든 철학도 마찬가지다. 하지만 후설을 특별하게 만드는 것은 그가 거기[내재적 영역]에서 발견한 예상외의 드라마다. 브렌타노가 정신의 내재적 삶에만 초점을 맞추는 데 반해, 그의 제자 중 몇몇은 이러한 내재성을 외부 세계에 대한 지시를 통해 보충하고자 했다. 이와 같은 시도는 브렌타노의 폴란드인 제자 카지미르 트바르도프스키의 논문 『표상의 내용과 객체에 관하여』[3]에서 가장 선명하게 드러난다. 젊은 후설은 존경과 경멸이 뒤섞인 마음을 드러내며 이 작고 놀라운 저작을 경쟁심을 느끼며 받아들였다. 트바르도프스키에게서는 이중성이 발생한다. 즉 정신의 바깥에는 **객체**가 놓여 있고 정신 안에는 **내용**content이 있다는 것이다. 사람들은 후설이 이런 주장을 거부한 것에 크게 주목했다. 후설은 의식 안에서 지향된 베를린과 세계에 존재하는 베를린이 하나이자 동일하다는 유명한 주장을 했으며,[4] 이러한 태도는 그가 수년 동안 관념론으로 향하도록 길을 터주었다. 잘 알려져 있지 않지만, 그것이 [트바르도프스를] 논파한 후설의 핵심임에도 불구하고, 후설은 객체와 내용 사이에 대한 트바르도프스키식

3   Kasimir Twardowski, *On the Content and Object of Presentations*. Translated by R. Grossmann. (The Hague: Martinus Nijhoff, 1977.)

4   Edmund Husserl, "Intentional Objects." In Husserl, *Early Writings in the Philosophy of Logic and Mathematics*. Translated by D. Willard. (Dordrecht: Kluwer, 1993.)

의 구별을 그저 거부하기만 하는 것은 아니다. 그보다 후설은 객체와 내용 사이 구별을 내재적 영역 그 자체의 한복판에 이식한다.

브렌타노는 상대적으로 객체에 관해 거의 말하지 않았지만, 대신 그는 모든 의식적 행동이 **표상**presentation에 뿌리 내리고 있음을 강조했다. 무언가는 판단되고 증오를 받거나 사랑을 받기 전에 이미 마음속에 있어야만 한다. 트바르도프스키가 표상을 넘어선 실재 객체를 도입함으로써 이러한 모델을 증강시켰던 데 반해, 그러한 이중성에 대한 후설의 거부는 그를 브렌타노의 편에 서게 한 것처럼 보일 수 있다. 그러나 이는 사실이 아니다. 왜냐하면 『논리 연구』에서 후설은 의식이 표상으로 형성되는 것이 아니라 **객체-부여 행위**object-giving act로 형성된다고 말하면서 브렌타노의 모델을 공공연히 수정하기 때문이다. 그리고 이런 차이는 쓸데없이 꼼꼼한 데서 비롯된 것이 아니다. 어떤 표상이든 모든 질적인 세밀함은 정확히 동일한 발판 위에 놓여 있기 때문이다. 모든 것은 동등하게 표상의 일부분이다. 즉 나무가 높게 치솟은 것도 개별적 잎의 정확한 위치와 마찬가지로 나무의 일부분이다. 이런 방법으로 의식은 '내용의 다발'로 구성되어 있으며, 우리는 영국 경험론의 경계 내에 남아 있게 된다. 이와 대조적으로 후설에게는 의식에 있는 모든 것이 동일하지 않다. 우리를 의식의 내재적 영역에 한정할 때조차, 그는 이 영역 **내에서** 활용하기 위해 객체와 내용 사이에 대한 트바르도프스키식의 구별을 빌려온다. 후설이 사막으로 들어가는 수도승처럼 현상의 세계로 후퇴하면서 찾은 것은 이전에는 의심받지 않았던 세계의 단층선이다.

음영

여기에는 아무런 의심의 여지가 없다. 즉 후설에게 현상적 세계는 브렌타노와 트바르도프스키 모두 주장하듯, 특정한 내용으로만 구성된 것이 아니다. 그 대신 후설식의 현상적 영역은 객체와, 객체가 드러나는 내용 사이의 대결로 찢긴다. 모든 현상학적 분석에서 벌어지는 일을 상기해보자. 후설은 자살하고 싶을 정도로 우울증에 빠져 해질 무렵 100미터 정도 떨어져 있는 급수탑 주위를 맴돌았을 수도 있다. 그가 탑을 주시하면서 자신의 고달픈 길을 따라 움직여갈 때, 급수탑은 지속적으로 다른 외관을 보여준다. 매순간 급수탑이 그때그때 새로운 탑이 되지는 않지만 후설은 새로운 세부사항들을 경험할 것이다. 그 대신 탑은 각기 다른 지각의 거대한 다양성에도 불구하고 동일하게 남아 있는 통일된 '지향적 객체'다. 탑은 언제나 특정한 윤곽을 통해 [우리와] 마주한다. 후설이 부르는 것처럼 압샤퉁Abschattung 혹은 '음영adumbration'이 그것이다. 그러나 이런 음영은 자기를 드러내는 지향적 객체와 동일하지 않다. 후설이 새벽에 행복감에 취해 산책 범위를 탑에서 300미터 떨어진 정도로 늘려서 탑을 돌더라도, 탑은 여전히 그가 어제 저녁에 돌던 탑과 같을 것이다. 객체는 그 내용에서 수없이 많은 변화가 계속되더라도 항상 동일하다. 객체-극점object-pole이 전적으로 의식 외부에 닻을 내린 트바르도프스키의 모델과 달리, 후설에게 객체와 내용은 내재적이다. 후설이 이 점을 부정하는 것은 맞지만, 이는 단지 그가 [자신이 말한 것과] 대조적으로 현상을 '내재적으로' 만들 법한 '초월적transcendent' 세계를 받아들이지 않기 때문이다.

이때 지향적 객체가 음영의 다발이 아니라는 것은 강조할 만한 가치가 있다. 우리는 나무나 우편함의 모든 가능한 측면을 봄으로써 그것들을 파악하지는 않는다. 그와 같은 측면들을 모두 본다는 것은 물리적으로, 정신적으로, 아마 논리적으로도 불가능할 것이다. 객체는 우리에게 나타날 수 있는 겉모습을 합해 획득되는 것이 아니라 이 음영들을 **추출함**subtracting으로써 획득된다. 지평선 위에 있는 저 개는 지금 그렇게 하듯이 [개이기 위해] 들어올릴 뒷다리가 꼭 있어야 하는 것이 아니고, 으르렁거림을 멈추고 반가운 마음에 꼬리를 흔들더라도 동일한 개일 수밖에 없다. 지향적 객체는 필연적이라기보다는 더욱 특정한 방식으로 나타나는데, [그것은] 우리가 객체 그 자체의 동일성을 변화시키지 않더라도 제거될 수 있는 우연적 특징으로 뒤덮여 있다. 여기서 우리는 이미 경험론에서 출발한 후설을 본다. 사과가 어떤 순간에도 붉고, 반들거리고, 차갑고, 단단하고, 달콤한 특징의 총합이 아니듯, 그것은 지각될 수 있는 각도와 거리의 총합도 아니다. 반면 메를로퐁티는 집의 존재가 "어디에서도 보이는 집"[5]이라고 말하며 후퇴했고, 심지어 하이데거는 지향적 객체와 그 성질 사이 차이에 대한 의미를 거의 살펴보지 않았다.

통일된 객체와 그 무수한 성질 사이의 차이에도 불구하고, 우리

---

5   Maurice Merleau-Ponty, *Phenomenology of Perception*. Translated by C. Smith. (London: Routledge, 2002.) [옮긴이] 모리스 메를로-퐁티, 『지각의 현상학』, 류의근 옮김, 문학과지성사, 2002.

는 후설의 지향적 객체가 우리한테 다소 **은폐되어**concealed 있다고 생각하는 오류를 피해야 한다. 후설의 위대한 계승자인 하이데거는 사물의 감춰지고 있음에 관해 많은 이야기를 했는데, 우리는 이 점을 다음 장에서 자세하게 다룰 것이다. 반면에 실제로 후설에게는 은폐라고 할 만한 것이 전혀 없었다. 후설의 요점은 우리가 나무, 개, 찌르레기, 우편함의 음영과 마주할 뿐만 아니라 통일된 객체 자체가 우리에게서 감춰진 채로 남아 있다는 것이다. 그 점에서는 하이데거는 물론 심지어 트바르도프스키와도 같을 것이다. 대신 후설에 따르면, 우리는 지향적 객체를 진지하게 다루는 데 에너지를 쓰면서 처음부터 경험을 통해 지향적 객체와 직접적으로 조우한다. 후설식의 체계에서는 번개가 불길하게 번뜩이는 상황에서 내가 언덕에 서서 멀리 떨어진 우편함을 관찰한다면, 그 우편함은 내게 하이데거식으로 '감춰져hidden' 있지 않다. 그보다 우편함은 항상 있는 것이지만 단지 자잘한 보석, 반짝이, 색종이 조각으로 덮여 있을 따름이다. 우편함은 우리가 지각할 때마다 제각각인 모양과 색깔로 구성되어 있는 것이 아니며, 습관을 통해 엮인 감각 경험의 아주 작은 화소로 구성되어 있는 것도 아니다. 그보다 모양과 색깔은 처음부터 통일된 우편함에 귀속되어 있다. 우리가 통일된 객체와 그것의 변하는 다수의 특징 사이에 있는 감각적 영역에 대한 그의 혁명적 구별을 무시한다면 후설이 철학에서 시도한 돌파구는 완전히 이해되지 않을 것이다. 통일된 객체의 특징은 인공위성이 지구의 중력에 종속되어 있는 것만큼이나 그 객체에 종속된다. 후설에게 의식은, 브렌타노와 달리, 명확한 표상이 아니라 객체-부여 행위로 구성된다. 이와 같은 이유로 이 점에 대한 후설과 하이데거의 비교가 잘못 이해되었던 것이다. 후설의 논의에서 우리는 객체가 인간의 접근으로부터 물러나는 것이 아니라, 그 모든 것이 경박한 장식과 표면-효과로 지나치게 꾸며진 것임을 발견한다.

이 책에서 제시하는 형이상학은 객체와 그 성질 사이 몇 가지 주요 긴장tensions을 크게 강조한다. 이는 네 개의 긴장으로 판명된 것으로서 우리는 그중 첫 번째 긴장을 접했다. 현상적 영역은 단순히 외부 세계에 대한 접근으로부터 단절된 관념론적 감옥이 아니다. 그보다 현상적 영역은 지향적 객체와 그것의 변화하는 성질 사이의 긴장을 보여준다. 그러나 '지향적'이라는 용어에는 멸균성이 강해, 나는 그 대신 동의어으로서 이를 **감각** 객체라 부르자고 제안한다. 멸균성이 '지향적 객체'라는 어구를 피하기 위한 유일한 이유는 아니다. 이 유명한 용어 때문에 너무나 많은 혼동이 일어났다. 브렌타노와 후설 모두에게 지향적 객체가 순수하게 내재적인 감각을 의미했을지라도, 많은 분석철학자들은 그것이 인간 의식 바깥에 놓여 있는 것이라고 믿는다. 그래서 '감각 객체'라는 어구는 우리가 여기서 인간의 접근을 넘어선, 오로지 실재 객체만 속할 뿐인 실재 세계에 대해 말하는 것이 아니라고 할 때 더욱 효과적이다. 모든 현상적 경험에서 감각 객체와 그것들의 감각 성질 사이에는 긴장이 있다. 대양은 그 연속적 파동이 나아가고 물러섬에도 동일하게 남는다. 카리브 앵무새는 그 날개가 현재 얼마나 퍼덕거리든지, 스페인어로 저주하거나 위협하든지 간에 그 동일성을 유지한다. 현상적 세계는 단순히 무자비한 실재가 강타한 데서 비롯된 관념론적 성역이 아니라 지진이 활발하게 일어나는 지역으로, 거기서 지향적 객체는 제 성질을 서서히 갈아버린다.

형상적 특징

그럼에도 후설의 감각 객체는 하나가 아니라 두 가지 긴장 혹은 분극화와 관련된 것으로 판명된다. 우리는 이미 현상적 영역 내에서 그 첫 번째 균열을 보았는데, 그것은 감각 객체와, 보석이나 먼지와 같이 표면을 형성하는 소용돌이치는 우연적 성질들 사이에 놓여 있다. 그러나 이것이 감각 객체들이 관련된 유일한 분극화일 수는 없다. 마침내 우리가 객체의 소용돌이치는 우연을 제거했을 때 남는 것은 단순히 텅 빈 통일성의 극점$_{\text{pole}}$이 아니다. 감각적인 개, 소나무, 등대는 단지 저마다 우연적으로 변화하는 형태가 다르기 때문에 서로 다른 객체인 것이 아니다. 형상적 변이$_{\text{eidetic variation}}$에 대한 후설의 방법을 통해 이와 같은 표면의 소음을 제거함으로써 우리가 얻는 것은 모든 감각 객체에서 특징이 없는 동일한[텅 빈] 통일성이 아니다. 이런 동일한 통일성은 분석철학의 용어로 '벌거숭이 특수자'[6]라고 한다. 그 대신 우리는 후설이 객체의 형상$_{\text{eidos}}$이라고 부른 것에 도달한다. 이 두 번째 긴장은 첫 번째 긴장에 비해 약간 이상하다. 어떤 의미로 객체가 그 자체의 우연으로 인해 겪는 긴장과 그 자체의 형상적 특징으로 인해 겪는 긴장은 유사한데, 그 두 경우 모두에서 객체는 성질의 다발로

---

6   [옮긴이] bare particular. 어떠한 성질도 갖지 않는 순수한 기체(基體).

형성되지 않기 때문이다. 우리는 바깥의 외관을 쌓아올리는 것 못지 않게 본질적 성질을 쌓아올려서는 우편함을 구성할 수 없다. 객체는 하나다. 하지만 우연적이든 형상적이든 객체의 성질은 다양하다. 그래서 그 두 방향 모두에서 객체와 다수의 특성 사이에 차이가 있는 것이다. 그러나 그 두 긴장이 뚜렷하게 달라지는 또 다른 측면이 있다. 왜냐하면 처음부터 객체는 우연을 필요로 하지 않는데, 우연은 객체의 성격에 거의 영향을 미치지 않고도 변할 수 있기 때문이다. 그러나 그것은 객체의 본질적 특징에는 해당되지 않는데, 그와 같은 특징은 객체가 필사적으로 그 자체가 되기 위해 필요하기 때문이다. 그다음으로, 우연적 성질은 경험 속에서 우리 앞에 직접적으로 놓여 있지만, 형상적 성질은 그렇지 않다. 후설은 이후 『논리 연구』에서 객체의 형상이 감각적으로 현존할 수 없음을 명확히 한다. 우리는 지성의 노고가 형상을 전달해주는 것과 마찬가지로 이른바 범주적 직관을 통해서만 형상에 접근할 뿐이다. 그러나 사실 감각이 할 수 없는 방법으로 지성이 실재를 직접적으로 있게 한다고 가정할 이유는 없다. 내게 구리의 전기 전도성을 경고하는 것이 내 손이든 혹은 내 지성이든 관계없이, 세계 도처에서 전기를 전도시키는 것은 감각하는 것도 아는 것도 아니다. 다시 말해 후설은 여기서 감각적인 것과 지성적인 것을 구별하는 잘못을 저질렀다. 감각적 직관과 범주적 직관 모두 직관의 형식일 뿐, 무언가를 직관한다는 것은 그 무언가가 된다는 것과 동일하지 않기 때문이다. 그래서 객체의 형상적 특징은 결코 지성을 통해서는 접근할 수 없고, 예술이나 과학이 하는 것처럼 암시allusion를 통해 간접적으로 우리와 닿을 수 있을 따름이다. 구리 선, 자전거, 늑대, 삼각형에는 모두 실재 성질들이 있지만, 이것들의 진정한 특성은 우리의 심장과 정신에 전달되는 그것들에 대한 빈약한 소묘로는 결코 규명되지 않을 것이다. 양성자나 화산은 다양하게 구별되는 속성을 가져야만 하며, 이러한 속성은 양성자와 화산 그 자체만큼이나 우리에게서 물러나 있다.

우리는 여기서 **실재** 성질들과 함께하는 감각 객체의 특이한 경우를 본다. [감각 객체의] 형상의 성질은 형상이 존재하는 데 필수적이기 때문이다. 하지만 그 형상의 성질은 모든 접근으로부터 물러나 있으며, 여기서 '실재적'이라는 말은 그런 특징을 나타낼 유일하게 가능한 이름이기 때문이다. 이제 우리는 감각 객체가 우연적 특징을 갖기도 하고 갖지 않기도 한다고 쉽게 말할 수 있을 것이다. 해질 무렵의 집에 대한 정확한 측면도가 집에 필수적이지는 않더라도 어찌되었든 집에 귀속되어 있기 때문이다. 그런데 이것은 다소 놀랍게도 객체의 형상적 특징에도 해당한다는 점이다. 여기서도 마찬가지로 감각 객체가 객체의 형상적 특징을 갖기도 하고 갖지 않기도 한다. 객체는 항상 그 자체의 특정한 방식으로 푸르거나 단단하거나 매끄러우며, 객체는 이러한 특성으로 만들어져 있는 것이 아니기 때문이다. 형상적 성질은, 우연적 성질과 마찬가지로, 형상적 성질이 귀속하는 실재나 객체 스타일로 처음부터 물들어 있다.

외부 세계에 대한 후설의 유보가 부정적인 면 못지않게 긍정적인 면을 갖는다는 것은 분명하다. 후설이 실재를 현상적 표면 위에다

평탄하게 만들어버리는 것을 [우리가] 거부하고, 심지어 후설이 현상과 마주할 수 있는 존재자의 등급에서 무생물 존재자를 지나치게 배제하는 것을 [우리가] 거부하는 것이 필수적이겠지만, 그의 감각적 영역은 객체의 형이상학에 대한 흥미로운 문제를 이미 제기하고 있다. 후설의 견해를 수정했을 때 감각 객체는 더는 인간의 마음에 갇힌 2차원적 허깨비가 아니다. 그 대신 찌르레기, 우편함, 나무에서부터 켄타우로스, 숫자, 희망에 이르는 모든 것은 동시에 일어나는 두 개의 분극화의 자리가 된다. 감각 객체는 결코 그것의 감각 성질이 아니다. 이 여분의 추가적인 것[감각 성질]은 근간이 되는 감각 객체에 영향을 미치지 않고도 문질러져 없어질 수 있기 때문이다. 그렇지만 감각 객체 또한 결코 그것의 실재 성질이 아니다. 감각 객체가 특정한 방식으로만 실재 성질들을 이용하기 때문이다. 한편으로 우리는 경험을 통해 반씩 결합된 감각 객체와 그것의 감각 성질들을 갖는다. 그러나 다른 한편으로 이 특정한 앵무새를 그 자체로 만들어주는 것을 분절articulate하기 위해서는 실재 성질의 분석이 요구되는데, 실재 성질은 적나라하게 현존하지 않아도 지성을 통해 넌지시 혹은 간접적으로 암시될 따름이다.

우리는 감각 객체의 표면에 있는 성질의 '외피encrustation'에 대해 전문 용어로 이야기할 수 있다. 우리는 어떤 감각 객체든 필연적인 것 이상으로 훨씬 세부적인 형태로 만난다. 다시 말해, 이 도시의 지평선은 바로 그 지평선으로 인식되기 위해 정확히 지금과 같은 모습으로 빛날 필요는 없다. 그러나 감각 객체가 그 자체가 되기 위해 소유해야 할 실재 성질들에 대해 이야기할 때, 문제는 외피가 아니라 '잠

수submergence'라 불릴 만한 것이다. 감각 객체의 필연적 성질은 베네치아 갤리선의 선체와 같이 해수면 아래로 가라앉아 있어, 배를 덮고 있는 깃발과 기장에 혹은 포로로 잡힌 가수와 드러머가 갑판에서 연주하는 음악에 현혹된 관찰자에게는 보이지 않는다. 선체가 수면 아래로 가라앉았음에도 불구하고 감각 객체의 필연적 성질은 배의 내항성에 중추적으로 남는다. 비유하자면, 감각 객체의 실재 성질들은 직접 보지 못한 채 간접적으로 추론될 수 있을 뿐이다. 감각 객체는 두 종류의 성질을 동시에 갖지 않고서는 존재할 수 없다. 감각 객체가 여하튼 나타나지 않는다면 그것은 감각 객체일 수 없다. 그렇지만 감각 객체를 그렇게 만드는 특정한 형상적 특징을 감각 객체가 갖고 있지 않다면 그것도 바로 이 감각 객체일 수는 없다. 그러나 중요한 한 가지가 해명되어야 한다. 특정한 빛깔의 초록색이 수많은 상이한 특정 객체에서 구현될 수 있는 것처럼, 후설은 실재 성질들을 일반적 용어로 이야기한다. 화이트헤드의 '영원한 객체eternal objects'도 마찬가지며 본질이라는 주제를 다뤘던 대부분의 다른 사상가도 마찬가지다. 이와 대조적으로 이 책에서 기술되는 성질은 그것이 귀속하는 객체에 의해 항상 개별화된다. 그와 같은 성질은, 분석철학의 용어로 말하자면, '비유tropes'다. 그러나 어떤 경우든 감각 객체는 단순한 관념론적 환영이 아니라 우주의 두 핵심적 분극화의 자리다.

요약

대체로 관념론 철학자는 사물에 대한 우리의 표상representation 그 이상의 사물이 있다는 주장에 만족한다. 의식은 분명한 이미지들로 가득 차 있을 것이지만, 그 이미지들은 1차적인 것이 아니다. 그보다는 이미지들이 그 자체로 분명하지 않은 실재에 의해 산출되거나 생산되기 때문이다. 우리 시대 대부분의 실재론자는 과학적 자연론과 관계되어 있으며, 자연 세계는 그에 대한 인간의 이미지에 대해 우선성을 갖는다고 주장한다. 이런 방식으로 실재론자는 의식적 경험이 철학의 출발점이라는 관념을 공격하고 그러한 경험을 발생시키는 더 심오한 자연적 사물에 철학적 근거를 부여함으로써 그것을 하부 채굴한다. 그러나 이는 주류 관념론을 단순히 상부 채굴하는 것의 이면일 뿐으로, 주류 관념론이 객체란 경험에서의 자기 현시 그 이상이 아니라고 말함으로써 그것을 상부 채굴한다는 것에 주목하자. 전형적 실재론자와 전형적 관념론자가 공유하는 것은 객체의 중간 단계를 완전히 뛰어넘고자 하는 경향이다. 그들은 모든 객체를 설명하는 자연적 요소의 기본 층위가 있다고 말하거나, 객체란 관찰자에게 직접적으로 분명히 드러나는 특성의 다발일 뿐이라고 말한다. 후설을 관념론자 가운데서 매우 특별하게 만드는 것은 그가 현상적 영역 **안에서** 객체를 발견했다는 점이다. 후설은 관념론자임에도 불구하고 그의 제자들이 그가 이미 언급했던 것 외에는 다른 실재가 없을 것이라고 종종 가정하는 정도만큼만 그는 실재론자처럼 **느껴진다**. 후설은 사실상 첫 번째 **객체 지향** 관념론자다. 그는 객체를 분명하게 드러내는 특정한 특성을 넘어서 바라보는 데 필요한, 괴롭지만 유혹적인 노고를 알고 있었다. 이와 대조적으로 버클리나 피히테 같은 저자들은 우편함과 반짝거리고 변하기 쉬운 그것의 특징 사이의 대결을 전혀 주목하지 않았다. 그리고 피히테가 각기 다른 기분으로 다양한 거리와 각도에서 나무 주위를 도는 것을 상상했을 것이라고 생각할 수도 없다. 그러나 후설에게 이러한 절차는 피할 수 없다. 감각 객체는 현재의 관찰가능한 특징이나 가능한 외관의 총합으로부터 도출될 수 없다.

반복의 위험을 무릅쓰고, 우리가 후설에게서 배웠던 것을 요약해보는 것이 유용하겠다. 그에게 마음 밖의 자연 세계는 철학의 출발점에서 배제되는데, 마음 밖의 자연 세계라는 가정이 단지 이론일 따름이기 때문이다. 우리는 우편함이 다양한 화학적 속성을 가진 평평한 철 조각이나 원자, 쿼크, 전자, 혹은 끈으로 구성되어 있음을 생각하는 것으로 [논의를] 시작할 수는 없다. 마찬가지로 우리는 초월적 창조자와 대비되는 창조된 존재자로서 우편함이나 인간을 바라볼 수도 없다. 우리가 맨 처음 아는 것은 객체가 의식에 있는 현상이라는 것뿐이다. 우리는 우리의 의식적 삶에서 이러한 객체를 지향한다. 브렌타노가 이미 파악했듯, 지각은 **무언가에 대한** 지각이고, 판단, 소망, 사랑과 증오의 행위도 마찬가지다. 그러나 브렌타노가 모든 지향적 삶이 표상presentetions에 근거를 둔다고 주장하는 반면, 후설은 모든 것이 똑같이 놓여 있는 평지가 의식이 아니라는 점에 주목했다. 표상 대신 객체-부여 행위가 있는데, 그것은 우리가 내면의 불변하는 핵심으로서의 감각 객체와, 감각 객체의 무수히 많은 현시를 구별해야 한다는 것을 의미한다. 의식적 삶에서 마주치는 다양한 나무와 켄타우로스는 단지 나무이고 켄타우로스일 뿐이지, 그것들을 항상 마주치게 하는 과도한 세부사항과는 관련이 없다.

후설은 이와 같은 방식으로 감각적 영역 **안에서** 객체와 내용 사이의 긴장을 발견한다. 이는 처음부터 현상을 반으로 찢는 커다란 단층선이다. 감각 객체는 스스로를 드러내는 모든 감각적 우연과 다르다. 그러나 이와 같은 감각 객체들은 특정한 색깔, 각도, 기분, 빛을 내는 조건에 기인해서만 서로가 각각 달라지는 통일체의 공허한 극점이 아니다. 설령 우리가 말, 개, 의자의 모든 우연적 특징을 제거할 수 있다 하더라도, 이러한 객체는 여전히 서로 다를 것이다. 각 객체는 우연적 특징을 갖는 것만큼이나 **형상적** 특징 또한 갖는다. 일반적으로 우리는 개로 보이는 수없이 얄팍한 외피 이면에 놓인 개의 정확한 성격에 대한 흐릿한 감각을 가질 뿐이다. 이론적 의식의 작업은 그 개의 특징을 분절하고 그것의 형상을 드러내는 것이다. 그러나 우리는 사물의 형상에 대해 적절히 직관할 수 있다는 후설의 믿음에도 불구하고, 이 형상이 **실재** 성질들로 구성되어 있음을 보았다. 이 때문에 실재 성질에 대한 접근은 단지 간접적이고 암시적일 수밖에 없는데, 그것은 그러한 접근이 감각적 유형이든 지성적 유형이든 직접적 접근을 배제하기 때문이다. 야자수 나무 자체가 우리가 보는 것과 닮지 않은 것처럼 야자수의 실재 성질도 이런 성질에 대한 우리의 목록과 닮지 않았다. 실재 성질은 실재 객체가 하는 것 못지않게 직접적 접근으로부터 물러난다. 감각 객체는 이와 같은 방식으로 우주의 중요한 두 가지 긴장으로 들어서는 갈림길 역할을 한다. 즉, 감각 객체 대 그것의 감각 성질들, 감각 객체 대 그것의 실재 성질들이 그 갈림길이다. 그리

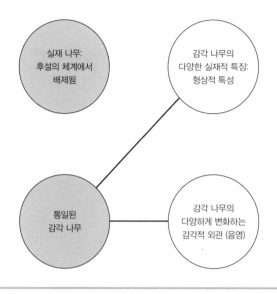

다이어그램 1. 감각 객체에서의 두 가지 긴장 (후설)

고 이러한 교차점이 후설의 위대한 발견으로, 그를 한물간 사람이나 무미건조한 기술적技術的 대가로 오해한 최근의 많은 저자들에게서 무시되었던 것이다.

그럼에도 후설은 관념론자로 남는다. 그의 객체는 의식에 나타나는 것 말고는 아무것도 할 수 없다. 의식이 나에게 속하든, 또 다른 사유하는 존재에 속하든, 적어도 사유가 **가능한** 존재에 속하든, 객체는 사실상 의식 없이는 존재할 수 없다. 심지어 후설과 같은 객체 지향 관념론자조차 객체를 공정하게 대할 수 없었다. 그의 객체는 순수한 감각적 다양체로서, 정신의 영역을 넘어선 자율적 실재나 행위가 결여되어 있기 때문이다. 가장 위험한 철학적 문제는 우리가 이미 [객체라는 문제를] 극복했다고 잘못 믿는 것이다. 그런 경우에 해결할 수 없는 문제의 살에 박힌 변함없는 가시는 사라진다. 그리고 이런 문제가 발생하는 사이에 역설의 한 측면이 또 다른 측면을 희생한 대가로 선택된다. 그리고 불행한 진실은 현상학이 항상 이런 종류의 과오에 떳떳하지 못했다는 데 있다. 현상학이 실재론과 관념론의 이른바 '유사-문제pseudo-problem'를 넘어선 곳에 서 있다는 주장과 동시에, 현상학은 정확하게 관념론 논쟁에서 관념론자의 편에 선다.

이와 같은 관념론과 객체 지향 철학의 역설적 상황에서 마르틴 하이데거의 음악이 저 멀리서 들려오기 시작했다. 현상학에 대한 그의 과감한 개혁은 그를 20세기의 가장 위대한 철학자로 만들기에 충분했다. 모든 주요 사상가와 마찬가지로, 하이데거에게서도 결점을 찾아볼 수 있다. 그러나 그가 피해간 한 가지 오류가 있다면, 그것은 후설이 [현상학을] 감각적 영역 안에 가둬두는 것이었다. 하이데거가 존재Sein와 현존재Dasein[7]를 영구적이고 상호적으로 의존적인 짝으로 남겨두고 있는 것이 사실이긴 하지만, 이것이 존재가 인간에게 현시를 통해 규명된다는 점을 함의하지는 않는다. 하이데거에게는 감각 객체와 동행하는 실재 객체가 있기 때문이다.

7   [옮긴이] 하이데거에게 존재(Sein)는 어떤 것의 있음을 의미하고, 현존재(Dasein)는 자기의 존재나 타자에 대해 관심을 갖는 실존 즉 인간을 의미한다.

3. 실재 객체

많은 사람의 눈에 하이데거는 20세기의 주요 철학자다. 그는 확실히 이 책에서 제시하는 형이상학에 중대한 영향을 미쳤다. 이런 이유로 그는 이어지는 장에서 더욱 확대된 논의의 주제가 될 것이다. 지금까지 우리는 우리의 논제에 대한 후설의 기여를 검토했다. 후설은 자신의 관념론에도 불구하고 우리와 마주하는 감각 객체와 그것의 두 종류 특징인 감각적인 것과 실재적인 것 사이에 있는, 대부분의 관념론자에게 낯선 긴장을 서술한다. 이러한 통찰은 그의 개입이 없었다면 흐릿했을 관념론적 영역에 의미 있는 갈등과 질감을 더해주는 한편으로, 그것은 객체의 실재가 의식적 관찰자에게서의 객체의 현존을 초과하지 않는 세계를 여전히 가정한다. 하이데거에게서 상황은 다르다. 즉 후설이 현존presence의 철학자라면 하이데거는 부재absence의 사상가다. 하이데거가 『존재와 시간』에서 전개한 저 유명한 도구-분석은 사물을 취급하는 우리의 일상적 방법이 의식의 **눈앞에 있음**vorhanden, present-at-hand으로서의 관찰이 아니라 **손안에 있음**zuhanden, ready-to-hand에 조용히 의존하고 있음을 보여준다. 망치와 송곳은 통상 제대로 작동하지 않을 때만 대체로 우리에게 현존한다. 이에 앞서 망치와 송곳은 우주에 스스로의 실재성을 조금도 드러내지 않고서 지하의 이면으로 물러난다. 망치와 송곳이 깊은 곳으로 멀어지는 한에서,

도구-존재tool-beings는 개별 존재 사이의 구별이 어려워진 용구equipment의 **체계**로 병합해가는 경향이 있다. 이는 존재의 다수성이 더 심오하고 통일된 지시 체계에 부여된 우선성과 더불어, 파생적 수준의 현존에 귀속한다는 하부 채굴을 함축한다.

그러나 이 점이 하이데거를 종종 괴롭히곤 했을지라도, 이는 하이데거의 발견을 오해하는 것이다. 도구-분석은 우리에게 존재의 일원론적 덩어리 대신, 개별 객체가 그 어느 것과 거의 아무런 관계를 맺지 않고 사적인 내면으로 물러나는 풍경을 제공한다. 하이데거는 겉으로 보이는 모든 것과 달리 후설만큼이나 객체 지향적 사상가다. 핵심적 차이는 하이데거가 후설의 감각 객체를 **실재** 객체에 대한 자신의 유일무이한 모델로 대체한다는 데 있다. 그렇지만 이 실재 객체는 감각 객체를 대체하는 것이라기보다는 보완하는 것이다.

도구-분석

하이데거는 현상학을 내부에서부터 급진화한다. 브렌타노와 후설의 저작에 크게 고무된 젊은 하이데거는 현상학의 황태자였다가 마침내는 현상학 운동의 반역자로 보이게 되었다. 후설의 철학적 방법론은 외부 세계에 대한 모든 고려를 괄호 치고 의식에 나타나는 현상에 초점을 맞추는 것이었다. 후설의 반항적 후계자인 하이데거는 모든 현상의 이면에 놓인 것에 주목하면서 이런 현상을 역전시킨다. 그는 과학적 자연주의를 왕위로 복권시키기 위해서가 아니라, 과학이 알았던 것보다 더욱 기이한 실재의 의미를 우리에게 제공하기 위해 그렇게 한다. 현상학에 대한 하이데거의 궁정 반란은 『존재와 시간』[1] 에서 처음 공개된 그 유명한 도구-분석에서 가장 선명하게 드러나지만, 이미 1919년의 초기 프라이부르크 강의에서도 발견된다.[2] 도구-분석은 아마도 지난 세기의 철학에서 가장 위대한 순간이었을 것이다. 그것은 영향력 면에서 플라톤의 동굴 신화에 견줄 수 있는 사유의 실험이었다. 후설의 사명이 의식적 경험에 대한 자세한 연구에 호의적 입장에 서서 자연 세계의 모든 이론을 유예하는 것이라면, 하이데거의 철학은 현존을 소탕하는 전투였다. 즉 마음에서의 현존이든 다른 어떤 것에서의 현존이든 관계없이 말이다. 하이데거가 결코 시도하지 않았던 강도로 이 전투를 밀어붙인다면, 우리는 곧 이 위대한 사상가에게는 차단되었던 사변 철학speculative philosophy의 경계선에 도달하게 된다.

하이데거의 도구-분석은 최근의 철학을 조금이라도 숙지한 사람에게는 친숙한 것이다. 어떤 순간이든 나는 내 앞에 놓여 있는 책상, 램프, 컴퓨터, 전화기와 같이 수많은 객체를 의식한다. 그러나 하이데거는 우리가 씨름하는 사물 대부분이 명백히 마음에 현존하지 않으며, '용구' 혹은 손안에 있음의 존재 양식을 갖는다는 것에 주목한다. 용구 혹은 손안에 있음의 존재 양식은 내가 자주 잊어먹곤 하는

---

1   Martin Heidegger, *Being and Time*. Translated by J. Macquarrie & E. Robinson. (New York: Harper & Row, 1962.) [옮긴이] 마르틴 하이데거, 『존재와 시간』, 이기상 옮김, 까치, 1998.

2   Martin Heidegger, *Towards the Definition of Philosophy*. Translated by T. Sadler. (London: Continuum, 2008.)

안경부터, 나를 살아 있게 해주는 박동하는 심장, 내가 땅바닥에 쓰러지는 것을 막아주는 의자와 단단한 마루, 아주 어렸을 적에 형성된 문법 구조에 이르기까지 다양하다. 이를 의식적으로 자각하는 것은 우리 삶에서 사소한 부분을 차지할 뿐이다. 대개 객체는 우리의 의식적 행위를 지원해주는 흐릿한 지하 세계로 물러나는 한편, 시야에는 거의 나타나지 않는다. 하이데거는 또한 이 차단된 지하 세계가 자율적 객체의 [단순한] 모음이 아니라 통일된 체계라고 빈번하게 주장한다. 엄밀히 말해, '하나의$_{an}$' 용구 같은 것은 없으니, 도구란 상호적으로 그리고 전체적으로 스스로의 상호 지시에 의해 결정되기 때문이다. 하이데거가 '용구'와 '도구' 같은 단어를 사용하기는 하지만, 그는 다른 것과 반대되는 특정한 종류의 존재자에 대한 제한된 분류법을 기술하지 않는다. 하이데거는 망치, 칼, 포크만이 아니라 모든 것을 분석한다. 모든 존재자는 마음속에서 나타나기보다 수수께끼 같은 배경에 거주하려는 경향이 있기 때문이다.

도구–분석은 하이데거의 1919년 프라이부르크 강의 과정에서 강의실 가구를 화살과 돌팔매에 대한 보호구로 오해하는 '세네갈 검둥이'에 대한 당혹스러운 상상과 더불어 처음 생겨났다.[3] 그러나 도구–분석이 출간물의 형태로 처음 나타나는 것은 8년 뒤의 일로, 『존재와 시간』의 15절[「주위세계에서 만나게 되는 존재자의 존재」]에서 시작한다. 하이데거는 세계가 가치와 심리적 투사$_{projections}$로 이후에 보충되

---

3   Ibid., pp. 57–59.

는 객관적 질료로 꽉 차 있다는 주장에 반대하면서, 도구-존재 자체를 사물의 본래적primodial 본성으로 다룬다. "우리는 배려concern에서 마주하는 그런 존재자를 '용구'라 부를 것이다."[4] 그리고 하이데거가 '둘러봄Umsicht'이라 부른 일종의 '봄Sicht'을 통해 우리가 용구를 다룬다고 그가 주장할 때, 이와 같은 이른바 봄은 도구를 결코 보이지 않게 한다. '손안에 있는 것'으로서의 도구에 가장 전형적인 것은 다음과 같다. "손안에 있는 것은 주제별로는 전혀 파악될 수 없다. (…) 손안에 있는 것에 가장 가까운 것의 특이한 점은 그 손안에 있음에서 반드시, 이를테면 상당히 확실하게 손안에 있기 위해 물러나야 한다는 것이다."[5] 즉, 도구가 도구인 한에서 그것은 상당히 비가시적이다. 그리고 도구는 그것이 종사하는 목적에 따르기 위해 사라지는 식으로 우리 눈에 보이지 않게 된다. "용구는 본질적으로 '~을 위한' 것이다. 구조로서의 '~을 위한'에는 무언가에 대한 무언가의 지정assignment 혹은 지시reference가 있다." 그리고 더 나아가 다음과 같은 문장도 볼 수 있다. "용구는 — 그 용구성에 맞게 — 항상 다른 용구, 이를테면 잉크대, 펜, 잉크, 종이, 얼룩진 패드, 탁자, 램프, 가구, 창문, 문, 방에 속한

---

4   Martin Heidegger, *Being and Time*, p. 97. [옮긴이] 위 문장의 독일어판 국문 번역에 해당되는 부분은 다음과 같다. "우리는 배려에서 만나게 되는 존재자를 **도구**라고 이름한다." 마르틴 하이데거, 『존재와 시간』, 100쪽, 강조는 인용문.

5   Ibid., p. 99. [옮긴이] 위 문장의 독일어판 국문 번역에 해당되는 부분은 다음과 같다. "손안의 것은 도대체 이론적으로 파악되어 있지도 않으며, 그 자체가 둘러봄에 우선적으로 둘러보는 주제가 되지도 않는다. 우선적인 손안의 것의 독특함은 그것이 그것의 손안에 있음에서 흡사 자신을 숨겨 바로 그래서 본래적으로 손안에 있게 된다는 거기에 있다." 같은 책, 102쪽.

다는 **측면에서** 존재한다."[6] 하이데거에게 도구는 고립된 존재자로 존재하지 않는다. 진실로 도구의 참된 윤곽은 마음속에 있는 다른 존재자와 더불어 설계된다. "지붕으로 덮인 철도 플랫폼은 나쁜 날씨를 고려한 것이다. 공공 조명의 설치는 어둠 혹은 '태양의 위치'처럼 대낮의 현존이나 부재에 따른 특정한 변화를 고려한 것이다."[7] 우리는 정신을 초과하는 실재가 의식에 나타나는 것에 근거한다고 생각하는 대신, 하이데거가 정반대의 결론을 내리는 데 동참해야 하며, 의식으로부터 물러나는 것이 객관적이고 물리적인 질료의 덩어리가 아니라고 그가 지적한 것에도 동의해야 한다. 그 대신 세계 그 자체는 모든 의식적 접근으로부터 물러나 있는 실재들로 구성된다.

그렇다면 후설과 반대로, 사물의 통상적 존재 방식은 현상으로서 나타나는 것이 아니라 알려지지 않은 지하 영역으로 물러나는 것이다. 하이데거는 용구가 제대로 작동하지 않을 때에만 우리는 대체로 용구를 알아챈다고 말한다. 의학적 문제가 내가 조용히 의지하는 신체 기관에 대해 경고하듯, 지진은 내가 선 단단한 땅에 대해 주목

6   Ibid., p. 97. [옮긴이] 위 문장의 독일어판 국문 번역에 해당되는 부분은 다음과 같다. "도구는 본질적으로 '무엇을 하기 위한 어떤 것'이다. (…) '하기 위한'의 구조에는 일종의 어떤 것의 어떤 것으로의 **지시**가 놓여 있다. (…) 도구는 그것의 도구성에 상응하게 언제나 다른 도구에의 귀속성**에서부터** 존재한다 : 필기도구, 펜, 잉크, 종이, 책받침, 책상, 등불, 가구, 창문, 문, 방 등." 같은 책, 101쪽, 강조는 인용문.

7   ibid., pp. 100-1. [옮긴이] 위 문장의 독일어판 국문 번역에 해당되는 부분은 다음과 같다. "지붕을 갖춘 승강장은 우천을 감안했으며, 공공의 조명설비는 어두운 밤을, 다시 말해서 낮의 밝음이 있다가 없어지는 특수한 변화를, 즉 '태양의 위치'를 감안하고 있다." 같은 책, 104쪽.

하게 만든다. 그러나 존재자는 작동하지 않는 볼트와 와이어 혹은 엔진에 기인하는 것처럼 '파손$_{break}$'이라는 용어의 문자적 의미로 '망가질' 필요는 없다. 왜냐하면 내가 나의 신체 기관이나 우리 집의 견고한 바닥을 의식적으로 생각하며 존재자에 주목할 때 이미 어떤 종류의 고장이 발생하고 있기 때문이다. 그러나 내가 고장을 의식할 때조차 나는 아직 고장 자체를 완전히 파악하지 못한다. 내게서 교묘히 빠져나가는 현상들은 항상 발생한다. 그래서 아직도 나를 놀라게 할 일들이 기다리고 있다. 내가 아무리 열심히 사물을 의식하려 노력해도 나를 둘러싼 조건은 내가 충분히 인지하지 못한 채로 남는다. 내가 강, 늑대, 정부, 기계, 혹은 군대를 바라볼 때, 나는 그것들의 실재 전체를 파악하지는 못한다. 이러한 실재는 내게 이와 같은 존재자의 가장 경박한 시뮬라크르만을 남기며, 나의 시야에서 벗어나 영원히 베일에 싸인 지하 세계로 미끄러져간다. 즉, 의식을 위한 사물의 현상적 실재는 그 사물의 존재를 다 소모하지 않는다. 존재자의 손안에 있음은 눈앞에 있음에서 남김없이 이용되지는 않는다.

도구-분석이 함축하는 것은 하이데거의 독자가 보통 상상하는 것보다 훨씬 중요하다. 이 주장은 앞으로 여러 장에 걸쳐 전개해갈 것이지만, 한 가지 요점은 이미 분명해졌다. 우리는 손안에 있음과 눈앞에 있음이 우리에게 서로 다른 **종류**의 객체에 대한 분류법을 제공하지 않음을 알게 되었다는 것이다. 손안에 있음과 눈앞에 있음은 수많은 사물들 사이 존재자가 자리하는 두 개의 제한 구역이 아니다. 그 대신 도구와 망가진 도구가 하이데거의 우주 전체를 구성한다. 하이데거는 **오직** 이 두 가지만, 이 두 기본적 존재 양식만 인정할 뿐이다. 존재자는 고요한 지하로 물러나면서 스스로의 현존을 드러낸다. 이는 쇠스랑, 삽, 터널, 다리에 대해서도 마찬가지인데, 이것들은 스스로의 노동을 보이지 않게 수행하는 한편 종종 마음속의 현상적 이미지로 존재한다. 그러나 이는 또한 '도구'로 간주되지 않는 존재자에게도 마찬가지다. 왜냐하면 색깔, 형태, 개수 모두 사상가가 숙고하는 방식으로는 충분히 규명되지 않는 실재를 갖기 때문이다. 그러한 존재자는 나무로 되어 있는 장비와 철로 되어 있는 장비 사이의 것 못지않게 손안에 있는 것과 눈앞에 있는 것 사이의 전체적 이원론에 갇혀버린다. 그리고 하이데거의 부인에도 불구하고 인간의 현존재Dasein는 존재의 두 방식을 공유한다. 설령 현존재가 고무호스와 동일한 방법으로 '사용되지' 않을지라도 그것은 여전히 다른 존재자와 동일한 두 측면을 보여주기 때문이다. 인간 역시 외부의 관찰자에게서 현존함과 더불어 결코 완전히 이해되지 않는 어두운 실재로 물러난다.

이론과 실천을 넘어

도구-분석에 대한 전형적 독해는 도구-분석을 실용주의의 한 형태로 보는 것이다. 어째서 이런 일이 일어나는지를 알기는 쉽다. 후설은 사물의 본질을 향한 적절한 직관이 최고로 고조되는 상태를 목표로 하며, 현상을 이론적으로 신중하게 기술하는 철학자로 간주되었다. 정반대로 하이데거는 이론이 사물을 제대로 취급할 수 있다는 희망을 품지 않았다. 이론은 그에게 2차적인 것이고, 그래서 선이론적 실천pre-theoretical practice의 간과된 배경에서만 발생하는 것처럼 보인다. 하이데거는 명료한 의식적 관찰자에게 우선성을 부여하는 대신, 인간의 현존재가 내던져진 것, 즉 인간의 현존재가 마음속에 현존하기 훨씬 전부터 당연시된 맥락 속에 내던져진 것으로 간주한다. 의식이 실재의 조그만 모퉁이로 환원되는 데 반해, 실천적 처리와 대처는 세계에 대한 그의 모델의 중심이 된다. 비가시적 실천은 모든 이론이 출현할 수 있게 하는 토양인 것이다. 이런 방식에 따라 하이데거는 실용주의자로 묘사된다. 존 듀이가 이미 30년 전에 동일한 지점을 짚었다고 덧붙이곤 하기에, (적어도 미국에서) 하이데거는 도구-분석이 누군가가 이미 기술한 것 외에는 우리에게 아무것도 가르쳐주지 못한다는 점에서 지체된 실용주의자로 그려지곤 한다. 하이데거가 참된 독창성의 일면이라도 갖고 있음을 주장하려면 역사적 저작들의 수천수만 쪽을 뒤져야 할 것이다. 존재론자로서의 하이데거는 실용주의적 돌파구를 반복할 따름이다.

하이데거를 실용주의자로 해석하는 것에 대한 나의 반론에도 불구하고, 이런 경향에는 분명 제도적 이점이 있다. 어쨌거나 앵글로-아메리카 세계는 실용주의가 굉장한 특권을 누리는 분석철학이라는 지적 조류의 지배를 받고 있다. 하이데거에 대한 실용주의적 해석이 넘쳐난 덕분에 분석철학자들에게 하이데거에 대한 이미지는 '이해할 수 없는 시인이자 거만한 신비주의자'에서 적어도 '비유심론자이자 검증 우선주의자, 반실재론자' 혹은 이것과 같은 계열의 무언가로 바뀌기 시작했다. 미국에서 하이데거를 분석철학적으로 가장 탁월하게 읽어내는 이는 확실히 허버트 드레퓌스[8]이지만, 우리의 목적상 더 유용한 이는 마크 오크렌트로, 그의 『하이데거의 실용주의』[9]는 문제가 되는 해석을 더욱 공개적으로 지지하는 책이다. 오크렌트에게 '존재'는 하이데거 용어법의 정상에서 외로이 서 있지 않다. 존재는 그곳에서 '이해understanding'라는 용어와 결합한다. 오크렌트에게 '이해'는 실천적 노하우를 의미한다. 그가 하이데거의 입장을 다음과 같이 기술하는 것처럼. "x(예를 들어 망치)를 이해한다는 것은 1차적으로 x로 y를 하는(망치질하는) 방법 혹은 x를 사용하는 방법(x를 망치로서 사용하는 것)을 이해하는 것이다."[10] 그러나 오크렌트는 또한 그러한 이해가 편재하는 것이지 일회적이지 않다고 주장한다. 이해는 **언제나 모든 것을 향해** 일어난다. 그러나 이는, 오크렌트가 깨달았듯이, 인간이 자신이 마주하는 것을 전혀 이해하지 못하고 그 때문에 종종 혼란스러워 한다는 명백한 사실과 모순되는 것 같다. 이런 역설에 대한 오크렌트의 처방은 인간이 궁극적으로 이해한 것이 자신이 마주하는 망치, 전자, 돌고래가 아니라 **그들 자신**이라고 말하는 것이다. "하이데거는 우리가 사물을 이해하지 못한다면 그것을 향한 지향도 존재할 수 없다고 주장하지 않는다. 오히려 그는 누구도 스스로를 이해하지 못하면 스스로

---

8   [옮긴이] Hubert Dreyfus, 1929~2017. 미국의 철학자. 주요 관심 분야는 인공지능 철학과 유럽의 대륙철학, 특히 현상학과 하이데거다.

9   Mark Okrent, *Heidegger's Pragmatism: Understanding, Being, and the Critique of Metaphysics*. (Ithaca, NY: Cornell University Press, 1988.)

10   Ibid., p. 31.

를 지향할 수 없고 다른 어떤 것도 지향할 수 없다고 주장한다."[11] 이는 오크렌트를 하이데거의 실용주의적 독해 중에서는 흔한 동시에 괴상한 입장으로 이끄는데, 여기서 외부 세계는 실용주의적으로 다뤄지지만 **설령** 외부 세계에 대한 이해가 자기 이해의 단순한 변형이라고 가정된다 하더라도 내면세계는 절대적인 초월적 지식에 의해 접근할 수 있는 것이 된다. 명백히 모순적이기는 하지만, 여기서 오크렌트의 책을 더는 분석할 필요가 없을 것이다. 나는 그저 하이데거에 관한 그의 결론을 인용할 뿐이며, 오크렌트의 결론은 하이데거에 대한 실용주의적 해석의 전형이다. 왜냐하면 오크렌트는 리처드 로티[12]와 마찬가지로 하이데거를 특별히 독창적으로 보지 않기 때문이다. "시간성에 대한 강조를 가능한 예외로 두더라도, 1차적으로 지향성의 실천적 성격과 관련한 초기 하이데거의 주된 교리는 20세기에서 그리 특별한 것이 아니다. 존 듀이, 후기 비트겐슈타인과 동시대 미국의 신실용주의자를 포함한 철학자들의 전체적 계열은 지극히 유사한 지점을 짚고 있었다."[13]

그러나 하이데거에 대한 실용주의적 독해는, 그것이 최근에 얼마나 인기가 있든지 간에, 과녁을 벗어난 것이다. 왜냐하면 도구-분석은 사물에 대한 [의식에] 앞선 무의식적 용법에서 나온 의식적 앎의 출

---

11   Ibid., p. 24.
12   [옮긴이] Richard Rorty, 1931~2007. 미국의 신실용주의 철학자.
13   Ibid., pp. 280-281.

현보다 훨씬 더 심오한 것을 우리에게 가르쳐주기 때문이다. 우선 용어의 어원학에도 불구하고 손안에 있는 것을 '실천'과, 눈앞에 있는 것을 '이론'과 동일시하는 것은 오류다. 도구-분석은 이론의 오만한 가식에 반대하기 위해 사과, 망치, 개, 혹은 별의 존재가 의식에 현존한다는 것으로는 규명되지 않는다는 점을 우리에게 보여준다. 이들에 대한 어떤 감각적 외관도 그 자체의 완전한 실재를 규명해내지 못하는데, 그것은 이들의 실재가 흐릿한 지하 세계의 황혼으로 물러나기 때문이다. 그러나 무언가가 사과의 수많은 외관 이면으로 숨어버린다고 했을 때 시야에서 사라져버린 것은 사과의 **쓰임새**가 아니라 사과 그 자체. 결국 무언가를 이용하는 것은 그것에 관한 이론을 만드는 것만큼이나 실재를 왜곡한다. 우리가 아직 부서지지 않은 마루에 무의식적으로 서 있다면, 이와 같은 서 있음은 마루의 몇 안 되는 성질, 예를 들어 마루의 경도 혹은 튼튼함에 의존하는 것이다. 우리가 마루를 '서 있기 위한 용구'로 사용할 때 개나 모기가 감지할 수 있는 [마루의] 수많은 여분의 성질과는 어떤 접촉도 없다. 즉, 이론**과** 실천 모두 사물을 눈앞에 있음으로 환원하는 데 있어 동등하게 과오가 있다. 어떤 사물이 마음에 의식적으로 있는 데 반해, 다른 사물은 무의식적으로 쓰인다는 것은 맞다. 그러나 도구-분석의 기본적 대립항은 의식적인 것과 무의식적인 것 사이에 있지 않다. 그 대신 진정으로 중요한 균열은 객체의 물러난 실재성과, 이론**과** 실천 모두에 의한 객체의 왜곡 사이에 놓여 있다. 망치를 쳐다보는 것은 그 존재를 규명하는 것도 아니고 이용하는 것도 아니다.

그러나 **눈앞에 있는 것**과 **손안에 있는 것** 사이의 차이가 종종 오독되는 또 다른 방식이 있다. 우리에게 의식에 있는 객체는 각각 그 자체로 존재하는 고립된 추상으로 나타난다고 말해진다. 도구-분석은 존재자 그 자체란 고립되어 있지 않으며, 각각의 사물이 자신의 의미를 다른 사물에 대한 지시로부터 얻을 수 있는 전체 체계에 속한다는 점을 증명해줄 것이다. 하이데거 자신은 '하나의' 용구와 같은 사물은 없다고 말하는데, 이것이 그를 관계의 존재론자로 만드는 것처럼 보인다. 어째서 이런 관념이 도출되는지는 쉽게 알 수 있다. 칼은 레스토랑 주방에서, 결혼식 피로연에서, 혹은 소름끼치는 삼중 살인에서 사용될 때 분명 매우 다른 실재성을 갖는다. 그러나 이런 말이 설득력 있게 들리는 만큼이나, 하이데거에 대한 이런 식의 독해는 요점을 놓치고 있다. 의식 안에서 고립된 칼과, 보이지 않게 사용된, 체계에 속하는 칼 사이에는 어떠한 실제적 대립도 없다. 왜냐하면 칼이 보이든 사용되든 그 두 경우 모두에서 칼은 다른 무언가와의 관계에서만 취급되지, 그 자체로는 취급되지 않기 때문이다.

도구가 체계에 속한다는 점은 확실한 사실이다. 동물원 우리 안에 있는 까마귀 무리는 눈 쌓인 들판 위를 맴도는 동일한 까마귀 무리보다 덜 불길하며, 병원 복도에서 발견되는 동일한 까마귀 무리보다 덜 성가시다. 이와 같은 관점에서 존재자는 인접한 존재자로부터 자신의 의미를 얻는 다른 존재자와의 상호 결정을 통해 존재하는 것으로 보이며, 여기서 [우리가] 어째서 용구에 대한 전체론적holistic 관점을 받아들이게 되는지 쉽게 알 수 있다. 그러나 하이데거에 대한 실용주의적 독해와 동일한 문제가 여기서도 발생한다. 왜냐하면 우리가 기계의 서로 다른 부품이 또 다른 것을 지시하고 상호적으로 결정한다고 말할 수 있다고 하더라도 이와 같은 상호관계가 이러한 부품의 실재를 규명해주지는 못하기 때문이다. 도구가 체계에 속하는 한, 도구는 눈앞에 있음으로 환원되는, 그것들의 캐리커처일 따름이다. 그리고 의식에서의 고립된 칼이나 창문이 추상적 고립으로 보이고, 심지어 이러한 이미지조차 체계 안에 존재하는 반면에, 칼 혹은 창문은 그저 그것들을 관찰하는 사람과의 관계 안에서만 존재하기 때문이다. 즉, 이론적 추상과 도구의 사용 모두 도구 자체를 왜곡하는 데 동등하게 책임이 있다. 도구가 '사용되는' 한에서 도구는 의식 속의 이미지 못지않게 눈앞에 있다. 그러나 도구는 '사용되지' 않는다. **도구는 그 자체로 존재한다.** 도구가 그 자체로 존재하는 한에서 도구는 인간의 이론 **혹은** 인간의 실천과의 관계에 의해서는 규명되지 않는다.

반反코페르니쿠스

실천이 이론만큼이나 사물의 실재성을 왜곡한다고 주장할 때, 우리는 하이데거의 도구-분석에 중대한 수정을 가하는 것이다. 인간 존재의 다양한 사건보다 존재 그 자체에 대해 하이데거가 공표한 관심을 따르는 한, 그는 도구-분석의 수정을 흔쾌히 받아들일지도 모른다. 그러나 우리는 이제 그가 절대로 동의하지 않을 더욱 급진적인 수정의 가장자리에 서 있다. 왜냐하면 사물의 존재가 모든 이론과 실천의 이면에 은폐된다면 이는 인간 현존재의 고귀한 장점이나 결점 때문이 아니라, **모든** 관계가 스스로와 관계되는 것들을 번역하거나 왜곡한다는 사실 때문이다. 설령 무생물과의 관계라 해도 마찬가지다. 불이 목화를 태울 때, 불은 단지 질료의 가연성에만 접촉할 따름이다. 불은 목화의 냄새나 색깔과는 전혀 상호 작용하지 않을 텐데, 목화의 냄새나 색깔은 감각 기관을 갖춘 피조물과만 적절하게 상호 작용할 수 있다. 불이 자신의 지배력 밖에 있는 이런 속성을 바꾸거나 파괴할 수 있다는 것이 참이라 하더라도, 이는 매우 간접적 방식으로만, 색깔, 냄새, 목화에 붙어 만져볼 수 있는 불과 같은 목화의 부가적 특징이라는 우회로를 통해서만 참이다. 목화의 존재는, 설령 소모되고 파괴된다고 하더라도, 불꽃으로부터 물러난다. 목화-존재는 현상학자와 직물 노동자뿐만 아니라 목화-존재와 접촉하는 모든 존재자에게서도 은폐된다. 다시 말해, 객체의 물러남은 단지 인간과 지능을 가진 동물만을 괴롭히는 인지적 외상이 아니라 모든 관계의 영구적 부적합성을 표현한다는 것이다. 망치를 나의 사유나 행위에서 완벽하게 현존하게 만들 방법이 없다면, 목화를 불에서 현존하게 하거나 유리창을 빗방울에서 현존하게 만들 방법 또한 없다. 인간의 경험이 무생물의 접촉과는 다소 다르고, 아마도 더 풍부하고 더 복잡할 것이라는 점을 부정할 수는 없다. 그러나 그것이 요점은 아니다. 보다 더 관련된 주제는 인간과 종이의 관계와 불과 종이의 관계가 종류에서 차이가 있는지 단지 정도에서만 차이가 있는지 하는 것이다. 그리고 하이데거의 도구-분석의 목적상 그것은 단순히 정도의 문제로 나타난다. 하이데거가 존재와 인간 현존재 사이에 주요한 격차를 만들려 함에도 불구하고, 하이데거가 그 대신 우리에게 제공하는 것은 실재와 관계 사이의 기본적 차이다.

이는 여전히 우리 시대의 철학에 지배적인 칸트의 코페르니쿠스 혁명의 낟알을 걷어낸다. 라투르와 메이야수 모두 칸트의 비유를 정당하게 반대했다. 코페르니쿠스가 지구를 우주의 중심에서 끌어내 움직이도록 밀어넣었던 데 반해, 칸트는 프톨레마이오스를 더욱 상기시키는 방식으로 인간을 중심에 되돌려놓는다. 내가 '반反코페르니쿠스'라는 어구를 사용할 때, 이는 천문학자 코페르니쿠스가 아니라 스스로를 코페르니쿠스적 철학자라고 선언한 칸트를 향하는 것이다. 우리는 칸트의 입장에 가장 전형적인 것이 무엇인지 물을 수 있다. 그것이 공간과 시간에 대한 그의 이론이나 혹은 그의 범주에 대한 학설이 아닌 것은 확실하다. 여전히 이러한 견해를 고집하는 철학자는 거의 없음에도 칸트가 주류 철학을 계속해서 지배하고 있기 때문이다. 칸트의 입장에 가장 전형적인 것은 모든 경험을 넘어선 물자체라는 관념도 아닌데, 그의 독일 관념론 계승자가 칸트의 위상에서 거의 아무런 효과가 없는 이 개념을 없애버렸기 때문이다. 칸트의 입장에서 진정으로 독특한 것은 인간-세계의 관계가 다른 모든 것에 우선한다는 점이다. 왜냐하면 칸트를 물자체를 강력하게 믿는 실재론자로 읽는다 하더라도, 칸트에게 이러한 사물의 역할이 인간의 의식에 출몰하는 유한성의 망령이나 마찬가지라는 것을 인정해야 하기 때문이다. 그리고 더 중요한 점은, 칸트는 어디에서도 이런 물자체 사이 관계에 진지한 주의를 기울이지 않는다는 것이다. 그에게 항상 문제가 되는 것은 한 측면에서는 인간 주체 사이 관계이고 다른 측면에서는 세계 사이 관계다. 오늘날 이러한 인간-세계라는 복점duopoly, 複占은 당연시되고 거의 문제시되지 않는다. 하이데거는 확실히 인간-세계 관계에 의문을 던지지 않으며, 이런 점에서 그는 부지불식간에 영원히 현존재와 세계 사이의 관계에 초점을 맞추는, 모든 인간 관찰자로부터 멀리 떨어진 불과 목화의 상호작용에 대해서는 아무것도 말할 수 없는 코페르니쿠스주의자로 남는다.

현대 철학의 탁월한 예외이자 최근의 가장 위대한 반코페르니쿠스주의자는 단연 알프레드 노스 화이트헤드다. 이 놀라운 사상가는 모든 인간과 비인간적 존재자가 한 가지 방법 혹은 다른 방법으로 관계를 맺으며, 그들 모두 다른 사물들을 **파악하는**prehend[14] 한에서 동등한 지위를 갖는다고 말함으로써 칸트식 편견을 철폐했다.[15] 화이트헤드에게서 인간-세계라는 짝은, 하이데거에게서와 달리, 혜성과 행성 사이 대결 혹은 먼지와 달빛 사이 대결보다 더 높은 지위를 갖는 것이 아니다. 모든 관계는 정확하게 동일한 기반 위에 있다. 이것은 인간의 특질을 비인간적 세계로 투사하는 일을 수반하기는커녕 그와는 정반대다. 말하자면 광물과 오물이 수행한 조야한 파악이 인간의 세

---

14   [옮긴이] prehension. 화이트헤드(Alfred North Whitehead, 1861~1947)의 철학에서 주체가 객체와 맺는 관계이자, 객체를 자기화하는 활동.

15   Alfred North Whitehead, *Process and Reality*, (New York: Free Press, 1978.) [옮긴이] 알프레드 노스 화이트헤드, 『과정과 실재: 유기체적 세계관의 구상』, 오영환 옮김, 민음사, 2003.

련된 정신적 활동에 못지않은 관계라는 것이다. 우리는 영혼을 모래와 돌에 두는 대신에, 인간의 영혼에서 모래 같은 것 혹은 돌 같은 것을 발견한다.

많은 철학자들은 지금 인간과 세계라는 칸트식 복점을 지지함에도 [자신들이] 실재론자라고 주장한다. 그들은 경험을 넘어선 불명료한 실재를 상정하는 것만으로 관념론에서 충분히 탈출할 수 있다고 생각한다. 어쩌면 그들이 옳을지도 모른다. 아마도 그들에게는 실재론자라는 이름을 가질 자격이 있을 것이다. 그러나 단지 그뿐이라면 실재론에 열광할 이유가 거의 없다. 그런 주장에 맞서 우리는 항상 다음과 같은 리트머스 시험을 준수해야 한다. 즉, 철학이 모든 관계를 똑같이 관계로 다루지 않는다면 어떤 철학도 세계를 공정하게 대하지 않는 것이라는 점이다. 이는 모든 관계를 똑같이 번역이나 왜곡으로 다룬다는 것을 의미하기 때문이다. 무생물의 충돌은 인간의 지각과 정확히 동일한 방법으로 취급되어야 하는데, 설령 후자가 명백하게 더 **복잡한** 관계의 형태라 하더라도 그렇다. 우리가 이렇게 하자마자 우리는 하이데거를 형이상학을 향해 떠민 셈이다. 비록 그가 '형이상학'이라는 용어를 거부한 것으로 유명하기는 하지만, 그는 존재신학ontotheology의 형식에서만 그 용어를 거부했다. 존재신학에서는 하나의 특별한 종류의 존재자가 다른 모든 것의 근원으로 간주되기 때문이다. 그리고 이러한 [존재신학] 입장이 바로 내 목표의 맞상대다. 가장 중요한 점은, 우리는 이제 바위가 창문으로부터 물러나는 것 못지않게 인간의 이론과 실천으로부터 물러나는 이론을 갖는다는 것이다. 그러한 이론은 확실히 사변적 형이상학이라는 이름을 가질 만하다.

두 가지 긴장

우리가 초기 레비나스에게서 발견할 수 있듯이, 하이데거에게는 존재를 통일된 것으로 다루는 경향과, 현존의 왕국에서만 다수성을 발견하려는 경향이 있다. 다시 말해, 하이데거에게는 다수의 존재에 대한 논의가 단지 눈앞에 있음에 대한 논의와 같다고 생각한 시기가 있었다는 것이다. 존재 그 자체를 논의한다는 것은 **눈앞에 있는 것**보다 더 깊이 들어간다는 것을 의미하고, 이는 모든 특정한 존재의 하부 채굴을 수반한다. 하이데거는 다른 시기, 특히 1949년부터 계속 특정한 존재를 어둠 속으로 물러나게 하고, 전체론적 전체의 도구-체계 속으로 용해시키기보다 특정한 개체에 **머물게** 하고자 한다. 그러나 우리의 목표는 하이데거의 참된 견해가 무엇이었는지를 밝히는 데 있지 않다. 그의 도구-분석은 사유의 실험이고 여기서 우리는 물리학에서처럼 도구-분석에 대한 하이데거 자신의 개인적 견해 이상으로 그 실험의 진리에 얽매이게 된다. 내가 증명하고자 하는 것은 우리가 객체를 상호관계의 체계 속 역할을 통해 규정한다면, 객체는 그로 인해 하부 채굴되고 스스로가 다른 모든 것에 제공한 캐리커처화된 이미지로 환원된다는 점이다. 객체를 제대로 대하는 유일한 방법은 그것의 실재성이 모든 관계에서 해방된 것이고 모든 호혜성보다 더 심오한 것이라고 생각하는 것이다. 객체는 자기만의 진공 속에서 베일로 덮인 검은 수정이다. 객체는 그 자체의 조각으로도, 그와 마찬가지로 다른 사물들과의 외적 관계로도 환원될 수 없다.

우리는 후설을 논의하며 감각 객체에 대해 이야기했다. 그러한 객체는 스스로와 마주하는 또 다른 객체를 위해서만 존재할 뿐, 이면에 '숨어 있다'기보다는 단순히 우연적 성질로 외형을 만들 따름이다. 이와 대조적으로, 하이데거의 도구에서 우리는 **실재** 객체를 갖게 되는데, 실재 객체는 두 측면 모두에서 감각 객체와 다르다. 첫째, 실재 객체는 그것이 마주하는 그 어떤 것으로부터도 자율적이다. 내가 잠들거나 죽어서 눈을 감는다면 감각 나무는 사라져버릴 것이다. 반면에 모든 지각 있는 존재가 나와 함께 소멸할지라도 실재 나무는 번성할 것이다. 둘째, 감각 객체가 항상 경험 속에 거주하고 스스로의 성질 이면에 숨어 있지 않는 데 반해, 실재 객체는 항상 숨어 있음에 틀림없다.

그러나 이러한 차이에도 불구하고, 두 종류의 객체 사이에는 중요한 유사성이 있다. 둘 모두 자율적 단위라는 점이다. 둘 모두 어떤 특성의 다발로 환원될 수 없는데, 그것들은 스스로에게 속하는 성질 상의 수많은 변화를 견딜 수 있기 때문이다. 그리고 가장 중요한 점은, 실재 객체와 감각 객체 모두 두 종류의 성질로 분극된다는 것이다. 우리는 감각 객체가 모든 순간에 순수하게 우연적 감각 성질로 그 외형을 만드는 한편, 감각 객체 아래에는 형상에 속하는 더 주요한 실재적 특징이 잠겨 있음을 보았다. 두 개의 동일한 분극성을 실재 객체에서도 확인할 수 있다. 한편으로 실재 망치는 존재 그 자체로 물러

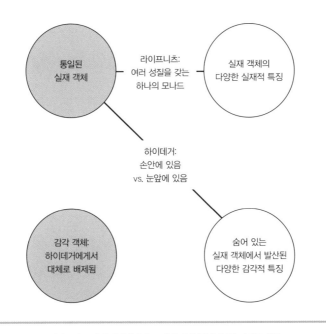

다이어그램 2. 실재 객체에서의 두 가지 긴장 (하이데거와 라이프니츠)

남에도 불구하고, 감각 성질들을 현존의 영역으로 발산한다. 경험에서 마주치는 성질들은 틀림없이 감각 객체 못지않게 실재 객체로부터도 발산하는데, 왜냐하면 그러한 성질들이 어떤 주어진 순간에 명확히 감각 객체에 붙어 있다 하더라도, 이 물러난 도구-존재가 의식 속에 현존하는 유일한 방법이 그러한 성질들이기 때문이다. 그리고 다른 한편으로 실재 망치는 단순히 공허한 단위가 아니라 그 자체로 다수의 실재 성질들을 갖는다. 이는 라이프니츠의 언급에서 분명하게 나타나는 것으로, 그는 각각의 모나드가 하나의 모나드임에 틀림없더라도 각각의 모나드는 바로 그 자체가 되기 위해, 다른 모나드들과 맞바꿀 수 있는 것이 아니라 서로 다른 것이 되기 위해 다수의 성질들이 필요하다고 본다.[16]

후설과 하이데거에 대한 이런 간략한 연구는 이미 우리에게 객체 지향 형이상학의 기본적 요소를 전해주었다. 현상학의 위대한 두 인물[후설과 하이데거]은 한번에 그리고 모든 것을 위해 일체가 된다. 우주에 객체들의 무한성이 있을 수 있다면 이것들은 두 종류에만 해당된다. 모든 경험으로부터 물러나는 실재 객체와, 경험 속에서만 존재하는 감각 객체가 그것이다. 그리고 이러한 객체들과 더불어 우리에게는 두 종류의 성질이 있다. 모든 경험에서 발견되는 감각 성질과, 후설이 말하듯 감각적 직관을 통하기보다 지적으로 접근할 수 있는 실재 성질이 그렇다. 이것은 우주에 서로 구별되는 네 극점을 산출한다. 일반적으로 네 가지 용어의 그룹은 여섯 가지 순열과 짝지어질 수 있다. 혹은 우리가 동일한 종류의 두 가지 조합을 허용한다면 열 가지 순열도 가능하다. 그러나 이제까지 우리는 객체-극점object-pole과 성질-극점quality-pole을 짝으로 묶는 데 초점을 맞췄다. 그러므로 여기에는 단지 네 가지 짝만이, 즉 실재 객체/실재 성질, 감각 객체/감각 성질, 실재 객체/감각 성질, 감각 객체/실재 성질만이 있다. 사실 우리는 이미

16   G. W. Leibniz, "Monadology." In *Philosophical Essays*. Translated by R. Ariew & D. Garber. (Indianapolis: Hackett, 1989.) [옮긴이] G. W. 라이프니츠, 「모나드론」, 『모나드론 외』, 배선복 옮김, 책세상, 2007.

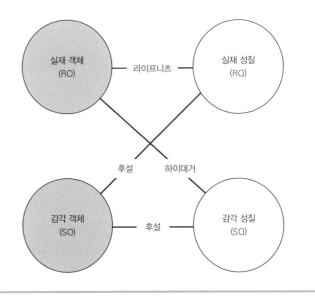

다이어그램 3. 4중 구조의 출현

네 경우를 모두 다뤘고 이는 이 책의 남은 부분들에 주요한 주제를
제공한다.

감각 객체와 감각 성질이라는 짝[시간]은 후설의 첫 번째 위대한
발견으로, 거기서 감각 객체들은 완전하게 현존하지만 항상 우연적
특징과 외관이라는 안개로 둘러싸여 있다. 그의 두 번째 위대한 발견
은 감각 객체와 실재 성질의 결합[형상eidos]이다. 통일체의 극점[감각 객
체와 실재 성질이라는 극점]이 규정적 성격을 갖지 못한다면, 그리고 실재
형상의 성질들, 즉 오로지 지성적 직관의 목표일 뿐 결코 감각적 직관
의 목표가 될 수 없는 성질들로 구성되지 못한다면 의식에서의 현상

은 통일체의 공허한 극점이 될 것이기 때문이다. 실재 객체와 감각 성질의 짝[공간]은 하이데거의 도구-분석의 주제이며, 거기서 은폐되어 있는 지하의 망치는 사유 혹은 행위에 접근할 수 있는 표면에 의해 어떻게 해서든지 감각적 현존으로 번역된다. 마지막으로 실재 객체와 실재 성질의 짝[본질]은 실체 객체를 아무런 규정적 성격을 갖지 못한 공허한 통일된 기체가 아니라 [다른 객체들과] 서로 구분되는 것으로 만들어준다. 우리는 이와 같은 모델을 더 자세히 발전시킴으로써 새로운 종류의 철학의 문턱에 도달할 것이다.

4. 하이데거 보론

하이데거의 기여도는 좀 더 살펴볼 가치가 있다. 우리는 조만간 그의 **사방세계**das Geviert라는 이상한 개념, 바로 4중fourfold이라는 개념에 대해 논의할 것이다. 하지만 그 매력적이고 당혹스러운 주제로 향하기에 앞서 [하이데거의] 몇 가지 다른 지점이 흥미를 끈다. 첫째, 도구-분석이 통상적으로 믿어졌던 것보다 더 심오한 의미를 갖는다는 점과, 그것이 눈앞에 있는 의식적 이미지를 손안에 있는 실용적 용구와 단순히 맞세우지 않는다는 점을 독자에게 설득하는 것이 필수적일 것이다. 둘째, 나는 하이데거가 시간의 철학자라는 통념에 반대되는 주장을 하고 싶다. 왜냐하면 실상 그는 고립된 순간의 철학자이기 때문인데, 비록 그 순간이 우리가 통상적으로 믿는 것보다 훨씬 분절되어 있다고 하더라도 그렇다. 셋째, 이는 우리를 하이데거가 현존과 부재 사이의, 혹은 도구와 망가진 도구 사이의 계속되는 역전 이외의 다른 주제를 갖지 못한 단조로운 철학자 이상의 철학자라는 결과로 나아가도록 이끌 것이다. 넷째, 그리고 마지막으로 나는 왜 하이데거가 우리를 실재론으로 이끈다고 생각하는지에 대해, 도구-분석이 인간적 접근의 코페르니쿠스적 철학을 극복하는 데 큰 기여를 한다는 점에 대해 설명할 것이다. 이 모든 것이 증명되면 우리는 하이데거에 관해 널리 받아들여진 것과는 다른 상을 갖게 될 것이다. 그는 실용주의자, 시간의 철학자, 혹은 실재를 인간 현존재와의 접근 가능성으로 환원하는 사상가가 아니라 특정한 순간의 애매한 상태에 강렬하게 집중했던 실재론적 형이상학자로 등장한다.

세 종류의 현존

앞 장에서 손안에 있음이 실천적 행위를 지칭한다는 통상적 견해를 거부할 것을 요구했다. 실천은 이론과 마찬가지로 객체를 충분히 공정하게 다루지 않는다. 그러나 우리는 하이데거의 도구-존재에 대한 전환을 완수하기 위해, 그의 '눈앞에 있음'이 다수의 의미를 가지며 이러한 의미 모두 궁극적으로는 관계성relationality을 지칭한다는 점을 강조해야겠다. 종종 하이데거의 견해에 의해 뒷받침되는, 하이데거식의 도구와 현존에 대한 전형적 독해에 따르면 눈앞에 있는 것은 이른바 인간으로부터 독립된 사물을 지칭하는 데 반해, 손안에 있는 것은 인간의 목적으로 둘러싸여 있는 것으로서의 사물을 지칭한다. 그러나 사실은 정반대다. 즉 손안에 있는 것이 항상 독립적이고, 눈앞에 있는 것이 의존적임에 틀림없다. 도구-존재에게 의식 속의 이미지보다 더 큰 존중을 받을 만한 가치가 있다면, 이는 도구-존재가 인간의 현존재에 더욱 의존적이어서가 아니라 그 반대이기 때문이다. 객체를 우리에 대한 접근 가능성으로 환원하는 어떠한 방식도 객체를 눈앞에 있는 것으로 환원하는 것이며, 그렇기 때문에 피해야 할 일이다. 하이데거가 '눈앞에 있는 것'을 여러 다른 종류의 상황을 지칭하는 데 사용한다는 점은 거의 알려지지 않았는데, 그중 적어도 세 가지가 떠오른다. 첫째, 후설식의 의미에서 눈앞에 있음이 있는데, 그것은 마음에 현전하는 현상을 지칭한다. 둘째, 고장나거나 오류가 발생할 때 우리에게 갑자기 나타나는 망가진 도구의 하이데거식의 현상이 있다. 하지만 세 번째이자 마지막으로, 과학에 의해 폭로된 것으로서 자연이라는 존재가 있다. 자연은 사실상 자연에 대한 우리의 과학적 모델링에 전적으로 의존한다고 하더라도 인간에게서 독립적인 것으로 추정된다.

눈앞에 있음에 대한 첫 번째 의미이자 하이데거에 대한 가장 중요한 포장지는 후설식의 의미에서의 '현상'이다. 어떤 사물(사태)을 의식에 대한 접근 가능성으로 환원함에 따라 사물(사태) 자체는 캐리커처로 바뀌거나 젊은 하이데거가 말하듯 "무릎에서 잘린 셈이다."[1] 이는 후설이 묘사하듯이 분명 지각에 대해서도 마찬가지다. 그러나 그것은 어느 정도만 이론적 태도에 대한 후설의 모델에 부합한다. 우리는 객체의 형상에 대한 통찰이 감각적 유형이 아니라 범주적 직관으로부터 오며, 범주적 직관은 직접적 접근이 아니라 실재에 대한 완곡한 종류의 접근을 요구한다는 그의 견해를 기억한다. 그러나 적어도 후설은 우리가 사물에 대한 적절한 직관을 얻을 수 있다고 생각하는 듯하고, 이런 정도로 그는 지각에 대해 말하든 이론에 대해 말하든

---

1   [옮긴이] 원문에는 'cut off at the knees'라고 되어 있다. '크게 망신을 당하다' '찍소리 못하게 되다'는 의미로 쓰이는 숙어지만, 저자는 근대 자연과학이 경험적 현상의 사물(사태)에 대한 이론을 구성할 때 사물을 양적 데이터로 재단한다는 의미를 함께 담은 것으로 보인다.

관계없이 사물을 의식 속에 현존하는 것으로 환원시킨다는 점에서 문제가 있다. 현상을 단순히 눈앞에 있는 것으로 만드는 것은 현상이 우리에게 **나타난다는** 사실인데, 후설이 이것을 미덕으로 간주하는 데 반해, 하이데거는 그것을 끔찍한 악덕으로 간주한다. 사물(사태) 자체가 우리와의 관계에서 자율적이지 않다면 그것은 사물(사태) 자체가 아니다. 우리는 더 나아가 도구에 대한 실용주의적 취급 역시 본래 이러한 범주에 귀속되어 있으며, 그것은 이러한 취급이 사물을 응시하는 것 못지않게 피상적 캐리커처로 바꾸기 때문임을 보았다. 즉, 무언가가 눈앞에 있는 것이 되는 것은 그것이 시각적 검토_{inspection}의 타깃으로서 의식에 자리잡고 있기 때문이 아니라, 오로지 관계에서만 존재하도록 허용되어 있기 때문이다. 그러나 이것은 실용적 도구에 대해서도 마찬가지다.

하이데거가 눈앞에 있는 것으로 기술하는 두 번째 시나리오는 '망가진 도구'에 대한 것으로, 그것은 더는 보이지 않게 작동하는 것이 아니라 이제 우리의 의식을 침범한다. 지금 내 앞에 놓인 망가진 램프, 탁자, 혹은 망치는 내가 행한 다른 실천적 활동과는 독립적일 수 있겠지만 나와는 결코 독립적이지 않다. 반대로, 모든 것은 이제 의식 속에 있는 현상이 된다. 실천적 용법의 한가운데에 있는 보이지 않는 도구가 이미 일종의 눈앞에 있음으로 간주되어야 한다면, 시야로 불쑥 들어서는 망가진 도구에 대해서도 더더욱 마찬가지여야 한다.

그렇지만 제3의 경우는 어떤가? 자연 말이다. 여기서도 역시 자연과학에 의해 규정된 것으로서의 객체에 관해서는 독립적인 것이라고는 전혀 없다. 하이데거는 우리에게 그러한 객체가 사물의 수수께 끼 같고 물러나 있는 실재를 포착하는 데 실패하는, 세계의 사물을 눈앞에 있는 것의 특성의 집합으로 환원하는 추상임을 거듭 상기시 킨다. 우리가 사물의 무게를 재고 측정하며 그 물리적 속성을 기술하 거나 시공간상의 객체적 위치에 주목한다면, 이러한 성질은 우리나 다른 무언가와 관계하는 한에서만 사물에 적절하게 적용된다. 즉, 자 연과학에 의해 그려진 것과 같은 사물은 우리의 지식에 의존하는 사 물이지 길들지 않고 지하의 실재에서 만들어진 사물이 아닌 것이다. 하이데거는 그 누구보다도 이 점을 잘 보여주었다. 이와 대조적으로 존재자의 **손안에 있음**은 명백히 인간의 사용과 밀접하게 관계되며, 하이데거는 도구란 고립되어 있지 않고 전체 체계 속에 존재한다고 덧붙인다. 그러나 이를 액면 그대로 받아들이는 것은 '도구'라는 단어 를 너무 문자적으로 취하는 것인데, 왜냐하면 우리는 사물의 도구- 존재가 단지 인간의 이론과 실천에서만 물러나는 것이 아니라 그 어 떤 관계에서도 물러난다는 것을 확인했기 때문이다. 어떤 관계도 그 관계의 용어에 대한 번역이나 왜곡일 것이다. 사물이 도구로 기능하 는 딱 그만큼 그것은 이미 눈앞에 있는 것이고, 인간이나 가까이 있 는 도구에 대한 기능적 효과로 환원된다. 다시 말해, 대립은 실제로 한편에 있는 도구들과 다른 편에 있는 망가진 도구들 사이에 있는 것 이 아니라 한편에 있는 사물의 물러난 도구-존재와 다른 편에 있는 망가진 도구와 고장나지 않은 도구들 사이에 있다. 결국 망가진 도구 가 인간의 의식을 위해 현존하듯이, 작동하는 실용주의적 도구는 인간의 실천을 위해 현존하는 것이다. 그러나 이들 중 어느 것도 충분하지 않을 것인데, 그것은 우리가 찾고 있는 것이 이론이나 실천에 현존하는 한에서가 아니라 **존재하는** 한에서 사물이기 때문이다.

시간 없는 시간성

하이데거의 주저에 『존재와 시간』이라는 제목이 붙어 있음을 고려했을 때, 그가 우리에게 시간성temporality에 관해 해줄 이야기가 많다고 짐작하는 것은 자연스러운 일이다. 그에 따르면 시간은 존재의 지평이며, 다른 측면에서 그는 시간을 자신의 사유에서 아주 중요하게 다룬다. 하이데거가 실체에 대한 고리타분하고 한물간 이론이 아니라 언제나 흐름 속에 있는 자기 분화하는self-differentiate 존재의 대변인이라고 상상하기는 어렵지 않다. 이는 존재를 영원과 동일시하는 신학적 모델과 함께, 존재를 현재로 환원하는 철학에 대한 그의 지속적 비판에서 특히 분명해지는 것 같다. 이와 대조적으로 하이데거는 시간의 역동성temporal dynamism에 대한 부정할 수 없는 대변인처럼 보인다. 그럼에도 이 모든 것은 놀랄 만큼 오도된 것으로서, 실제로는 하이데거가 시간에 관해 우리에게 해줄 말이 아무것도 없기 때문이다. 현존에 대한 그의 비판은 사실상 현재의 순간을 과거와 미래의 시간에 대립하는 것을 목표로 하지 않는다. 그보다 하이데거의 비판은 바로 이 순간이 항상 애매함으로 불타올라 3중의threefold 방식으로 산산이 찢긴다는 점을 보여줌으로써 현재의 순간을 실제로 구해낸다. 하이데거는 시간이 '지금-지점now-points의 연속'이라는 생각을 종종 비판하곤 하느데, 누군가는 앙리 베르그손도 동일한 불평을 해왔다고 쉽게 상상할 수 있다. 하지만 두 사상가가 **반대되는** 이유로 이러한 불평을 했다는 것을 안다면 흥미로울 것이다. 베르그손에게 시간이 지금-지점의 연속이 아닌 이유는 고립된 지금과 같은 것이란 없으며, 다른 모든 틀과 구별되는 외로운 영화적 프레임이란 없기 때문이다. 그러나 하이데거에게 지금-지점의 연속이 갖는 실제적 문제는 지금이 아니라 **연속**sequence이다. 그가 가장 싫어한 것은 시간의 각 순간이 나중 순간을 위해 사라질 수 있는 눈앞에 있는 것의 순간일 수 있다는 생각이다. 그 대신 하이데거는 개별적 순간이 자세하게 분석할 가치가 있을 정도로 충분히 흥미롭다고 생각한다. 그에게 시간성의 구조는 고립된 지금-지점을 시간의 비단 같은 흐름으로 전환시키는 것과는 전혀 관계가 없고, 고립된 순간을 이전보다 훨씬 애매모호하게 매혹적으로 만드는 것과 깊게 관련되어 있기 때문이다.

시간성에 대한 하이데거의 개념이 주로 눈앞에 있음이란 개념을 약화시키기 위해 고안되었음을 항상 기억해야 한다. 의식 속에서 그저 둘러앉아 있을 뿐인 밋밋한 이미지 대신에, 우리는 몇 가지 요소 사이의 역동적 긴장을 갖는다. 내 방 안에는 탁자, 의자, 난로, 소파 등등이 있다. 그러나 다소 극적인 무언가가 여기에서 작동하고 있다. 나는 가구 한 점도 만들지 않았다. 가구들은 내가 도착한 바로 그 순간에 방 안에 이미 있는 것이다. 내게 나만의 과거를 만들 수 있는 힘이 있는 것도 아니다. 간단히 말해, 나는 세계에 던져진 나 자신을 발견한다. 그럼에도 나는 단지 던져진 것만이 아니다. 방 안에 현존하는 존재자들은 단순히 뻔하고 지루한 덩어리의 현존인 것만은 아닌데, 존재자들이 나에게 나타나는 방식에 나 자신의 실재가 영향을 미치기 때문이다. 아이, 개, 혹은 개미는 나와 같은 방식으로 방과 마주하지 않을 것이다. 내가 마주하는 사물들은 다른 피조물들의 가능성과는 구별되는 나만의 가능성이라는 쪽으로 **피투**被投**된다**projected. 다시 말해 방 안의 존재자들은 서로 다른 두 가지 방향으로 찢어진다. 그것들은 방 안의 상황보다 앞서 존재하지만, 그럼에도 그것들이 나만의 특정한 잠재성과 관계함으로써 스스로의 의미를 획득한다. 그리고 이러한 던져짐과 기투projection, 企投라는 두 가지 순간이 정확히 하이데거가 '과거'와 '미래'라고 가리킨 것이다. 후자는 실제적인 과거와 미래와는 관련이 없는데, 그것이 전적으로 현재에 자리잡은 요소들과 관련되기 때문이다.

우리는 그 점을 더 밀고 나아가기 위해 마녀, 마법사, 혹은 단순한 사고 실험에 의해 더 나아가지 못하고 붙잡혀버린 시간을 상상해볼 수 있을 것이다. 시간은 지금 흘러가기를 멈추고 단일한 순간에 꼼짝 못하게 붙잡혀 있다. 베르그손이라면 그러한 사고 실험thought experiment이 가능할 수 있을지 의문을 던질 법한 데 반해, 하이데거에게서는 사고 실험을 막을 것이 아무것도 없음에 주목하자. 우리에게는 지금 가장 반베르그손적 성격의 고립된 영화적 시간 프레임이 남아 있다. 하이데거의 이론은 시간의 멈춰버린 이 순간에 의해 훼손되는 것일까? 전혀 그렇지 않다. 시간에 대한 하이데거의 분석은 이 경우에 완전히 잘 작동한다. 이 멈춰버린 순간에서조차 나는 여전히 방

안에 있는 다양한 물리적 덩어리들과 마주하고, 내게 이미 주어진 몸을 점유하며, 항상 내 개인사와 내 조상의 역사에 의해 이미 형성된 마음에 거주하기 때문이다. 그리고 이 점이 하이데거식 과거가 의미하는 모든 것이다. 다시 말해, 하이데거식 과거는 우리 뒤에 남겨진 진정한 과거가 아니라 단지 현재의 순간에 내던져진 우리를 향한 모든 것의 소여일 뿐이기 때문이다. 하이데거식 미래도 마찬가지인데, 하이데거식 미래는 (레비나스가 『시간과 타자』에서 언급했듯이) 다가올 진정한 미래와는 전혀 관련이 없으며 단지 스스로와 마주한 누군가에 의해 과거에 더해진 것과 관련이 있을 뿐이다. 문자 그대로의 미래가 결여된 얼어붙은 순간에 대한 사고 실험에서조차 나는 피카소, 나폴레옹, 클레오파트라, 혹은 새끼 고양이가 기투할 법한 동일한 환경에 대해 다른 가능성을 '기투'한다. 설령 실제적 과거 혹은 미래가 [우리의] 상picture으로부터 사라졌다고 하더라도, 하이데거식 의미에서 과거와 미래는 지금도 충분히 작동하고 있다. 나는 여전히 나에게 이미 주어진 환경 속으로 던져졌으며, 환경을 나만의 잠재성에 맞게 해석함으로써 나만의 무언가를 여전히 덧붙인다. 하이데거의 시간성은 어떤 주어진 순간에 발견된 애매성을 우리에게 그저 경고할 뿐이고, 그 용어의 통상적 의미에서의 시간과는 아무런 관련이 없다.

그래서 우리는 하이데거의 주요 저서[『존재와 시간』]에 붙은 '시간' 이라는 단어에 속아서는 안 된다. 하이데거는 베르그손이나 들뢰즈가 아니며, 현실적 사물의 상태가 흐름 혹은 생성의 심오한 운동으로부터 나온 불모의 추상이라고 생각하는 사람이 아니다. 우리가 개별적 순간이나 개별적 존재자 모두에서 작동하는 3중의 애매성을 기억하는 한에서, 개별적 순간이나 개별적 존재자는 그에게 완전히 정당하다. 어떤 의미에서 이것은 이미 **순간**Augenblick 혹은 '시각의 순간moment of vision'에 대한 하이데거의 예리한 관심에서 명확하게 드러났을 것임에 틀림없다. 그는 고립된 순간을 개별적 지점으로 나눌 수 없는 연속적 흐름이 아니라, 세 가지 방향으로 찢긴 아주 단순한 순간으로 대체하고자 한다. 하이데거와 베르그손이 시간을 말할 때, 그들은 완전히 다른 두 문제를 생각한다. 실상 하이데거는 기회원인론 철학[2]의 전통과 동일시될 수 있는데, 그는 순간들을 서로에게서 고립시키려 하기 때문이다. 하나의 순간을 다음 순간과 연결하는 그의 사유에서 원리가 없는 것은 그가 어느 개별적 순간에서 이미 진행되고 있는 놀라운 3중 드라마를 보여주는 것에만 관심을 보이기 때문이다.

하이데거에게서의 '지루함'

이것이 전부가 아니다. 하이데거 철학의 다른 여러 주제는 '시간'이라는 이름 아래 가장된 애매한 3중 구조 속에서 붕괴된다. 하이데거는 위대한 다양성의 사상가가 아니라, 파르메니데스와 마찬가지로 사유의 심오한 반복적 단순성에 그 위대함이 있는 인물이다.[3] 우리는

---

2   [옮긴이] '기회원인론'에 대해서는 이 책의 5장을 참고할 것.

3   [옮긴이] 하이데거는 『사유란 무엇인가』를 통해 파르메니데스가 레게인(legein, 말하는 것) 과 노에인(noein, 사유하는 것)의 상호교섭을 통해 에온 엠메나이(eon emmenai, 존재자의 존재)에서의 합일을 추구했다고 주장한다.

하이데거의 저작을 통틀어 반복되는 3중 구조를 발견하며, 이 3중 구조는 항상 시간의 경우에서 기술되었던 것과 동일한 3중성으로 환원되는 것으로 판명된다. 상황이 주어지지만(과거), 존재자가 해석을 하고 있는 것에 따라 다르게 해석되며(미래), 이 두 가지는 새롭고 애매한 현재의 모델로 결합한다. 하이데거의 방법은 항상 이러한 3중 구조에 호소함으로써, 일반적으로 확장하는 것이라기보다 내파하는 것이고 그 결과 그가 다루는 주제의 범위는 놀랄 만큼 제한된다. 우리는 이러한 사실에서 더 나은 의미를 얻기 위해 동물과 기술이라는, 하이데거가 구체적 실재를 논의하고자 했지만 실패했던 두 시도를 살펴볼 것이다.

동물에 대한 하이데거의 가장 세밀한 분석은 그의 저 유명한 1920~1930년 프라이부르크 강의록인 『형이상학의 근본개념들』에서 발견된다.[4] 이 책은 그의 저작 중 가장 사랑받는 것으로서 아마도 책에서 다루는 주제가 아주 각별히 구체적으로 **느껴지기** 때문일 것이다. 이 책에서 드러나는 따분함에 관한 하이데거의 논의는 그의 가장 현상학적인 기술 중 몇 가지를 담고 있다. 즉, 별 볼 일 없는 지방의 기차역에서, 화려하지만 따분한 파티에서, 어느 적막한 일요일에 유럽의 도시 한복판에서 시간을 죽이는 일들이 그것이다. 그리고 동물에

---

4   Martin Heidegger, *The Fundamental Concepts of Metaphysics: World—Finitude—Solitude*. Translated by W. McNeill & N. Walker. (Bloomington, IN: Indiana Univ. Press, 2001.) [옮긴이] 마르틴 하이데거, 『형이상학의 근본개념들: 세계-유한성-고독』, 이기상·강태성 옮김, 까치, 2001.

대한 그의 논의는 벌들이 꿀을 빠는 동안 몸통이 반으로 잘린 일화나 벌들이 없는 사이에 의도적으로 벌통을 옮기는 연구자들 때문에 벌들이 혼란에 빠진 일화 등 벌에 대한 연구에서 유래한 수없이 매혹적인 일화를 전해준다. 그러나 이런 일화의 구체성이 하이데거의 주제에 대해서도 더 큰 구체성을 수반한다고 생각하는 일은 잘못일 것이다. 특히 하이데거의 저서에 나오는 인간, 동물, 돌에 관한 3중 분류는 매우 추상적인 채로 남아 있다. 하이데거가 묘사하듯 인간에게는 세계가 있고, 돌에게는 세계가 없으며, 동물에게는 세계가 '빈곤하다.' 동물의 빈곤은 하이데거가 해결하는 데 실패한 것일 뿐만 아니라 더불어 명확히 설명하지 못한 것이기도 하다. 한 측면에서 보면 돌과 인간 사이 차이는 상식에 부합할 만큼 명확한 것 같다. 돌이 맹목적 인과관계에 의해 그저 세계를 돌아다니는 데 반해 인간은 세계를 세계'로서' 본다. 그러나 우리가 이러한 논점을 받아들인다 하더라도, 하이데거에게는 여전히 2중의rwofold 의미로 '~로서as'를 사용한다는 문제가 있다. '~로서'는 [인간이] 어쨌든 실재에 접근한다는 사실과, 다른 존재들에 대한 우월성이라는 특정한 인지의 형태를 판단하는 잣대를 지시한다는 것이다. 분명히 동물은 조야한 의미에서 세계를 세계'로서' 마주함에 틀림없거나 돌과 같은 종류의 사물일 수 있다. 그러나 인간은 '~로서-구조as-structure'의 더 고등한 형태를 가지고 있으며, 더욱이 철학자는 평균적 인간보다 더욱 고등한 '~로서'의 형태를 가진 것으로 여겨진다. 문제는 동물에 대한 자신의 모든 논의에서, 하이데거가 한편으로는 실재와, 다른 한편으로는 실재'로서의' 실재 사이의 지루한 상호작용을 반복하는 것 이상을 제안하지 못한다는 데 있다. 그는 이처럼 상당히 추상적인 도식을 여러 종류의 다양한 존재자를 설명할 수 있는 이론으로는 결코 발전시키지 못했다.

그다음으로 다룰 주제는 기술technology에 관한 하이데거의 이론으로, 이 이론은 많은 관찰자에 의해 매우 부당하게 칭송받았다. 하이데거가 기술에 관해 너무 비관적이라고 불평하기란 쉬울 것이다. 그러나 이것이 정당한 비판일 수는 있지만 핵심 지점을 놓치는 것이다. 그 문제는 하이데거가 설령 기술에 관해 지나치게 **낙관주의자**라고 하더라도 마찬가지로 심각할 문제이기 때문이다. 하이데거의 문제는 기술에 대해 너무 가혹하다는 것만큼이나 그에 관한 상세한 언급을 충분하게 하지 못한다는 데 있다. 이런 태도를 말해주는 한 가지 증상은 기계화된 농사가 형이상학적으로는 가스실에서 시체를 양산하는 것과 다르지 않다는 그의 악명 높은 진술에서 발견될 수 있으며, 또 다른 증상은 히로시마가 그토록 엄청난 중요성을 가진 사건이 아닌 것은 원자폭탄이 그 현실적 폭발이 있기 훨씬 전 존재가 망각된 고대의 여명에서 실제로 폭발했기 때문이라는 언명이다.[5] 그는 인간과 다양

---

5 Martin Heidegger, *The Question Concerning Technology, and Other Essays*, Translated by W. Lovitt. (New York: Harper & Row, 1977.) [옮긴이] 히로시마에 떨어진 원자폭탄과 관련된 설명은 하이데거의 글 「무엇을 위한 시인인가?」에서 볼 수 있다. "요즘에 자주 거론되고 있는 원자폭탄도 특수한 살인무기로서 치명적인 것은 아니다. 이미 오래전부터 죽음에 의해, 그것도 인간 본질의 죽음에 의해 인간을 위협하고 있던 것은, 모든 영역에서 의도적으로 자기를 관철한다는 그런 의미에서의 단순한 의욕이 무조건적인 것이 되고 말았다는 데에 있다." 마르틴 하이데거, 「무엇을 위한 시인인가?」, 『숲길』, 신상희 옮김, 나남, 2008, 431쪽.

한 종류의 동물 사이 차이를 구별하지 못한 것과 마찬가지로 다른 기술적 인공물 사이 차이 또한 구별하지 못했던 것이다. 즉, 하이데거가 우리에게 제공해준 것은 기술에 관한 만개한 이론이 아니라, 눈앞에 있음에 관한 또 다른 불평인 것이다. 기술은 사물의 신비를 벗겨내고, 사물을 눈앞에 있는 질료의 계산 가능한 비축량이자, 그 자체로 고유하게 존재하도록 허용하기보다 인간의 목적을 위해 조작 가능한 것으로 전환시킨다. 이런 관점에서 기술에 대한 하이데거의 비판은 철학의 역사에 대한 그의 불평과 다르지 않는데, 그는 철학의 역사를 하나의 특권적 존재자가 다른 모든 것을 설명하는 데 사용되는, 눈앞에 있음의 끝없는 퍼레이드로 본다.

다시 말해 하이데거 철학의 거의 모든 것은 손안에 있는 것과 눈앞에 있는 것 혹은 도구와 망가진 도구 사이의 반복적인 이원론으로 함몰된다. 하이데거는 모든 표상representation으로부터 물러난 실재와 항상 환원되는 현존에 사로잡혀 있으며, 그는 철학의 역사와 일상생활의 모든 곳에서 현존이 작동하고 있음을 능숙하게 추적한다. 정말이지 하이데거의 저작에서 보이는 현존에 대한 공격은 그의 모든 용어 중 핵심적 전문 용어로 지속되고 있는데, 그 용어는 아마도 존재, 시간, 무無, 혹은 사건이 아니라 독일어로 '단순히' 혹은 '단지'라는 뜻의 단어 bloß일 것이다. 하이데거가 '단순히'라고 말할 때마다 그 말은 어느 주어진 상황에서 눈앞에 있음에 대한 오래 이어지는 편견을 비판한다. 예를 들어, 그는 우리에게 존재자란 단순히 방을 채우는 데 기여하는 실물realia의 단순한 집합이 아니며, 횔덜린의 **많은 끔찍한 것**

들[6]은 가까이 있는 섬뜩한 존재자들의 거대한 집합 또한 아니라고 이야기한다. 현존과 부재의 교대에 대한 이와 같은 강박에도 단 하나의 예외가 있음이 증명될 것이다. 하이데거의 사유에 있어 특이한 두 번째 축이 있다는 것이다. 앞으로 기술할 테지만, 이 두 번째 축은 하이데거의 후기 철학에서 발견되는 신비한 4중을 산출한다.

도구-존재의 실재론

철학적 실재론에 대한 저항은 대체로 단순하지만 완강한 지점에서 유래한다. 즉, '우리가 인간의 사유 밖에 있는 세계를 사유하고자 한다면 우리는 그것을 **사유하고 있는** 것이고, 그래서 그것은 더는 사유 밖에 있는 것이 아니다. 이러한 순환을 피하고자 하는 어떤 시도도 모순에 빠질 수밖에 없다'는 것이다. 이것은 단순한 언어유희가 아니다. 그것은 인간 접근 철학Philosophy of Human Access이라 불릴, 지금까지 이어지는 철학적 전통의 암묵적 혹은 명시적 신조다. 그와 같은 논변이 2세기 전 독일 관념론에서 처음으로 꽃을 피웠음에도 불구하고, 그것은 여전히 다방면에서 철학적 엄밀함의 최적의 기준으로 보인다. 실재론에 대한 어떤 호소든, 이 무자비하고 대담한 논변과 대조적으

---

6   [옮긴이] polla ta deina. 고대 그리스의 비극작가 소포클레스의 희곡 「안티고네」에서 인간을 일컫는 코러스의 대사. "세상에 무서운 것이 많다고 하여도 사람보다 더 무서운 것은 없다네." 아이스퀼로스·소포클레스·에우리피데스, 「안티고네」, 『그리스 비극 걸작선: 『오이디푸스 왕』 外 3대 비극작가 대표선집』, 천병희 옮김, 2010, 도서출판 숲, 332~333쪽. 소포클레스의 「안티고네」를 낭만주의 사상에 입각해 독일어로 번역한 횔덜린은 이 부분을 Ungeheuer(괴물, 대단한)로 옮겼고, 하이데거는 이것을 현대 기술 문명의 속성으로 간주했다.

로, 흥을 깨는 반동분자에 의한 고루하고 부르주아적인 몸짓처럼 들리는 경향이 있다. 아마도 오늘날 대륙 철학의 가장 저명한 대표자이자 방금 인용한 반실재론적 논변의 단호한 지지자일 슬라보예 지젝의 사례를 살펴보자. 우리는 지젝과 글린 데일리의 인터뷰에서 이러한 효과에 대한 수많은 급진적 주장을 발견한다. 예를 들자면 이렇다. "그리고 이제 나는 누군가가, 특히 옛 철학의 역사가가 내게 린치를 가하곤 한 끔찍한 무언가를 말하고자 합니다. 칸트는 그 **첫 번째 철학자**였다는 것을. 내가 생각하기에 칸트는 그의 선험적transcendental[7] 전회와 더불어, 우리가 이전 철학의 정전 전체를 회고적으로 독해할 수 있는 공간을 열었습니다. 칸트 이전의 철학은 이러한 선험적 관점을 사유할 수 없었어요."[8] 그리고 훨씬 더 놀랍게도 그는 이렇게 말한다. "유물론의 진정한 정식은 어떤 본체적noumenal 실재가 그것에 대한 우리의 왜곡된 지각을 넘어선다는 것에 있지 않습니다. 유일하게 지속적인 유물론적 입장은 **세계는 존재하지 않는다**는 것입니다. (…) 실정적positive 우주로서의 세계라는 개념은 외부의 관찰자, 세계와 닿지 않는 관찰자를 전제합니다."[9]

지젝이 가능성의 철학에 대해 그린 풍경은 현저한 대조를 보여

7   [옮긴이] transcendental이 칸트의 용어로 사용될 때 한해 칸트학회의 용법에 따라 '선험적'으로 번역했다.

8   Slavoj Žižek and Glyn Daly, *Conversations with Žižek*, p. 26. (Cambridge, UK: Polity Press, 2004.) 강조는 저자의 것이다.

9   Ibid., p. 97.

준다. 한 측면에서 우리에게는 객관적이고 과학적인 세계에 대한 존재론으로 이루어진 전前칸트적 실재론(그에게는 아직 진정한 철학이 아니다)이 있다. 다른 측면에는 지젝이 선호하는 대안이 있는데, 그것은 칸트의 선험적 전회를 중추적인 진보로 취해 어떤 '본체적' 세계가 외부의 어떤 관찰자와도 별도로 존재한다는 것을 부정하고 실재 세계를 거부함에도 불구하고 기이하게도 그 자체를 '유물론'이라고 부르는 것이다. 나는 사상가로서 지젝이 갖고 있는 순수한 동물적 열정gusto을 존경하지만, 방금 기술했던 지젝의 입장은 진리에 대해 정반대의 자리에 놓인다. 그러나 여기서 우리가 다루는 논제는 지젝이 아니며, 그는 오늘날의 전위avant garde에 대한 모든 반실재론적 철학들을 대표하기에는 너무 독특하다. 다만 우리가 무언가를 사유하지 않고서는 무언가를 사유할 수 없으며, 그로 인해 우리로 하여금 불가피하게 사유의 폐쇄적 순환 논법으로 되돌아가게 한다는 주장을 오늘날의 철학적 대중의 에너지와 타성이 여전히 선호한다는 것을 지적할 때에만 나는 지젝을 인용할 것이다. 많은 사람들은 이와 같은 입장이 폐쇄 공포증적 미인계라는 나의 주장에 동의하는 대신, 그것을 얄팍한 상식을 가진 무반성적 얼뜨기에 의해 옹호되는 '소박한 실재론'과 대조되는 철학적 엄격함의 진정한 조건으로 찬양한다. 그러나 내가 지젝과 그 공모자들의 폐쇄적 순환 논법에서 빠져나오기를 요구한다면, 이는 지난날의 먼지 끼고 강압적인 실재론의 이름이 아니라 인간-세계라는 순환 논법이 변명의 여지 없이 궁색하다는 것을 보여주는 기이한 실재론의 이름에 따른 것이다. 이 절의 나머지는 인간 접근 철학이 부정확하며 오류임을 증명하는 것을 목표로 한다.

우리는 일상의 상식이라는 표준으로 미루어볼 때 [인간] 접근 철학이 완전히 신뢰할 수 없는 것임을 분명하게 지적함으로써 시작해야할 것이다. 그러나 이러한 상식의 위반은 단지 문제로 보이는 데 그치지 않는다. 그것은 일종의 자긍심으로 받아들여진다. 버클리의 주요 저작에 나오는 유명한 구절을 상기해보자. "사실상 사람들 사이에 널리 퍼져 있는 이상한 생각이 있는데, 집과 산과 강, 한마디로 말해 모든 감각적 객체는 오성understanding에 의해 지각되는 것과 구별되는 자연적이거나 실재적인 존재existence를 갖는다는 것이다."[10] 버클리는 상식의 가정에 충격을 주는 데에서 기쁨을 느끼는데, 지젝을 포함한 후대의 철학자들에게서도 그와 동일한 기쁨을 발견할 수 있다. 물론 그 입장이 단지 충격을 주기 위해 고안된 것은 아니다. 즉, 그것은 다른 모든 철학적 지식이 기초해야 할 엄격한 제1원리의 수립을 의미한다. "집과 산과 강"으로 채워진 거대한 왕국은 연역의 제단에서 무자비하게 도륙된다. 그러나 이 입장이 갖는 강점은 또한 약점이기도 하다. 즉 [인간] 접근 철학의 정당성은 모든 그럴 듯함과 인간을 넘어선 모든 시야가 박탈된 까닭에, 우월한 연역적 엄격함superior deductive rigor에 대한 요청에 온전히 기초한다. 그래서 소위 엄격함이라고 하는 이것이 존재

---

10   George Berkeley, *A Treatise Concerning the Principles of Human Knowledge*, §4. (Indianapolis: Hackett Publishing, 1982.) [옮긴이] 조지 버클리, 『인간 지식의 원리론』, 문성화 옮김, 계명대학교 출판부, 2010.

하지 않는 것으로 판명된다면, 그것은 [인간 접근 철학에] 유리하게 작동하는 것을 거의 갖지 못한다.

우주는 공간과 시간 모두에서 거대해 보인다. 우주는 유인원과 같은 우리의 모든 조상과 다른 모든 형태의 생명보다 더 오래되었다. 또한 우주에 있는 수조 개의 존재자들은 그것들을 관찰하는 인간이 아무도 없을 때조차도 관계와 대결에 관련된다고 가정하는 것이 무난해 보인다. 우리 인간이 우리 자신에게 얼마나 흥미롭든 간에 분명한 것은 우리가 우주적 드라마의 주연이 될 리 없고, 고만고만한 태양 근처의 평균 크기 행성 위에 내버려져 있으며, 우주의 역사에서 아주 작은 자리만을 차지할 뿐이다. 이 모든 명백한 사실이 우월한 엄밀함이라는 이름 아래, 칸트의 코페르니쿠스적 철학과 그 계승자에 의해 희생된다. 인간으로부터 멀어 떨어져 있는 시간과 공간에 관한 모든 진술이 **인간에 의한** 진술이기에, 우리는 앞서와 같은 동일한 순환 논법에 갇혀 있다는 것이다.[11] 이것은 거대한 철학적 도박으로, 나머지 지식을 성립할 수 있게 하는 확고부동한 제1원리를 향한 욕망에 의해

---

11   이와 같은 논변은 『유한성 이후』(pp. 10 ff.)에서 메이야수가 펼친 '선조성(ancestrality)'과 '원화석(archefossil)'에 대한 멋진 논의로 요약된 바 있다. [옮긴이] '선조적인 것'과 '원화석'에 대한 국문판 번역은 다음과 같다. "우리는 인간 종의 출현에 선행하는 — 심지어 집계된 지구상의 전 생명 형태에 선행하는 — 실재 전부를 **선조적인 것**(ancestral)이라고 명명한다. 우리는 지나간 생명 흔적들을 가리키는 물질들(고유한 의미에서 화석들)이 아니라 지구의 생명체에 선행하는 실재의 존재나 선조적 사건의 존재를 가리키는 물질들을 **원화석**(archifossile) 혹은 **물질-화석**(matière-fossile)이라고 명명한다. 그러므로 **원화석**은 선조적 현상에 대한 측정을 가능하게 하는 물질적 지탱물을 가리킨다." 캉탱 메이야수, 『유한성 이후』, 27쪽, 강조는 인용문.

서만 정당화될 뿐이다. 우리는 이 원리의 놀랄 만한 **약점**을 살펴보는 데로 나아가기에 앞서, 철학이란 기하학이 아님을 지적해야만 하겠다. 지식은 기하학과 같은 연역적 과학에서 사실상 굳건한 제1원리로부터의 연역을 통해 전개된다. 설령 우리가 그러한 원리가 기하학에서 엄격하게 적용된다고 가정하더라도(그리고 그런 규율의 토대는 논쟁적이다) 철학이 동일한 방법을 따를 수 있거나 따라야 한다는 것은 결코 분명하지 않다. 첫 번째로 철학적 지식의 단계들이 선구자와 계승자들로부터 더 많은 자율성을 갖는 데 반해, 기하학에서 하나의 오류 연역은 증명의 전체 연쇄가 틀렸음을 증명하기 때문이다. 즉, 누군가는 플라톤이나 아리스토텔레스의 제1원리에서 심각한 오류를 찾을 수 있겠지만, 여전히 이들이 이끌어주는 통찰로부터 이점을 얻을 수 있다. 그리고 두 번째로 철학이 전체로서의 우주에 대한 이해를 추구하는 데 반해, 기하학은 다양한 점과 선, 형태의 본성에서 추론을 끌어내려 할 뿐이다. 그러한 우주를 파악할 때의 오류는 지나치게 추상적인 선언을 통하기보다 결함이 있는 초기의 원리와 연역을 통할 때 보다 적게 발생한다. 파르메니데스가 "존재는 있고, 비존재는 있지 않다"라고 말할 때, 문제는 그가 상식을 위반한다는 데 있는 것이 아니라 제1원리의 완전히 부적합한 성격에 있는데, 그의 제1원리는 오류가 아니라 무용함을 향해 방향을 틀기 때문이다.

화이트헤드는 누구보다 이 점을 분명하게 알고 있었다. 우리는 『과정과 실재』의 초반부에서 유명한. 마음을 뒤흔드는 구절을 본다.

철학의 체계는 결코 논박되는 것이 아니라 단지 포기될 뿐이라고 언급되어왔다. 그 이유는 논리적 모순이란 정신의 일시적 실수를 제외하고는 ― 일시적이긴 하지만 너무 많다 ― 오류 중에서 가장 쓸모없고 대체로 사소하기 때문이다. 그래서 비판 이후에 체계는 그저 비논리성만 보여주지는 않는다. 체계는 부적합성과 비일관성에 시달린다.[12]

이어서 화이트헤드는 다음과 같이 말한다. "합리론적 계획의 검증은 제1원리의 고유한 확실성이나 초기의 명확성이 아니라 일반적인 성공에서 찾아야 하는 것이다."[13] 그리고 이렇게 결론을 내린다. "형이상학적 범주는 분명한 것the obvious에 대한 교조적 진술이 아니다. 오히려 그것은 궁극적 일반성에 대한 잠정적 정식화다."[14] 화이트헤드의 기준에 따라 판단했을 때 접근 철학은 비뚤어진 듯 보인다. 접근 철학이 요청하는 위세는 모두 "우리가 본체를 사유할 때 그로 인해 우리는 본체를 현상으로 전환하며, 그러므로 철학은 현상적인 것만을 다룰 수 있다"는 그 원리의 이른바 확실성과 명확성에 기초한다. 그렇게 할 때 접근 철학은 무생물적 객체 사이 모든 관계를 인간이 그런 관계들을 목도하는 조건으로 환원한다. 철학이 실재 전부를 아는 것에

---

12 *Process and Reality*, p. 6.

13 Ibid., p. 7.

14 Ibid.

책임이 있는 데 반해, 접근 철학은 그 실재를 인간에게 직접적으로 유효한 것의 아주 사소한 몫으로 환원한다. 이런 방식으로 접근 철학은 부적합성을 드러내며, 그러므로 그 자체로 종국적인 폐기의 씨앗을 뿌린다. 화이트헤드의 요점은 본격적 '논변arguments'이 아니라 접근 철학에 있어 무언가 문제가 있다는 신호를 드러내는 데 있다.

그럼에도 불구하고, 나는 인간-세계의 순환 논법이 논변으로서 그리 강력하지 않다고 생각한다. 다시 한번 나무의 사례를 살펴보자. 우리는 우리에게 현존하는 것으로서의 나무 이외에도, 나무에 대한 우리의 사유와는 별개의 나무에 관해 말하고 싶어질지도 모른다. "그러나 이는 불가능하다." 논변은 계속된다. "나무를 사유되지 않는 것으로 사유할 때, 나는 그것 때문에 나무를 **사유하는** 것이므로 내가 처음에 하려던 주장과 모순되기 때문이다." 두 가능한 추론이 이러한 주장에서 도출될 수 있는데, 하나는 이보다 더 강력한 것이고 다른 하나는 이보다 더 약한 것이다. 더 강력한 언명은 버클리와 지젝 모두 주장하듯이, 인간-세계라는 짝의 외부에는 실제로 **아무것도 없다**는 것이다. 더 약하면서 더욱 회의적인 입장은 우리가 인간-세계의 짝 외부에 무엇이 있는지를 **알** 수 없으며, 그 때문에 우리는 우리의 사유를 인간-세계 외부로 이동시킬 수 없다는 것이다. 모든 사유는 정말로 사유에 대한 것일 뿐이다. 이제 이 강력한 주장은 심술궂은 분석철학자인 오스트레일리아의 데이비드 스토브가 최근 몇십 년 동안 떠들썩하게 했던 것처럼 충분히 쉽게 논박할 수 있다.[15] 스토브는 철학의 역사에서 최악의 논변상을 수여하고자 하면서, 생각 끝에 그것을 절대적 관념론자의 논변으로 정했는데, 오늘날 절대적 관념론은 '스토브의 보석Stove's Gem'이라는 풍자적인 이름으로 알려져 있다. 문제는 여기에 있다. 내가 나무를 사유하지 않고서는 나무에 대한 **나의 사유**가 존재할 수 없다고 말하는 것은 단순한 동어반복이다. 그러나 이로부터 **나무**는 내가 나무를 사유하지 않고서는 존재할 수 없다고 결론 내리는 것은 동어반복을 넘어서는 일이며, 물론 당연히 어떤 동어반복도 우리를 동어반복적이지 않은 결론으로 이끌지 못한다. 사실, 바로 이 문제 때문에 대부분의 사람들이 지젝의 저작에서 신선할 정도로 솔직하게 드러나 보이는 더욱 절대적인 주장보다는 [스토브와 같은] 약한 회의적 입장을 선호한다.

다시 말해, 많은 사람은 "사유 없이는 존재도 없다"라고 말하는 게 부당하다는 점을 인정할 것이다. 그러나 그들은 "사유 없이는 **사유**도 없다"라는 겉으로만 더욱 엄격한 테제로 후퇴할 뿐이다. 나무를 사유한다는 것은 사유 외부에 나무가 없음을 증명해주지는 못하지만 사유 외부에 나무에 관한 어떤 **사유**도 없음을 증명하며, 이런 방법으로 철학은 여전히 사유의 순환 논법에 갇혀버린다. 나는 이와 같은 책략을 거부하면서 "사유 없이는 사유도 없다"라는 구절이 무해한 동어반복이 아니라고 주장하고자 한다. 그보다 절대적 관념론자의 입장과 마찬가지로 그 구절은 동어반복을 넘어선 교묘한 암시를 하기 위해 동어반복을 사용한다.

15   David Stove, *The Plato Cult and Other Philosophical Follies*. (Oxford: Blackwell, 1991.)

더 약한 이 접근 철학은 버클리와 지젝보다 훨씬 더 조심스럽게 주장한다. 후자의 저자들이 어떠한 세계도 그것을 대면하는 우리 외부에 존재하지 않는다는 주장을 열심히 전개했던 데 반해, 약한 판본의 철학자들은 단지 이렇게 말할 뿐이다. "실제로 그러한 세계가 있는지 누가 알겠는가? 우리는 다만 사유 외부의 세계를 **사유할** 방법이 없음을 언명할 따름으로, 사유 외부의 세계를 사유한다는 것은 즉각적으로 그것을 사유의 객체로 전환시키기 때문이다." 그러나 이러한 주장의 결과로 무엇이 일어나는지 주목해보자. 약한 접근의 입장은 내가 '나무가 사유되지 않는 한에서 나무를' 지시할 때 이것이 그 자체로 사유라고 주장한다. 그리고 이로 인해 수반되는 것은 내가 (a) '나무가 **사유되지 않는** 한에서 나무'라고 말할 때 내가 실제로 의미하는 것은 (b) '나무가 **사유되는** 한에서 나무'라는 것이다. 그것은 (a) 가 이미 사유이기 때문이다. 그 두 진술문은 동의어로 취급된다. 즉, 약한 접근 철학자는 '사유되지 못한 나무'를 잘못된 것이 아니라 **의미 없는** 것으로 간주한다. 그래서 회의주의자는 즉시 절대적 관념론으로 미끄러지는데, '물자체'라는 구절은 모든 가능한 의미가 비워지고 '우리를 위한 사물'을 가리키는 또 다른 방법이 될 뿐이기 때문이다. 그리고 아직 그 문제를 바라보는 또 다른 방법이 있다. '사유 외부의 나무'가 '사유 외부의 나무를 사유하는 것'과 동일한 것을 의미한다는 주장은 오류이기 때문이다. 첫 번째 경우에 나는 나무에 대한 나의 사유와 별개인 나무를 명백하게 지시한다. 여기서 그 성질은 신비스러운 것으로, 그리고 적어도 부분적으로는 알려지지 않은 채로 남게 된다. 이와 대조적으로, 두 번째 경우에 모든 것은 마음대로 다뤄지기 위해 이미 그곳에 존재한다. 나는 나무에 대한 접근 가능한 **사유**를 말하고 있는 것이지, 그 사유의 외부에 숨어 있는 나무를 말하고 있는 것이 아니기 때문이다.

누군가 "나는 오바마를 이해할 수 없다"라고 말한다면, 다음과 같이 대꾸하는 것은 어리석은 일일 것이다. "당신은 당신 자신과 모순될 뿐으로, 당신은 오바마를 이해하지 못한다고 주장하지만 이미 그에 대해 이야기했다는 것 자체가 당신이 그가 누구인지를 이해하고 있음을 증명하기 때문이다." 여기서 그 상황은 「메논」의 유명한 역설과 동일하다.[16] (a) 당신이 무엇을 찾고 있는지를 안다면 찾을 필요가 없다. (b) 당신이 무엇을 찾고 있는지를 알지 못한다면 그것을 찾는 일은 불가능하다. (c) 그러므로 찾는다는 것은 무의미하거나 불가능하다. 이와 같은 이른바 역설은 얼버무림에 의지하는 것으로, 처음에는 소크라테스에 의해, 그다음에는 여러 논리학자들에 의해 오랫동안 거듭 공격받았다. 한편으로 무언가를 안다는 것은 우리가 그것을 세세하게 안다는 것을 암시하고, 다른 한편으로 무언가를 안다는 것은 단순히 [우리가] 그 자체에 대한 의미를 갖고 있음을 가리키기 때문이다. 다시 말해 오바마를 아는 것과 알지 못하는 것 모두 실제적인 역설이 없다. '안다는 것'은 두 사례에서 두 가지 다른 것을 의미하기 때문이다. 소크라테스가 준 해결책이 진정한 해결책으로 남는다. 즉, 우리는

16   Plato, *Meno*, 80d-e. [옮긴이] 플라톤, 「메논」, 『파이드로스/메논』, 천병희 옮김, 숲, 2013.

그 주제를 결코 철저하게 파악하지 못했다는 것이다.

이런 사실은 수 세기 동안 플라톤의 제자들에게 익숙한 것이었다. 그러나 이상한 점은 접근 철학자가 놀랍게도 「메논」의 것에 두드러지게 익숙한 주장을 한다는 데 있다. 이와 같은 입장에 따르면 다음과 같다. (a) 당신은 사유되지 못하는 것을 사유하는 동안 그것을 사유할 수 없다(그것이 바로 사유이기 때문이다). 그리고 (b) 또한 당신은 사유되지 못하는 것을 사유하지 않는 동안 그것을 사유할 수 없다(이유는 명백하다). 그러므로 (c) 사유되지 못하는 것에 대한 사유는 있을 수 없다. 하지만 여기서 '사유'는 두 경우에서 완전히 다른 두 개의 것을 의미한다. 무언가를 사유한다는 것은 그것을 마음에 현존하게 만드는 것인 동시에, 그것이 마음에서의 현존 너머에 있는 한에서 그것의 실재를 가리키는 것이기도 하다. 이와 비교할 수 있는 것은 분석철학의 가장 위대한 저서 중 하나인 솔 크립키의 『이름과 필연』[17]의 곳곳에 나온다. 크립키에게 이름은 모든 가능한 서술을 넘어서는 실재를 가리키는 (혹은 규정하는) '고정 지시어rigid designator'다. 예를 들어, 우리는 크리스토퍼 콜럼버스를 '아메리카를 여행한 최초의 유럽인'이라고 규정한다. 그러나 이 진술문이 나중에 캐나다의 바이킹 인류학자에 의해 거짓으로 판명될 때 우리는 "그 경우 콜럼버스는 더는 콜럼버스가 아니다"라고 말해서는 안 된다. 대신 우리는 이렇게 말해야 한

---

17   Saul Kripke, *Naming and Necessity*. (Cambridge, MA: Harvard Univ. Press, 1996.) [옮긴이]
솔 크립키, 『이름과 필연』, 정대현·김영주 옮김, 필로소픽, 2014.

다. "콜럼버스가 실제로는 아메리카를 발견하지 않은 것으로 판명되었다. 아메리카를 처음 발견한 이는 콜럼버스가 아니라 바이킹이다." 다시 말해, 콜럼버스에 대한 우리의 서술이 사실상 오류라고 하더라도 우리는 처음에는 그에 대해 상당히 적절하게 말했던 것이다.

선택은 단지 무언가에 대해 말하거나 말하지 않은 것 사이에 있지 않다. 우리 모두 무언가에 대해 적절히 말하지 않고서도 그것에 대해 말할 줄 안다. 이를테면 우리는 무언가에 대해 **암시한다**allude는 것이다. 암시는 말할 때만큼이나 생각할 때에도 발생한다. '사유 외부에 있는 나무'에 대해 말하는 것은 사유에 관한 성공한 진술은 아니지만, 사물에 관한 실패한 진술도 아니다. 그보다 사유 외부에 있는 나무에 대해 말하는 것은 실재가 될 수 있지만 온전히 있을 수 없는 무언가에 대한 암시다. 그리고 이것이 철학이란 지혜 그 자체라기보다 **필로소피아**philosophia, 지혜에 대한 사랑인 이유다. 접근 철학은 철학이 사실은 사유 **너머**에 놓인 것에 관한 지혜에 대한 **사랑**이더라도, 철학이 사유에 대한 지혜가 되는 것을 원한다. 이런 이유로 우리는 버클리의 문장을 다음과 같이 다시 써야 할 것이다. "사실상 현대 철학자들 사이에 널리 퍼져 있는 이상한 생각이 있는데, 집과 산과 강, 한마디로 말해 모든 감각적 객체는 오성에 의해 지각되는 것과 구별되는 자연적이거나 실재적인 존재를 갖지 못한다는 것이다."

5. 간접 인과

이 책은 객체를 다른 사물과의 관계로부터 자율적인 것으로, 그 자체로 존재하는 것으로 그렸다. 그러나 그런 경우에 그것이 어떻게 상호 작용하는지에 대해서는 의문스러울 수 있는데, 총체적 자율성은 어떤 종류의 관계와도 양립할 수 없지만, 부분적 자율성은 설명되어야 하기 때문이다. 사물이 명확히 상호 작용하는 것 같다고 **한다면**, 이는 인위적 문제로 보일 수 있다. 이를테면 분리된 객체들을 다시 접촉하도록 그저 되돌릴 뿐인 지점은 무엇인가? 그러나 그 지점은 객체들이 접촉하도록 **완전히** 되돌려지지는 않는다는 것을 가리킨다. 객체들의 실재가 그들의 관계에서 결코 온전히 이용될 수는 없기 때문이다. 우리는 세계를 단지 관계의 체계로만 전환함으로써 객체와 관계의 역설을 제거하려는 것 대신에, 객체 그 자체에서 작동하는 분극화를 이해할 필요가 있다.

그리고 여기서 우리는 철학의 수많은 고전적 문제가 모여드는 지점에 도달하게 된다. 우리에게는 객체와 관계 사이 차이와 더불어, 객체와 우연 사이 차이가, 객체와 성질 사이 차이가 있기 때문이다. 어떤 의미에서 사물에는 다른 많은 특징이 있지만 또 다른 의미에서는 그렇지 않다. 각각의 사물이 하나이기 때문이다. 어떻게 하나의 객체에 특징이 있기도 하고 있지 않기도 한단 말인가? 객체의 성질은 다양한 반면에 객체가 통일된 극점인 한, 우리는 여기서 일자와 다수에 대한 고전적 문제와 마주하는데, 설령 여기서 '일자'가 단일한 우주적 덩어리가 아니라 각각의 개별적 단위를 지시한다고 하더라도 그렇다. 게다가 감각 객체가 경험에서만 존재하는 반면 실재 객체는 경험 바깥에서 실재를 갖는 한, 우리는 또한 심신 문제[1]와 같은 것과 마주하게 된다. 비록 내가 곧바로 이것이 인간의 마음이나 심지어 동물의 마음에만 제한될 수는 없다고 제안하더라도 마찬가지다. 이 모든 문제는 객체와 다른 네 용어 중 하나 사이의 분극화를 수반한다. 그 네 용어란 우연, 관계, 성질, 순간이다.

기회원인론과 회의주의

간접 인과라는 주제는 철학에서 새롭지 않으며 깊이 신뢰할 만한 근거가 있다. 고대 세계는 인과에 대한 지배적인 두 모델을 산출했다고 말할 수 있다. 원인을 더 높은 세계에서 더 낮은 세계로 발산하는 수직적 측면에서 보는 신플라톤주의와, 개별적 실체 사이 수평적 인과로 보는 아리스토텔레스의 모델이 그것이다. 그리고 세 번째 선택지가 이라크의 초기 이슬람 신학을 통해 철학으로 들어왔다. 바로 기회원인론Occasionalism이다. 코란의 몇몇 구절은 중요한 행위가 자연스럽게 발생하는 것처럼 보여도 실제로는 알라에 의해 직접적으

---

1   [옮긴이] mind-body problem. 데카르트 이후 오늘날까지 활발하게 논의되고 있는, 인간의 마음과 육체가 어떻게 상호작용하는가에 관한 철학적 주제.

로 수행된다는 것을 언급한다. 아부 알하산 알아샤리[2]가 주도한, 바스라에 있는 일군의 신학자는 그 구절에서 광범위한 결론을 이끌어 냈으며 오직 알라만이 모든 것에 직접적으로 영향을 미친다고 주장했다. 이 아샤리주의자들Ash'arites은 잘 알려진 바와 같이 모든 관계에 신성한 독점권을 부여했다. 창조된 존재자들은 각각의 존재자들과 절연된 섬일 뿐만 아니라 자신의 우연으로부터도 절연된 섬으로 묘사되는데, 이들은 신에 의해 직접적으로 [자신의 원인을] 제공받는다. 그리고 심지어 지속조차 우연으로 간주되었기 때문에, 어떤 창조된 객체도 고유하게 지속할 수 있는 것으로 간주되지 않았다. 각각의 객체는 신이 지속의 우연을 계속 보증하지 못한다면 한순간에 소멸될 수 있다. 모든 것이 신의 직접적 개입을 통해 발생한다는 주장을 고려했을 때 초기 기회원인론자는 믿기 힘들 정도로 신의 전능함을 강조했던 셈이다. 기회원인론자는 2+2는 5라고 할 수 있었고, 바그다드의 집에 앉아 있던 누군가를 메카의 천막 안에 동시에 있을 수 있게 할 수도 있었으며, 심지어 아무 이유도 없이 착한 사람을 지옥에 보내거나 나쁜 사람을 천국에 보낼 수도 있었다. 이런 의미로 이슬람 기회원인론자들은 그리스의 이슬람 계승자들 특히 아비센나[3]와 아베로에

2 [옮긴이] Abu al-Hasan al-Ash'ari, 874~936. 오늘날의 이라크 남부에 있는 바스라(Basra) 출신의 수니파 무슬림 신학자. 그를 추종하는 많은 사람을 '아샤리주의자'라고 부른다.

3 [옮긴이] Avicenna, 980~1037. 페르시아 출신의 의학자이자 아리스토텔레스 연구의 대가. 중세 유럽의 철학과 의학에 커다란 영향을 주었다. 이슬람 이름은 이븐 시나(Ibn Sīnā)이다.

스[4]가 대립했던 '비이성주의자' 진영에 속한다.

중세 기독교 철학에서는 기회원인론의 분명한 사례가 없다. 프랑시스코 수아레스는 토마스 아퀴나스가 기회원인론적 교리를 비판할 때 그가 기회원인론을 지지하는 이들의 이름을 제시하지 않았음에 주목했다. 수아레스 역시 (1590년대에 쓴 저작에서) 그들이 누구인지 알고 있는 것 같지는 않다.[5] 그러나 사실 수아레스는 기적을 제외한, 그리고 관념상에서 새로운 영혼이 창조되는 것을 제외한 모든 경우에도 신적 개입이 나타난다는 데 반대했음에도, 그가 사물이 직접적으로 접촉하는 것이 아니라 그 자신의 우연(이때 그는 사물의 성질을 가리킨 셈이다)을 통해 접촉한다고 말할 때 수아레스 자신은 기회원인론적 교리의 한 측면에 가까워진다. 유럽은 데카르트와 더불어 이와 같은 과거의 이슬람 교리를 처음으로 강력하게 향유하게 되었다. 데카르트에게 있어 두 종류의 창조된 실체인 **사유하는 것**res cogitans과 **연장된 것**res extensa은 서로 다르기 때문에 직접적으로 상호작용을 하지 않는다.[6] 오직 신만이 두 실체 사이 틈을 이어줄 수 있을 따름이다. 이런 방식으로 다소 지루한 심신 문제가 나타나는 동안 이슬람에서는 더

---

4   [옮긴이] Averroes, 1126~1198. 스페인 코르도바 출신의 아랍계 철학자이자 의학자. 아리스토텔레스 저작의 주석가로 유명하다. 이슬람 이름은 이븐 루시드(Ibn Rushd)이다.

5   Francisco Suárez, *On Efficient Causality: Metaphysical Disputations 17, 18, and 19.* Translated by A. Freddoso. (New Haven: Yale University Press, 1994.)

6   [옮긴이] 데카르트 철학에서 정신적 실체의 본성은 사유하는 것(res cogitans)이고, 물질적 실체의 본성은 연장된 것(res extensa)이다.

광범위하고 흥미로운 신체-신체 문제body-body problem가 나타났다. 이와 동일한 더욱 광범위한 문제가 프랑스에서 다시 등장했는데, 코르드무아[7]와 말브랑슈[8]가 연장된 실체를 산산조각으로 부술 때 신은 데카르트 철학에서는 요구되지 않은 방식으로 무생물적 상호작용에 참여해야만 했던 것이다. '기회원인론'이라는 용어는 신이 모든 순간에 직접적이고 반복적으로 개입한다고 보는 17세기 프랑스 철학을 지칭할 때 지나치게 제한적으로 사용되곤 한다. 그러나 사실 그 용어는 사물이 직접적으로 상호 작용하지 않고 단지 신을 경유함으로써만 상호 작용한다고 보는 모든 철학에 더 넓게 적용될 자격이 있다. 이런 의미에서 그 용어는 스피노자에게, 라이프니츠에게, 버클리에게, 그리고 신이 '영원한 객체'에, 모든 존재자가 다른 모든 것을 객체화시키는 보편적 성질에 정박한다고 주장한 지난 세기의 화이트헤드에게도 적용될 만한 것이다.[9] 그와 같은 기회원인론은 분명 역사적으로 흥미롭지만, 많은 사람의 눈에 그것은 역사에만 속할 따름이다. 내 제2의 고향인 이집트에서는 아니긴 하지만, 이제 서구 사회에서 개들이 거리에서 싸우거나 먼지 한 덩이가 땅에 떨어지는 것 같은 모든 사소한 사건에 신의 손이 움직인다고 보는 사람들을 만나는 일은 드물다.

　그러나 우리 시대에 훨씬 더 큰 명성을 갖는 또 다른 철학이 있

7　[옮긴이] Géraud de Cordemoy, 1626~1684. 프랑스의 철학자, 역사학자, 법률가. 데카르트의 인과론을 기회원인론으로 다시 고찰했다.

8　[옮긴이] Nicholas Malebranche, 1683~1715. 프랑스의 가톨릭 신부, 철학자, 기회원인론자.

9　Whitehead, *Process and Reality*.

으니, 그것은 전도된 혹은 거꾸로 뒤집힌 기회원인론이라고 쉽게 기술될 수 있다. 나는 흄과 가장 밀접하게 관련된 경험론 철학 혹은 회의주의 철학을 지칭하는 것이다. 기회원인론이 실체가 관계할 수 있음을 부정하면서도 실체의 존재를 인정한다면, 경험론은 그와 반대되는 책략을 수행해 관계가 필연적으로 독립적 실체를 수반한다는 것을 부정하면서 관계만 가지고 논의를 펼친다. 인상이나 관념 사이 연결은 흄에게 문제가 되지 않는다. 그것은 항상 관습적 결합을 통해 구축된 **습관적** 연결이라는 형태로 이미 존재한다. 사과는 함께 붙어 있는 성질들의 다발에 대한 별칭 그 이상이 아니지만, 인간의 습관이 사실상 이들을 하나로 붙여버린다. 이러한 학설이 기회원인론과 공유하는 것은 그 명백한 역전에도 불구하고 두 학설 모두 관계에 있어서의 독점권을 단일한 존재자에게 부여한다는 점이다. 오늘날 모든 관계가 신을 거친다고 말하는 기회원인론자를 비웃기는 쉽지만, 모든 관계가 인간의 경험을 거친다고 말할 때는 누구도 비웃지 않는다. 후자는 처음에는 더 엄밀해 보이는데, 한줌의 신비주의자들만이 신에 대한 직접적 경험을 주장하는 반면에 우리 모두는 인간 경험에 대한 직접적 접근법을 갖고 있기 때문이다. 그러나 그 원리는 두 경우 모두에 동일하게 적용된다. 관계는 모든 존재자에게 부정되지만, 결국 그것은 단 **하나**에게만, 종교의 전능한 신 혹은 인간으로 알려진 전능한 경험론적 신에게만 위선적으로 허용된다.

이런 관점에서 기회원인론적 문제는 실제로는 결코 사라지지 않았으며, 다만 일반적으로 용인되는 주류 철학을 독단적 형이상학의 야생적 경계 지역으로부터 보호하고자 했던 두 철학자인 흄과 칸트의 입장을 뒤집은 것임이 분명하다. 누군가는 21세기에도 여전히 흄이나 칸트를 문자 그대로 따를 수도 있고, 학문적 이력에서 완벽하게 충실할 수도 있다. 그러나 당신이 어떤 종교 모임의 바깥에서 아비센나, 아퀴나스, 혹은 심지어 라이프니츠의 철학을 문자 그대로 믿는다고 주장한다면 이를 보고도 아무렇지 않은 척할 수 있는 사람은 거의 없을 것이다.

접촉점

우리는 실재 객체가 접촉할 수 없다는 것을 보았다. 그것의 실재성은 전적으로 그 자체의 있음에만 있는 것이지, 다른 사물에 대한 어떤 종류에 미치는 영향에 있는 것이 아니다. 객체는 성질의 다발이 아니고, 이런 이유로 한 사물은 단순히 그 성질 모두를 복제하고 그것을 한 다발로 묶음으로써 재생산할 수는 없는 것이다. 기껏해야 이것은 우리에게 겉보기로만 납득시키는 사물의 시뮬라크르를 제공할 따름이다. 이것이 그 무엇도 어떤 형태의 지식에 의해서나 어떤 종류의 번역에 의해서도 적절하게 모델화될 수 없는 이유다. 1차적 의미에서 객체는 사용되거나 알려진 것이 아니라 단지 그 자체일 따름이다. 그와 같은 객체의 재구축은 우주에 있는 객체를 대신할 수 없다. 이런 의미에서 신이 전능하다는 것은 참일 수가 없다. 전능한 존재자는 그저 모든 것을 알기만 해서는 안 되고 모든 것이어야to be 하기 때문이다. 설령 신이 모든 것일 수 있는 능력이 있다고 하더라도, 자기 성찰introspection은 외부로부터 얻게 되었던 지식만큼이나 철저하지 않기에 신은 **스스로를** 충분히 이해할 수 없다. 이는 객체 지향 신학의 어떤 시도에도 심각한 영향을 미치게 될 것이고 지식 이론에는 이미 엄청난 결과를 가져왔다. 그것은 어떤 과학적 모델도 사물을 그 다양한 특징을 열거하는 것으로 대체하는 일이 결코 성공적이지 못할 것임을 암시하기 때문이다. 사물 그 자체에 대한 접근은 단지 간접적일 뿐이다.

그러나 이러한 이론에 대해 종종 다음과 같은 반론이 제기되곤 한다. 왜 사물이 전혀 접촉할 수 없다고 과장하는가? 그보다 사물은 서로 **부분적으로는** 접촉하는 것처럼 보이지 않는가? 결국 우리는 어떻게 인간이 망치를 사용하는 와중에 망치에 부분적으로 접근하는지를 말해왔던 것이며, 또한 어떻게 불이 목화 전체와 접촉하지 않음에도 불구하고 목화의 특정한 성질과는 접촉하는지를 숙고했다는 것이다. 문제는 객체에는 부분이 없다는 바로 그러한 의미에서 객체는 '부분적으로' 접촉될 수 없다는 데 있다. 사물이 70~80개의 성질들로 이뤄져 있고, 5~6개의 성질들은 감각 기관들로부터 항상 보류된다는 것을 보증할 그런 단순한 현실적 제약이 있을 뿐이라면 모르겠지만. 왜냐하면 우리가 객체의 모든 성질을 완벽하게 지각할지라도 우리는 여전히 그 자체의 실재성으로 사물을 재구성하지 않을 것이기 때문이다. 객체가 된다는 것은 그 자체가 된다는 것을 의미하고, 그 객체만이 할 수 있는 우주에서 그 실재성을 규정하는enact 것이다. 그것은 X개만큼의 성질을 소유하는 것을 의미하지 않는다. 이러한 성질들은 기껏해야 그 성질들을 외부에서 어떻게 동일시할 것인가에 대한 지침으로 기여할 따름이기 때문이다. 객체는 라이프니츠의 모나드와 마찬가지로 통일된 것이다. 객체를 발생시키는 조그마한 구성 요소들이 있는 것처럼 객체와 연결되어 있는 분리 가능한 부분이 확실히 있다. 그러나 이것이 객체가 구성 요소들로 하향하든[하부 채굴] 분해할 수 있는 특성들로 상향하든[상부 채굴] 환원될 수 있다는 것을 의미하지는 않는다. 우리가 망치나 목화송이의 특정 부분(혹은 성질)과 접촉할 수 있다는 것이 참이라고 하더라도 이는 단순히 그 문제로 한걸음 더 들어가는 것일 뿐이다. 그 일부분이 객체 그 자체와 어떻게 접촉하는지는 여전히 불분명하기 때문이다.

그러나 설령 우리가 결코 실재 객체와 접촉하지 않는다고 하더라도, 우리는 항상 감각 객체와는 접촉한다. 감각 객체는 나를 위해, 또는 감각 객체를 엄청나게 흡수해 에너지를 확장하는 다른 행위자를 위해 존재하지 않을 때는 [우리에게] 존재하지 않을 수도 있다. 그리고 여기서 우리는 앞서 말한 객체와 그 성질 사이의 네 가지 긴장과는 다른 첫 번째 짝을 갖는다. 즉, 우리가 갖게 된 것은 감각 객체와 **직접적으로** 접촉하는 실재 객체다. 왜냐하면 나무, 늑대, 혹은 비치볼을 다루며 그에 진심으로 몰두하는 '나'는 실재적인 나이지 감각적인 나가 아니기 때문이다. 나의 삶은 이러한 객체들을 다룰 때 진정으로 몰두하게 된다. 실재 객체와 감각 객체 사이의 이러한 접촉은 꽤나 독특해, 우리의 떠오르는 세계 지도 위의 다른 어디에서도 복제되지 않는다. 실재 객체는 서로에게서 영원히 물러나 세계의 어둠 속으로 들어가고, 감각 객체는 둘 모두를 동시에 경험하게 되는 실재 객체를 통해 서로에게 인접해 있을 뿐이기 때문이다.

수많은 첨탑과 탑으로 가득찬 대도시의 스카이라인을 살펴보자. 이것들 모두 단순한 감각 객체인 한에서, 그것을 경험하는 대리인이나 중개자를 통하지 않고서는 접촉할 수 없다. 그리고 그것들이 내가 접촉할 수 없는 실재 객체인 한에서, 실재 객체가 항상 서로에게서 물러선다는 단순한 이유에서도 그렇다. 어떤 의미에서 이것은 기회원인론에 의해 제기된 인과 문제에 대한 개략적인 예비적 해결책을 우리가 이미 갖고 있음을 의미한다. 만약 실재적인 것의 영역에서의 접촉이 완전히 불가능하고 감각적 영역에서의 접촉이 절대적 선결 조건이라면, 분명히 경험의 감각적 영역은 모든 인과가 촉발되는 곳임에 틀림없다. 모든 접촉으로부터 물러난 실재 객체는 어느 정도는 그 자체에 대한 감각적 캐리커처로 번역되어야 하며, 이런 과장된 외관은 은폐되어 있는 실재적인 것 사이에서는 불가능한 인과관계를 위한 연료로 제공되어야만 하는 것이다. 여하튼 감각적 영역에서 발생한 사건은 모든 경험의 외부에 놓인 실재에 대해 소급 효과를 가질 수 있음에 틀림없다. 그리고 나는 모든 경험이 인간적인 혹은 동물적인 종류의 것이 아니라는 점을 나중에 주장할 것이다.

접촉의 비대칭

비대칭에 대한 몇 개의 단어가 이제 제대로 자리를 잡았다. 실재 객체는 실재 객체와 접촉할 수 없으며, 이러한 관점에서 하이데거의 도구-분석은 기회원인론적 시나리오를 다시 일깨워주었다. 그리고 감각 객체는 다른 감각 객체와 접촉하지는 않지만, 서로를 연결하는 다리로 기여하는 단일한 경험에서 인접하는 것으로만 존재한다. 이런 이유로 유일하게 가능한 종류의 직접적 접촉은 실재 객체가 경험하는 감각 객체를 실재 객체가 접촉함에 따라 **비대칭적**이다. 이는 인과적 혹은 관계적 접촉이 항상 대칭적이고 이행적이라는 일상의 가정과 모순된다. 첫 번째 객체가 두 번째 객체와 접촉한다면, 가정컨대 두 번째 객체는 그에 대응해 첫 번째 객체와 접촉하는 것을 피할 수 없다. 모든 작용$_{action}$이 있으면 이와 동등한 크기의 반대 방향으로 반작용이 있기 때문이다. 심연을 보라. 그러면 심연이 당신을 들여다볼 것이다. 그러나 그것은 이 책에서 발전된 모델에 따라 발생한 것이 아니다. 그보다는 어떤 상호작용과 관련되는 단 하나의 실재 객체는 항상 있게 마련이다. 내가 나무를 지각한다면 어쩌면 나무도 그에 반응해 나를 지각할 수 있다. 그러나 이것은 동일한 것의 역전된 측면으로서가 아니라 다른 관계의 부분으로서 발생하는 것임에 틀림없다.

실재 객체와 다양한 감각 객체들 사이의 이런 직접적 접촉이 이미 객체와 성질 사이에 기술되었던 종류의 '긴장'과 다르게 작동한다는 점은 명백하다. 그러한 경우에 우리는 객체가 자신의 성질들을 갖기도 하고 갖지 않기도 한다는 점을 언급했다. 익은 사과는 얼마간 익음[이라는 성질]을 갖고 있음에 틀림없지만 그것은 다 익기 전과 익은 후에 모두 동일한 사과로 남게 되며, 이는 사과가 자신의 성질들과 일정한 거리를 유지하고 있음을 의미한다. 그러나 실재 객체가 감각 객체와 접촉하는 상황은 다르다. 여기서 접촉은 직접적이다. 감각적인 말馬과 다이아몬드, 혹은 오월제 기둥[10]은 우리를 접촉할 수 있게 해주는 중개자가 있을 필요 없이도 내게서 직접적이다. 대조적으로, 내가 관찰하는 집은 그 자체의 감각적 외관과 직접적으로 접촉하지 않는다. 그 집은 감각 객체이고 그 집을 경험하는 사람에 대해서만 우연적이라는 단순한 이유 때문이다. 우리가 마주하는 집이나 개는 그것들을 우리에게 나타나게 해주는 모든 그림자와 각도와 기분에 무관심하다. 이것은 매혹적인 결과를 낳는다. 지금까지 우리는 접촉에 관한 **실재** 객체의 불능에 대해서만 이야기했고, 그렇기에 서로에게 힘을 가하기 위한 중개자를 둘 필요성에 대해서 말했기 때문이다. 그러나 이제 이것은 또한 객체-성질의 네 가지 긴장에도 마찬가지인 것으로 보인다. 아마도 이런 긴장조차도 어떤 방법으로든 관계하기 위해서는 다리가 필요할 것이다.

이제 우리에게는 독자를 지루하게 하거나 혼란시킬 위험이 있는, 다양한 종류의 객체와 성질 사이에 상호 작용하는 동물원이 있다. 분자물리학의 표준 모델이 1970년대 초반 이래 자연에서의 다량의 분자들과 힘들을 이해하게 하는 데 도움을 주었던 것과 마찬가지로, 일람표는 혼란을 이해하는 데 필요하다. 우리가 알고 있는 한 직접적 접촉의 유일한 형태는 세계를 경험하는 실재 객체와, 그것과 마주하는

10　[옮긴이] maypole. '오월제(May Day)'는 서양의 봄 축제다. 사람들은 전통적으로 5월 1일에 기둥 주위로 춤을 추며 봄맞이 축제를 즐긴다.

다양한 감각 객체들 사이에 있다. 거기서 그것들은 내 앞에 있다. 즉 나는 감각 객체들의 실재에 사로잡힌다. 여기에는 어떤 다리도 필요하지 않다. 그러나 네 가지 긴장 중 어느 것도 이 정도로 운이 좋지는 못하다. 객체와 성질들 사이의 이와 같은 각각의 분극화에는 매개가 필요할지도 모른다.

실재에 대한 우리의 네 가지 기본적인 극점을 고려했을 때, 네 극점 사이의 여섯 가지 조합은 네 가지로 구분되는 용어의 가능한 순열을 규명해야 한다. 그러나 우리는 또한 각각의 극점이 또 다른 종류의 극점과 상호 작용하는 관계도 살펴보아야 한다. 결국 이런 훈련의 전체적 요점은 실재 객체와 **또 다른** 실재 객체 사이 관계에 대한 기회원인론적 문제와, 반드시 고려해야 할 세 가지 병렬적 경우를 해결하는 데 있다. 그리고 두 감각 객체의 경우에 대해 말하자면, 우리는 감각 객체가 그 종류의 다른 객체와 접촉하지 않으며 이들을 잇는 다리로 기여하는 실재 객체의 경험에서 단순히 **인접할** 뿐임을 안다. 다수의 감각 성질 사이 접촉에 대해 말하자면, 실재 객체로서의 나는 다수의 감각 객체를 잇는 다리로 기여하는 것과 마찬가지로 이러한 [감각] 성질들을 연결하는 것처럼 보인다. 그러나 이것은 예상할 수 있듯이 오류로 판명된다. 경험론적 주장에도 불구하고 나는 감각 성질과 결코 직접적으로 접촉하지 않는다. 정확히 바로 이 점이 후설의 위대한 발견의 의미다. 나는 절대로 고립된 성질로서의 검은색이 아니라 잉크나 독약의 검은색을, 이러한 객체들의 스타일이 뒤섞인 검은색을 마주한다. 이런 방식으로 감각 객체들은 자신의 다양한 감각 성질 사

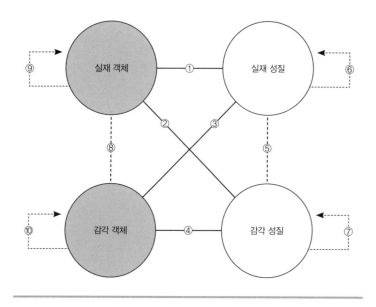

다이어그램 4. 열 가지 가능한 연결

이 다리로 기여한다. 그러나 실재 객체로서의 내가 감각 성질 사이 다리로 기여하지 않는다면, 다른 실재 객체가 다리로 기여한다는 점을 우리는 기억해야 한다. 왜냐하면 망치의 다양한 성질들은 내가 바라보는 감각 망치에서만 발산하는 것은 아니기 때문이다. 망치의 성질은 모든 접근을 넘어선 깊숙한 지하 세계로 물러난 **실재** 망치에서도 발산한다. 감각 성질은 동시에 두 행성을 도는 달처럼 두 주인에게 기여한다. 하나는 눈에 보이고 다른 하나는 보이지 않는다. 유사한 상황이 다수의 실재 성질 사이에서도 발생한다. 어떤 의미에서 실재 성질은 모두 동일한 실재 객체에 귀속된다. 그러나 동시에 다수의 실재 성질 역시 그 형상의 부품으로서 **감각적** 망치, 개, 혹은 나무에 속한다. 새롭게 나타나기 시작한 것은 두 종류의 객체들과 두 종류의 성질에 대한 열 가지 가능한 순열의 지도 작성법이다. 후설과 하이데거의 기본적 통찰로부터 기이하지만 신선한 객체의 지리학이 등장하면서 거의 짐작조차 할 수 없었던 결과로 [우리를] 이끈다. 그러나 우리는 우리의 조언자들보다 조금은 더 앞서가고 있다. 하이데거가 결코 4라는 숫자를 넘어서 존재에 대한 자신만의 순열을 발전시키지 않았기 때문이다.

4중 구조에 관하여

식물학자, 동물학자, 언어학자, 인류학자와 달리, 철학자는 우주를 단순화하려고 한다. 우주에 대한 인구 조사에 나설 때 철학자는 세계에서 작동하는 몇 가지 기본 요소를 결정하기 위해 경험적 세부사항을 샅샅이 뒤지지는 않는다. 대신, 철학자는 기본적으로 대단히 중요한 구조를 찾으려는 경향이 있다. 우리는 **단순성**의 전문가다. 그러나 사물들은 다 함께 있을 때는 단순하지 않으며, 그렇기에 철학은 다른 분과의 주인이 아니라 시녀일 뿐이다. 그래서 철학자를 연구할 때 우리는 항상 그들이 우주에서 근본적 구조를 얼마나 많이 인식하는지를 물어야 한다. 철학의 수많은 세부사항들은 소수의 기본적 특징에서 펼쳐지기 때문이다. 놀랄 일도 아니지만, 철학에서 가장 흔하게 발견되는 숫자는 1, 2, 3, 4다. 우리가 더 큰 수를 찾는 드문 경우에서조차 이 숫자들은 일반적으로 이처럼 더 단순한 수의 구조로 된

복잡한 순열로 판명된다.

　1이라는 수는 일원론의 암호다. 전체론적 통일체가 안정감을 보장함에도 불구하고, 1은 차이와 불화가 사물에서의 원초적 조화보다 덜 실재적이라고 암시한다는 점에서 지나치게 낙관적인 경향이 있다. 2라는 수는 대립되는 두 원리의 투쟁을 공표하는 듯이 보인다. 그러나 그러한 이원론은 역설적으로 단조로운 것으로 판명된다. 대개 분열을 가로질러 왔다갔다하는 끊임없는 투쟁 외에는 발생하는 것이 없기 때문이다. 3이라는 수는 대립하는 두 용어의 핵심적 특징을 보존하는 동시에 초월하는 역동적인 제3의 용어 안에서 대립하는 두 원리를 통일한다고 주장한다는 점에서 보다 세련된 것처럼 보인다. 그것은 헤겔의 변증법과 하이데거에게서 반복되는 3[11]과 마찬가지로 본질적으로 매개자가 개입된 이원론이다. 그러나 3중 구조가 갖는 빈번한 위험은 인간적 해결책에 너무 쉽게 접근 가능한 곳에서 모든 대립을 통일시켜 대립의 비극적 힘을 거세하는 거짓 해피엔딩에 있다.

　우리는 또한 철학의 역사에서 몇 가지 4중 구조를 찾아볼 수 있다. 이 4중 구조는 항상 한 명의 사상가로부터 그다음에 이르기까지 크고 다양하게 펼쳐지는 두 이원론이 교차한 결과다. 4라는 수는 철학에서 막강한 수다. 4중 구조는 대립물의 투쟁에서 이원론적 통찰을 보존하는 한편, 투쟁을 두 번째 축으로 확장하고 세계의 네 극점 사이의 풍부한 긴장을 창조함으로써 이러한 투쟁의 내재적 지루함을

11　[옮긴이] 이 책의 4장 「하이데거 보론」을 참고하라.

피한다. 지성사에는 그러한 구조에 대한 수많은 사례가 있다. 엠페도클레스의 네 요소, 플라톤의 분리된 선분, 아리스토텔레스의 네 원인과 더불어, 우리는 스코투스 에리우게나[12]의 4종quadruple 창조 계획, 베이컨의 네 우상, 칸트의 네 범주 그룹, 하이데거의 사방세계Geviert, 그레마스의 기호학적 사각형, 매클루언의 미디어의 네 법칙을 발견한다. 이미 알려진 바와 같이, 네 가지 핵심 용어의 이와 같은 묶음 중 그 무엇도 세계에 대한 경험적 관찰로부터 연역되지 않는다. 그 대신 각각의 것은 분리의 두 변별적 축의 교차로에서 태어난다. 세계에 이진법적 두 대립을 교차시키는 이러한 절차는 자동적으로 성공적인 것도 성공적이지 않은 것도 아니다. 성공의 정도는 주로 두 기준에 의거한다. 기준 제1번. 분리의 두 축은 얼마나 잘 선택되었는가? 극단적 사례를 취했을 때 우리가 바랄 때마다 4중 구조의 바보 같은 판본을 만드는 것은 너무나 쉽다. 내가 세계의 모든 것이 이탈리아에서 오거나 그 나머지에서 온다고, 그리고 전력상에서 동력을 얻거나 그렇지 않는다고 말한다면, 우리는 비非이탈리아적이고 비非전기적인 존재자가 우주의 가장 커다란 부분을 이루는 기적적인 '4중' 철학을 갖는다. 그러나 이는 어처구니없는 일이 될 것이다. 기준 제2번. 주어진 4중 체계는 네 개의 극점이 어떻게 서로 연관되는지에 대한 유용한 논의를

---

12   [옮긴이] Johannes Scotus Eriugena, 810년경~877년경. 아일랜드 출신의 중세 스콜라 철학자. 중세 플라톤주의에 주요한 영향을 미친 『디오니소스 위서』의 그리스어본을 라틴어로 번역했으며, 『자연구분론』에서는 신과의 관계에 따라 자연을 네 가지로 구분했다.

제공해주는가? 우주를 정태적 공존 상태로 내버려두는 동시에 네 개의 부분으로 분열시키는 4중 구조는 우주가 어떻게 작동하는가에 대해 아무런 지침도 주지 않는 멍청한 분류 체계일 뿐이다.

이와 동일한 기준이 이 책에 등장하는 4중 구조를 판단하는 데 사용될 것이다. 첫째, 우리가 지지했던 분리의 축은 얼마나 잘 선택되었는가? 내게는 의문에 붙여지는 두 이중성이 실현될 수 없을 뿐만 아니라 배타적으로 된다는 점을 피할 수 없는 것처럼 보인다. 하이데거는 자신의 도구-분석에서 탁월한 사례를 제시했는데, 그의 도구-분석은 사물의 가시적 외관을 그것들의 있음의 가장 흐릿한 어둠과 분리시키는 축을 우리에게 제공한다. 그리고 후설은 통일된 감각 객체들과 그 객체들의 변화하는 음영 사이 차이에 대한 지점을 제안한다. 우리는 성질의 느슨한 화소와 마주하지 않으며, 그것을 습관의 단순한 힘을 통해 엉성하게 통일된 덩어리로 압축하지도 않는다. 그 대신 우리는 저마다 다른 때에 각기 다른 성질을 발산하거나 방사하는 통일된 감각 객체의 풍경을 마주한다.

이 두 이중성이 한 번 수용되고 나면, 즉각적으로 세계가 네 개의 극점으로 구성된다는 결론이 나온다. 이러한 극점들은 정태적 고립과 나란히 있지 않다. 우리는 이미 극점들이 서로 긴장 상태에 놓여 있음을 보았다. 극점들은 한 번에 두 개씩 다양한 순열 속으로 들어서며, 우리는 용어의 열 가지 가능한 조합이 있음을 보았다. 그러나 이들 중 가장 흥미로운 것은 하나의 객체-용어와 하나의 성질-용어로 된 이질적인 짝이다. 여기에는 네 가지 짝이 있다. 세계에 있는 네 가지 기본적 분극화가 그것이다. 이러한 주제를 그토록 강조하는 이유는 이 책에서 전개되는 형이상학이 아마도 기이해 보일 것이고, 기이한 것은 그게 무엇이든 종종 임의적이거나 강제적으로 보일 것이기 때문이다. 그러나 독자가 분리의 두 축이 분명히 매우 불가피하다는 것을 파악할 수 있다면, 4중의 작동을 탐구하는 형이상학이 마찬가지로 어째서 불가피한지도 명확해질 것이다.

6. 하이데거의 4중

우리는 이제 사방세계das Geviert 즉 '4중the fourfold'에 도달했다. 4중은 하이데거의 저작 중에서 가장 악명 높으면서도 가장 무시되었던 개념이기도 하다. 땅, 하늘, 신들, 사멸하는 자들의 4중을 말할 때, 또한 거울 놀이, 결혼식, 춤, 노래에 관한 이들의 관계를 말할 때, 하이데거는 과장된 고귀함의 바닥에 도달하는 것처럼 보인다. 그의 저작에는 더욱 엄밀한 이론적 틀로 이런 시적 용어법을 해석하기 위한 단서가 거의 주어지지 않았다. 대부분의 학자들은 아마도 그저 단순한 당혹감에서 그 개념을 그저 무시했을 것이다. 다른 소수의 사람들은 그 주제에 대한 하이데거 고유의 용어를 단순히 부연해 설명하는 일에만 국한했다. 설령 그 용어['4중']가 하이데거의 모든 후기 저작에 가득 차 있다 하더라도, 한줌의 전문가들만이 그 개념을 진지하게 취급했던 것이다.

4중이라는 주제는 1949년 겨울 브레멘의 북부 도시에서 열린 하이데거의 순회강연 '존재하는 것에 대한 통찰'[1]에서 처음으로 나타난다. 잘 알려졌듯이, 하이데거는 종전 이후 대학 강의를 금지당했다. 통상적 신경쇠약을 수반한 이 같은 강단에서의 추방으로 인해 하이데

---

1   Martin Heidegger, "Einblick in das was ist." In *Bremer und Freiburger Vorträge*. (Frankfurt: Vittorio Klostermann, 1994.)

거는 종전부터 그의 경력상 후기의 첫 번째 작업을 나타내는 브레멘 강연에 다시 나타날 때까지 공적인 시야에서 멀어지게 되었다. 그러나 1949년 강연은 하이데거의 일대기적 이유 이상으로 그의 첫 번째 후기 작업으로 간주된다. 언어, 기술, '사물'에 대한 1950년대의 저작들을 검토할 때 [우리는] 그 저작들이 브레멘에서 이미 제공되었던 것을 단순히 발전시켰을 뿐임을 알게 된다. 그리고 이 1949년 강연에 대한 엉성한 독해조차 4중이 강연의 중심에서 절대적 자리를 차지하고 있음을 보여준다. 땅, 하늘, 신들, 사멸하는 자들은 늙은 현자의 단순한 시적 혼란이 아니라 하이데거 사유의 기나긴 여정의 궁극의 도착지인 것이다.

하이데거에게서의 4중

하이데거의 기본 개념 중 어느 것도 4중보다 더 조롱받았던 것은 없다. 1949년 12월 1일, 하이데거는 브레멘 클럽의, 강단과는 별 관계 없는 선주들과 기업가들 앞에서 강연했다. 그들은 전쟁 이후 처음으로 하이데거의 공적인 철학적 진술을, '존재하는 것에 대한 통찰Insight Into What Is'이라는, 20세기 철학에서 확실히 가장 이상한 대작을 접했다. 이 강연의 핵심 개념은 분명 4중이다. 60년 후 땅, 하늘, 신들, 사멸하는 자들이라는 4인조는 충분히 이해되기는커녕 거의 논의되지도 않았다. 4중을 경시할 때의 문제는 하이데거의 후기 저작에서 지배적 개념으로서, 그리고 사실상 언어와 기술 모두에 대한 그의 명상록의 근원으로서 그 개념이 갖는 두드러진 지위에 있다. 우리는 최근의 학자들 가운데서 어쩌면 장프랑수아 마테이[2]의 저작에서만 하이데거의 사유에서 4중의 핵심적 역할에 관한 참된 진지함을 찾을 수 있을지도 모른다. 여전히 하이데거 연구에서 찾지 못한 채 남은 것은 이 개념에 대해 독창적으로 수행된 철학적 해석이다. 그러나 어느 경우에서건 1949년 브레멘에서 사방세계가 처음으로 완전한 형태로 나타났다. 여기서 사방세계는 땅, 하늘, 신들, 사멸하는 자들이라는 시적으로 들리는 4중의 형태를 갖는다. 이 네 개 용어에 내재되어 있는 시와, 하이데거가 사방세계의 의미에 대해 명확히 설명하지 않았다는 사실 때문에 다들 그 주제를 피했다. 어떤 해석자는 '4'가 '많다'는 말에 대한 단순한 시적 은어이기 때문에 어떤 다수의 숫자여도 동등하게 잘 적용됐을 것이라고 주장한다. 다른 이는 횔덜린의 잘 알려진 구절에서는 네 개 용어가 결코 나타나지 않았음에도, 숫자 4는 횔덜린에 대한 진기한 헌정일 뿐이라고 주장한다.

여기서 나는 브레멘 강연에서 파생된 후속작으로 잘 알려진 「사물」이라는 에세이를 인용할 것이다. 단지에서 포도주를 붓는 것에 대해 이야기할 때, 하이데거는 "부음을 선사할 때 (단지는) 땅과 하늘, 신들과 사멸하는 자들에 머문다"고 말한다.[3] 이 네 개 용어는 브레멘 강

---

2   Jean-François Mattéi, *Heidegger et Hölderlin: Le Quadriparti*. (Paris: PUF, 2001.)

3   Heidegger, *Poetry, Language, Thought*. Translated by A. Hofstadter. (New York: Harper, 2001.) [옮긴이] 위 문장의 독일어판 국문 번역은 다음과 같다. "부음의 선사에는 땅과 하늘, 신적인 것들과 죽을 자들이 **동시에** 머문다." 마르틴 하이데거, 「사물」, 『강연과 논문』, 이기상·신상희·박찬국 옮김, 이학사, 2008, 223쪽, 강조는 인용문.

연에서 파생된 또 다른 에세이 「건축함 거주함 사유함」에서 가장 명확히 정의되고 있다. 땅에 대해 말하자면 이렇다. "땅은 [우리에게] 제공할 것을 운반해주며, 꽃을 피우고 열매를 맺으며, 바위와 물로 퍼져나가며, 식물과 동물로 솟아오른다."[4] 하늘에 대해서는 이렇다. "하늘은 태양의 아치형 샛길이고, 변해가는 달의 진로이며, 방랑하는 별의 광채이고, 한 해의 계절과 그 변화이며, 한낮의 빛과 땅거미이고, 밤의 우울과 작열이며, 날씨의 온순함과 난폭함이고, 에테르의 부유하는 구름과 깊은 푸름이다."[5] 우리는 이제 신들에게 다가가는데, 그들은 "신성의 손짓하는 사자使者들이다. 신성의 거룩한 흔들림으로부터 신은 그의 있음 안에 나타나거나 자신의 은폐 속으로 물러난다."[6] 그리고 마지막으로 사멸하는 자들에 대해서는 이렇다. "사멸하는 자들은 인간 존재들이다. 그들은 사멸하는 자들로 불리는데, 그들은 죽을

<hr />

4   Ibid., p. 147. [옮긴이] 위 문장의 독일어판 국문 번역은 다음과 같다. "땅은 봉사하면서 떠받치고 잉태하며 견디어내는 자(die dienend Tragende[헌신하며 싣어주는 것]) 혹은 꽃을 피우며 열매를 맺는 자이며, 산하에 이르기까지 확장되어 있고 식물과 동물에 이르기까지 퍼져 있다." 마르틴 하이데거, 「건축함 거주함 사유함」, 『강연과 논문』, 이기상·신상희·박찬국 옮김, 이학사, 2008, 190~191쪽.

5   Ibid. [옮긴이] 위 문장의 독일어판 국문 번역은 다음과 같다. "하늘은 둥근 활 모양으로 태양이 운행하는 길, 늘 모습이 변화하는 달의 궤도, 별들의 떠도는 광채, 사계절과 계절의 바뀜, 낮의 빛과 여명, 밤의 어두움과 청명, 날씨의 쾌청함과 궂음, 흘러가는 구름과 천공의 푸른 깊이[쪽빛 바다]이다." 마르틴 하이데거, 같은 글, 191쪽.

6   Ibid., pp. 147-148. [옮긴이] 위 문장의 독일어판 국문 번역은 다음과 같다. "신적인 것들 (die Göttlichen)은 신성(神性, Gottheit)을 눈짓으로 알려오는 사자(使者)들이다. 신성의 성스러운 주재함으로부터 신은 그의 현재 속으로 나타나거나 혹은 그의 감춤 속으로 스스로 물러난다 (entziehen[내뺀다])." 마르틴 하이데거, 같은 글, 191쪽.

수 있기 때문이다. 죽는다는 것은 죽음으로서 죽을 수 있음을 의미한다."[7] 이것은 분명히 정밀함이라는 점에 있어 앵글로-아메리카의 분석철학 서클에서 통용될 수 있는 종류의 것이 아니다.

이 네 개 용어 각각에 대해, 하이데거는 그것 중 하나를 생각한다는 것은 다른 세 개도 역시 생각한다는 것이라는 견해를 덧붙인다. 「사물」에서 우리는 이러한 점에 대한 더 깊은 논의를 찾아볼 수 있다. "네 가지 각각은 저마다의 방식으로 다른 것의 현존을 비춘다. 그와 더불어 각각은 4의 단순성 안에서 자신만의 방식에 따라 그 자신을 자신에게 반영한다." 그리고 더 나아가 다음과 같이 말한다. "이와 같은 비춤mirroring은 유사성likeness을 나타내지 않는다. 비춤은 네 가지 각각을 밝게 하면서, 그것들 자체가 서로에게 단순히 귀속하는 것을 통해 현존하는 것임을 승인한다."[8] 4중의 네 극점이 있는 것만이 아니다. 우리는 또한 네 극점이 서로 고립되지 않으며, 저마다의 방식으로 서로를 반영한다는 점을 발견한다.

이 4중을 방종하거나 심지어 별난 개념으로 일축하기 전에, 우리

---

7   Ibid., p. 148. [옮긴이] 위 문장의 독일어판 국문 번역은 다음과 같다. "죽을 자들(die Sterblichen)은 인간이다. 인간이 죽을 자들이라고 불리는 까닭은 그가 죽을 수 있기 때문이다. 죽는다는 것은, 죽음을 죽음으로서 흔쾌히 맞이할 능력이 있다(Tod als Tod vermögen[죽음을 죽음으로서 받아들일 수 있다])는 것을 뜻한다." 마르틴 하이데거, 같은 글, 191쪽, 강조는 인용문.

8   Ibid., p. 177. [옮긴이] 위 문장의 독일어판 국문 번역은 다음과 같다. "그 넷의 각각은 각기 나름의 방식으로 다른 셋의 본질을 다시 비춘다. 각각은 이때 각기 나름의 방식으로 넷의 하나로 포개짐 내에서 자신의 고유함에로 되비추어진다. 이러한 비춤은 모사물의 제시가 아니다. 비춤은 넷의 각각을 밝히면서 일어난다. 이때 그들의 고유한 본질은 하나로 포개진 고유화 속으로 서로서로 합일된다." 마르틴 하이데거, 「사물」, 231쪽.

는 4중이 하이데거에게 얼마나 핵심적인 것인지를 기억할 필요가 있다. 1949년 브레멘 강연은 이미 언급했듯 그의 모든 후기 저작에서 핵심이다. 「사물」과 「건축함 거주함 사유함」과 더불어, 브레멘 강연의 또 다른 후속작은 저 숭앙받는 「기술에 대한 물음」이다. 그리하여 마침내 언어에 관한 하이데거의 모든 후기 명상록은 4중으로 충만해졌다. 언어는 사물과 세계의 상호작용이고, 이것은 4중의 구조를 갖는 것으로 판지된다.[9] 하이데거가 4중에 관해 완전히 진지하다는 점은 의심할 여지가 없다.

하이데거의 4중에 관한 해석

더 나아가 우리가 마음속에 몇 안 되는 기본 원리를 간직하고 있는 한 사방세계를 해석하는 데 별다른 어려움은 없다. 이 원리 중 첫 번째는, 분명히 해야 하는 것이지만 종종 무시되었던 것으로, 4중이 특정한 **종류**의 네 객체를 지시할 수 없다는 점이다. '땅'은 딸기와 건초를 의미하지 않는다. '하늘'은 혜성과 달을 의미하지 않는다. '신들'은 아프로디테, 유피테르, 로키를 뜻하지 않는다. 마지막으로 '사멸하는 자들'은 피카소, 버지니아 울프와 같은 개별적인 사람들을 의미하지 않는다. 하이데거의 모든 철학은 존재론 비판으로 읽힐 수 있다.

---

9   "Die Sprache," in Heidegger, *Unterwegs zur Sprache*. (Pfullingen: Günther Neske Verlag, 1959.)를 참조할 것. [옮긴이] 마르틴 하이데거, 「언어」, 『언어로의 도상에서』, 신상희 옮김, 나남, 2012.

즉, 존재자의 한 가지 **유형**type이 ─ 원자든 완벽한 형상이든 아페이론이든 정신적 심상이든 권력이든 간에 ─ 다른 모든 것을 설명할 수 있다고 주장하는 전통적인 종류의 철학인 존재론에 대한 비판이다. 그는 존재가 이러한 현상들 중 그 무엇보다 더 심오하다고 주장한다. 분명 하이데거는 가장 중요한 네 종류의 존재에 대한 분류법을 지지한다는 이유로 1949년 이후로 펼친 존재론에 대한 비판을 갑자기 폐기하지는 않는다. 하이데거가 그렇게 하고자 의도했다면 우리는 어째서 존재자의 주요한 네 유형이 있는지, 어째서 이와 같은 네 유형이며 그 밖의 다른 것은 아닌지에 대한 정당화 작업을 볼 수 있었을 것이다. 그런 명백한 전환이 없었기에, 그의 4중 구조가 이전의 사유에서 뻗어 나왔다고 가정하는 것이 안전할 것이다. 이것에 대한 그 이상의 증거는 그가 4중의 모든 네 구성원 사이에서 기술한 '비춤'으로부터 수집될 수 있는데, 그것은 존재자의 네 가지 다른 유형에 대한 분류법이 아니라 편재하는 존재론적 구조를 제시한다. 즉, 4중에서의 네 용어는 말 그대로 다음을 의미한다고 간주될 수는 없다. (a) 지상의 바닥에 있는 사물, (b) 하늘 높이 있는 사물, (c) 신들, (d) 사람들. 하이데거가 이러한 암묵적 원리에서 살짝 방향을 바꾸는 듯한 유일한 경우가 있다. 사멸하는 자들을 다룰 때 그는 때로 사멸하는 자들을 말 그대로 인간 존재자들과 동일시하는 것처럼 보인다.

이러한 초기의 경고를 고려했을 때 하이데거에게서의 4중의 의미를 해석하는 일은 놀랄 만큼 쉬워진다. 왜냐하면 그의 사유에서 결코 변하지 않는 하나의 공리가 있다면, 그것은 그가 부재와 현존, 감춰진 것과 드러난 것 사이에서 끌어내는 끊임없는 대립이기 때문이다. 그리고 그가 브레멘에서 고른 단어들은 땅과 신들이 모두 은폐의 용어라는 점을 완전히 분명하게 해준다. 예술작품에 대한 1935년의 에세이와 같은 초기 저작에서[10] 땅의 과제는 모든 접근으로부터 물러나는 것이며, 1949년 강연에서도 마찬가지다. 신들에 관해 말하자면 그들은 스스로를 드러낸다기보다 '암시$_{hint}$'만 준다고 언급된다. 이와 대조적으로 하이데거는 사멸하는 자들은 뚜렷한 가시성에 대한 '로서-구조$_{as-structure}$'와 연결된다고 우리에게 말한다. 그리고 하늘에 관해 말하자면 그것은 땅의 끊임없는 물러남에 대립하는 것으로서, 명확히 가시적인 존재자에 해당한다.

파르메니데스가 자랑스러워할 만큼 충분히 반복적이고 심오한 분할인 첫 번째 하이데거식 축에 대해서는 이쯤 하기로 하자. 그러나 또한 두 번째 방향에서 4중을 더욱 쉽게 읽을 수 있는 하이데거 사유의 두 번째 축도 있다. 1949년 강연에서 나타난 축은 저 유명한 존재론적 차이 혹은 존재와 존재자$_{being\ and\ beings}$ 사이 차이에 대한 두 번째 판본이다. 이러한 차이를 읽을 수 있는 두 가지 가능한 방법이 있다. 하나는 차이를 은폐된 것과 탈은폐된 것, 부재와 현존, 물러난 것과 치워진 것, 암시적인 것과 명백한 것 사이의 구별로 읽는 것이다. 그러나 그것은 존재는 하나이고 존재자는 여럿이라는 식의 두 번째 의미

---

10   Martin Heidegger, "The Origin of the Work of Art." In *Off the Beaten Track*. Translated by J. Young and K. Haynes. (Cambridge, UK: Cambridge Univ. Press, 2002.)

로 읽힐 수 있다. 그리고 하이데거에게서 이 두 번째 축은 두 단계, 즉 은폐된 것과 탈은폐된 것이라는 단계에서 반복된다. 은폐된 단계에서 '땅'은 항상 하나이고 통일된 힘으로 읽힌다. 그리고 '사멸하는 자들'의 가시적 수준에서도 마찬가지라는 점은 너무나 분명하다. 그들은 다른 많은 사물을 경험한다는 점에서가 아니라 존재자를 **전체로서** 즉 죽음'으로서의' 죽음이라는 형태로 마주한다는 점에서 사멸하는 자들인 것이다. 다른 측면에서는 정반대다. 하이데거는 은폐된 수준에서 일신론을 쓸데없이 비난하기 위해서가 아니라, [우리에게서] 물러나는 단일한 땅과, '신들'의 순간이 표상하는 수수께끼 같은 메시지의 다수성 사이의 대조를 보여주기 위해 신God이 아니라 '신들gods'이라고 말한다. 그리고 드러난 수준에서 '하늘' 아래 포함된 항목들의 동물원은 땅과 사멸하는 자들에게서 발견된 단일성과 대조된다. 바꿔 말해 4중은 존재론적 차이의 상관적인 동시에 변형된 두 의미 즉 은폐된 것대 탈은폐된 것, 일자 대 다수의 교차로처럼 보일 수 있다.

객체에서 세계로

하이데거는 첫 번째 프라이부르크 강의 과정을 소위 전시 긴급 학기 중이었던 1919년에 진행했다. 그 철학자가 채 서른 살이 되지 않았음에도, 이러한 초기의 강의 과정은 이미 작은 걸작이었다. 우선 프라이부르크 강의는 도구-분석의 완전한 판본을 선취하고 있는 까닭에, 하이데거가 1920년대의 후설의 초기 저작에서 도구-분석을 훔쳤다는 가끔씩 나오는 이상한 주장을 사전에 반박하고 있다. 그리고 이외에도, 우리는 4중에 대한 판본이 비록 핵심적 측면에서 만개한 후기 모델과 다르다고 할지라도, 하이데거의 1919년 강의 과정에 이미 존재했다는 점을 발견하고 놀라게 된다. 우리는 1949년의 4중이 은폐된 것과 탈은폐된 것 사이 구별을 통일성과 다수성 사이 구별과 이종 교배한 것임을 보았다. 그리고 그가 통일성으로 의미한 것은 개별적 사물이 아니라 전체로서의 세계의 통일성이다. 이와 대조적으로 1919년 강의에서의 하이데거의 두 번째 축은 통일된 지향적 객체와 그 특성들의 다수성에 대한 후설의 구별에 더 가깝게 접근하는 것으로, 나 또한 후설식의 접근이 더 우월하다고 생각한다. 여기서는 모든 사물이 출현하는 단일하고 통일된 땅이나, 사멸하는 자들의 불안Angst 속에서의 전체로서의 존재에 대한 단일한 경험을 전혀 이야기하지 않는다. 1949년의 두 번째 축은 '전체로서의 존재자'와, 개 혹은 사과와 같은 개별적 존재자를 구별한다. 그러나 1919년 강의에서의 구별은 개별적 사과들과 그 특성들의 다수성 사이에 대한 후설식의 구별에 가깝다. 즉, 1949년에 하이데거가 언급한 4중의 진정한 의미는 그것이 1919년 모델로부터 뒷걸음질 친 것임을 가리킨다는 데 있다. 우리는 이 점을 증명하기 위해 감각적 영역에 대한 몇 가지 가능한 접근법을 살펴볼 수 있다.

- 흄: 인간의 습관에 의해 하나의 단위로 묶인 사과-성질만이 있다.
- 후설: 사과-객체와 그 표면 위에서 변화하는 사과-성질들

사이 대결이 있다.

- 하이데거(1919): '전체적인 어떤 것something at all'으로서의 사과와 특정한specific 사과–성질들 사이 대결이 있다. 그러나 그 '전체적인 어떤 것'의 극점에 관한 특별한 사과스러움은 없다. 모든 것은 다른 모든 것과 동일한 의미로 '전체적인 어떤 것'이다. 이는 '전체적인 어떤 것'을 흄의 '다발'과 혼란스러울 정도로 가까워지게 하는데, 그것은 목화, 개, 멜론, 혹은 나무에 대한 우리의 개별적 경험 안에서의 다발과 별반 다르지 않다.

- 하이데거(1949): 전체로서의 실재와 사과–성질들 사이 대결이 있다. 사과–성질들과 대립하는 것은 다발도 아니고, 감각 객체도 아니며, '전체적인 어떤 것'도 아니다. 그보다 그것은 전체로서의 존재에 의해 대립되는 것으로, 불안을 경험하는 현존재에게 드러난다.

다시 말해, 1919년의 하이데거는 후설이 보았던 것보다 덜 생생할지라도 개별적 존재자들의 심장부에서 진행되고 있는 드라마를 보았다. 그러나 1949년의 하이데거는 그것을 전체로서의 존재자와 특정한 존재자 사이의 드라마로 본다. 이런 방식으로 하이데거의 사방세계에 대한 객체 지향된 정신은 타협을 했으니, 우리는 이와 같은 길목에서 그를 따라가서는 안 될 일이다. 실제로 4중에 대한 1949년의 판본은 1919년의 모델보다 철학적으로 덜 세련되었기 때문이다.

이미 목록에 올라와 있는 감각적 영역의 네 모델 중 최고의 것

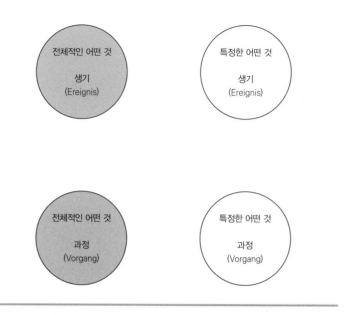

다이어그램 5. 하이데거의 초기 4중 (1919년)

은 후설의 모델로, 그의 애석한 관념론도 지향적 영역을 향하는 그의 놀라운 통찰을 오염시키지 못한다. 그리고 우리가 순수하게 그 영역에 관해 말한다면, 네 모델 중 최악의 것은 하이데거의 1949년 판본이다. 브레멘의 하이데거는 전체로서의 세계와 그곳에 거주하는 특정한 존재자 사이의 대위법[11]을 세움으로써 특정한 존재자들과 더불어 드라마의 모든 의미를 약화시킨다. 우리의 네 목록상 '객체에 대한 최악의 모델' 경연대회의 두 번째 자리는 아마도 흄과 1919년의 하이데

---

11   [옮긴이] counterpoint. 두 개 이상의 선율을 조화롭게 배치하는 서양 음악의 작곡 기법.

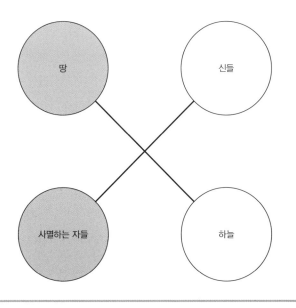

다이어그램 6. 하이데거의 후기 4중 (1949년)

거 사이의 결속일 것으로, 두 사람 모두 다발로 묶는 능력에 의해 서로 묶이는 성질이라는, 일종의 수면제를 사용하더라도 특성들의 복수성을 함께 묶어야 할 필요를 본다는 점에서 그렇다. 기회원인론적 신의 작용에 대해서는 그와 같은 것이 주어지지 않음에도 불구하고, 흄의 경우 **습관**에는 다발을 만들 신용장이 주어진다. 젊은 하이데거의 경우에 어째서 특정한 성질들이 또 다른 '전체적인 어떤 것'이 아니라 그 '전체적인 어떤 것'에 배정되어야 하는지에 대한 어떤 설명도 제공되지 않음에도, 다발은 각각의 존재자가 '전체적인 어떤 것'이라는 사실로부터 도출된다. 그러나 후설의 경우에서 우리는 진짜로 놀라운 통찰을 얻게 되는데, 거기서 멜론의 통일성은 고양이-통일성이나 동전-통일성과는 꽤나 다른 멜론-통일성이다. 객체는 희미하지만 강렬한 완전체integer이자 변화하는 외피로 덮인 내구성 있는 단위다. 이런 의미에서 하이데거는 감각적 영역에 대한 스승의 비길 데 없는 통찰에 부응하지 못한다.

그러나 우리가 감각적 영역 너머를 바라본다면 그와 같은 상像은 오히려 달라진다. 여기서 네 목록 중 마지막 자리는 감각적 경험의 경계를 넘어선 것에 관해 무익한 불가지론을 펼치는 흄에게 돌려야 한다. 끝에서 두 번째는 부정할 수 없는 관념론을 가진 후설에게 주어지는데, [그는] 원칙적으로 지향성에 접근할 수 없는 실재는 모두 금한다. 그는 유일하지만 중요한 이유로 목록상에 있는 흄을 능가한다. 후설은 감각 객체가 실재 형상을 갖도록 허용하기 때문이다. 즉 어느 주어진 순간에 외피를 따라 소용돌이치는 우연적 성질들과는 대조적으로, 감각 객체를 감각 객체이게 만드는 진정한 성질을 갖도록 허용한다는 것이다. 1919년의 하이데거와 1949년의 하이데거 중 누구에게 첫 번째 자리를 줄 것인지를 결정할 때, 우리는 서른 살의 철학자와 예순 살의 철학자 모두가 볼 수 있는 모든 현존으로부터 물러나는 실재에 대해 탁월한 감각을 가졌음을 발견한다. 그러나 승자를 결정하는 우리로서는 전체로서의-실재reality-as-awhole와 성질들 사이가 아닌, 개별적 객체와 그 성질들 사이 깊은 곳의 불화를 하이데거가 고려하는 점에서 그의 젊은 시절에 트로피를 수여한다. 종종 감성적인 전체론적 돌파구로 찬양받은, 1935년부터 지속된 '땅'에 대한 그의 호소는 사실 현상학에 대한 1919년의 객체 지향 모델에서 설익은 형태의 일원론으로 악화된 것이다. 그렇다면 어떤 의미에서 이 책이 지지하는 4중 모델은 감각 객체를 향할 때는 후설을 따르고 실재 객체를 따를 때는 젊은 하이데거를 따른다. 1949년의 하이데거가 시적인 힘을 얻는 동안, 객체의 철학자로서의 그는 한 급수 떨어진다. 이른바 '전체로서의 세계'에 대한 호소가 항상 지적인 엄숙함과 철학적 깊이에 대한 느낌이 자동적으로 든다 하더라도, 그런 포괄적 전체가 존재할 것이라고 생각할 타당한 이유는 없다. 그 대신 모든 것이 개별 객체와 그것의 우연, 성질, 관계, 순간 사이의 불화로 되돌아온다.

하이데거의 4중이 갖는 다른 문제점

나는 이 책 전체에 걸쳐 하이데거의 4중, 특히 그가 포기하고 발전시키지 않았던 1919년 판본에서 보이는 4중에 대한 효과적인 두 축을 선택하기 위해 하이데거에 대한 찬사를 표했다. 그러나 4중 구조가 올바른 두 축으로 구축된 것인지에 대한 물음과 더불어, 우리는 또한 그것이 네 극점은 어떻게 상호 작용하는가에 대한 충분한 논의를 제공하는지를 물어야 한다. 결국 우리가 네 가지로 구별되는 객체들보다 객체들 **내부의**within 4중 구조에 대해 이야기한다고 했을 때, 그 네 용어는 모든 객체의 삶 속에서 통일되어 있음에 틀림없고, 그래서 어떤 방식으로든 관계되어 있음에 틀림없는 것이다. 이러한 점에서 하이데거는 큰 도움이 못 된다. 그렇다. 그는 우리에게 자신의 네 극점이 정태적이지 않으며 극적인 방식으로 서로에게 상호 작용한다고 말한다.

그러나 그는 이런 드라마의 작동 방식을 제대로 조명하지 못한다. 네 용어가 어떻게 상호 작용하는지를 논의할 때, 하이데거는 종종 그것이 정태적이지 않다는 부정적 주장 외에는 흔히 아무런 말을 하지 않는 다. 하이데거가 4중 구조의 상호관계를 명확히 설명하려고 시도하는 경우에, 그는 스스로를 거울, 결혼식, 춤, 노래에 대한 시적인 암시에 국한한다. '거울-놀이mirror-play'라는 이미지는 하나의 용어가 다른 용어에 어떻게 반영되는지를 그가 정확히 명료화시키지 못함에도 불구하고 하이데거에게서 유난히 반복된다. 그뿐만이 아니다. 그는 네 용어 모두가 다른 것을 비출 수 있는지에 대해서도 결코 명확하게 말하지 않는다. 그의 4중 다이어그램이 다양한 짝의 용어와 합류하는 선을 포함하는 경우에, 그러한 다이어그램은 대체로 모퉁이를 대각선으로 연결시켜주는 X자 선 외의 다른 어떤 것도 우리에게 제공하지 않는다. 그는 여섯 가지 순열의 완전한 집합을 만들어내기 위해 수평선과 수직선만을 겨우 그릴 뿐이다. 그러므로 제대로 된 질문도 제기되지 못했던 것이다. 이러한 점들을 지적하는 것은 하이데거를 그의 모호함을 비판하기 위한 것이 아니다. 선구자가 퇴폐할 정도로 세련된 문명을 건설할 것이라는 것은 어느 누구도 기대하지 않기 때문이다. 내가 말하고자 하는 바는 우리가 하이데거가 했던 것보다 조금 더 나아가도록 **우리 스스로** 그 문제를 발전시키기를 기대해야 한다는 것이다. "단지 학자에 머무른다면 누구든 스승에게 잘못 보답하는 것이다."[12]

---

12   Friedrich Nietzsche, *Thus Spake Zarathustra*. Translated by T. Common. (New York:

4중과 관련해 여전히 또 다른 문제가 남아 있다. 하이데거가 존재자에 대한 분류법을 미리 피한 것은 바람직한 일이었다. 하지만 그는 적어도 두 가지 방법으로 조금씩 다시 원상태로 돌아간다. 하나는 때때로 '사멸하는 자들'을 말 그대로 **사람들**을 지칭하는 듯 취급하는 것이다. 다른 하나는 4중에 대한 사례를 그리스의 사원과 농부의 신발처럼 가슴 저미고 낭만적인 경우로 제한하는 것이다. 그가 원자력 발전소, 수력발전 댐, 기계화 농장과 같은 기술적 인공물에 대해 말할 때는 이러한 것들에 어떤 종류의 위엄도 부여하고 싶어 하지 않는 것처럼 보인다. 사실 4중의 극점이 정태적 고립이 아니라 상호관계에서만 존재한다고 했을 때, 우리가 기술했던 네 용어는 엠페도클레스의 네 요소가 사랑과 증오의 작동 없이는 멈춰버린 채로 남아 있듯, 용어들 사이의 가능한 분열과 융합보다 그 중요성이 떨어져버린다. 보다 구체적으로 말해서, 땅, 하늘, 신들, 사멸하는 자들에 대해 말하는 것 대신에, 4중 객체의 모든 존재론에서 초점이 되어야 하는 것은 바로 땅과 하늘 사이, 혹은 신들과 사멸하는 자들 사이, 혹은 그런 용어들의 다른 조합 사이 대결이나 긴장이다. 그리고 사실 그것이 이 책에서 지금까지 전개했던 입장이었다. 이 모델은 두 종류의 객체와 두 종류의 성질을 독립적으로 다루지 않았고, 그것을 항상 하나의 객체-극점과 하나의 성질-극점 사이 긴장으로 보았다. 사실 우리는 모두 열

Dover, 1999.) [옮긴이] 프리드리히 니체, 『차라투스트라는 이렇게 말했다』, 정동호 옮김, 책세상, 2000.

가지 순열이 가능하다는 것을 보았다. 이런 것들은 분류되고 기록되어야 하며, 그저 현학적이기보다 유의미한 결과를 산출하도록 독려해야 하는 것이다.

우리는 이제 최근 철학의 거친 길로부터 멀리 떨어져나왔다. 독자들은 이것이 인터넷의 다락방과 지하실에서 쉽게 발견될 수 있는 그런 소박하고 사적인 존재론 중 하나가 아님을 재인식할 필요가 있을 것이다. 이 4중 모델이 분명 특이함에도 불구하고, 이 모델에 존경받을 만한 자격이 있는 통찰을 가진 강력한 선조가 있음을 기억하는 것이 도움이 되겠다. 4종 구조quadruple structure는 하이데거와 후설의 주요 통찰을 결합하며, 두 사람 모두 대부분 지난 세기의 위대한 철학자의 짧은 명단에서 발견된다. 그러나 객체의 형이상학은 이보다 더 깊은 근원을 갖는다. 어떤 의미에서 이 책은 아리스토텔레스의 실체론에 대한 더욱 기이한 해석을 제공했기 때문이다. 하이데거의 4중은 그것을 아주 강렬하게 만드는 어떤 특징을 갖고 있다. 그러나 가까이에서 보았을 때 그것은 여러 기본적인 질문에 대한 대답을 제공하는 데는 실패한다. 이런 이유로 우리의 목표는 원시적으로 보이는 방법을 통해 다가가야 한다. 그러니 해명을 허락해주시길.

우리가 사상가들에게 보낼 수 있는 최고의 경의는 저마다의 체계가 갖는 중심 개념을 파악해서 그 이상으로 밀어붙이는 것이다. 이것이 성공할 때 그와 같은 작업은 우리의 선조들을 다소 원시적으로 보이게끔 만드는 경향이 있을 것이다. 내가 원시적이라는 말에서 가리키려는 뜻이 '조야함'이 아니라 '고전적임'이라 할지라도. 우리는 우리 자신이 멈출 여유를 더는 누리지 못한 지점에서 그들이 멈췄음을 발견할 것이다. 우리의 작업은 우리 선조의 독창적 작업보다 더욱 유연하고 미묘한 뉘앙스를 포착하며 넓은 시야를 드러낼 필요가 있을 것이다. 오늘날 하이데거의 4중 구조는 그의 후기 체계에서 순전히 별나고 변덕스러운 발전으로 보인다. 그러나 지금부터 두 세기 뒤에 모든 존재론이 하이데거에게서 유래한 4중 구조에서 수립된다는 시나리오를 상상해보자. 그런 일이 일어난다면 1949년 브레멘 강연이 갖는 지위는 '고립되고 불가해한 기벽'에서 '4종 존재론quadruple ontology에 대한 고전적인 선조 격의 텍스트'로 바뀔 것이다. 우리가 우리의 선조들에게 보낼 수 있는 가장 대단한 찬사는 그들의 말과 몸짓을 끝없이 모방하는 것이 아니라 그들을 다른 무언가의 선구자로 바꾸는 것이다.

7. 새로운 4중

4중 구조의 분명한 위험은 그것이 뉴에이지의 교리 혹은 잘못된 예언자의 신조와 비슷하게 괴상하거나 별스러운 것 같다는 데 있다. 사방세계는 누군가로 하여금 우주의 네 가지 힘이 자리 잡은 위대한 흑요석 실린더의 숭배 의식에서 하나가 되어, 한쪽 팔로는 개심한 매춘부를, 다른 쪽 팔로는 어린 신부를 붙잡고 있는 태평양 오지의 섬에 있는 제의의 지도자를 상상하도록 이끌지도 모른다. 그러나 앞 장에서 나는 4중에 대한 반성reflection이 불가피하다는 것을 증명하고자 노력했는데, 우리가 하이데거의 도구-분석과, 통일된 감각 객체와 그것의 다수의 외관 사이의 대결에 대한 후설의 돌파구를 모두 인정해야 한다는 점에서 그렇다.

우리의 4종의 수수께끼는 실재적이고 감각적 특성이라는 측면에서 실재 객체와 감각 객체의 이상한 자율성과 그것의 결여에서 발생한다. 이런 의미에서 우리의 문제는 대단히 고전적 풍미를 띤다. 감각을 넘어선 세계에 대한 플라톤식의 혹은 칸트식의 교리는 실체의 통일성과 그 특성의 다수성 사이에 대한 아리스토텔레스식의 구별과 뒤섞인다. 우리는 어떠한 두 객체도 서로 접촉할 수 없는 기회원인론적 교착 상태와 더불어 시작했다. 그러나 이것은 단지 더 큰 퍼즐의 한 조각일 뿐인데, 거기서 객체가 어떻게 그 자체의 성질과 접촉할 수

있는지는 불분명하다. 불이 어떻게 목화와 접촉하는지를 혹은 인간이
어떻게 세계와 접촉하는지를 아는 것이 진지한 문제인 데 반해, 사과
가 우선적으로 차갑고, 붉고, 단단하고, 시고, 값싸고, 과즙이 풍부한
것과 같은 그 자체의 특징과 관계 맺는 방식을 알기는 쉽지 않다. 이
장에서 나는 이 모델을 좀 더 구체적으로 다룰 것이다.

네 극점에 대한 복습

우리는 하이데거의 4중fourfold과, 그것을 이 책에서 지지하는 그
와 유사한 객체의 4종quadruple 구조와 비교한 모델을 간략히 복습함으
로써 이 장을 시작하는 것이 좋겠다. 철학의 역사에서는 모든 엄밀한
4중 구조가 이원론의 짝을 교차하는 데서 비롯되었다고 한다. 하이데
거에게 그러한 이원론적 성격 중 한 가지는 매우 분명한데, 그것이 그
의 경력 전체에 스며들어 있기 때문이다. 어둠과 빛, 은폐와 탈은폐,
감춤과 드러냄의 단조로운 상호작용이 그러한 이원론이다. 이와 같이
현존의 철학에 도전하고 모든 접근 가능한 존재자를 맴도는 지하 세
계의 모호한 어둠을 고집하는 것은 그의 철학적 여정에서 명백한 핵
심으로 남아 있다. 그러나 실재에 대한 하이데거의 두 번째 축은 조금
씩 흐릿해지며 그의 학문적 이력의 다양한 부분에서 변화해간다. 그
것은 바로 1919년 강의에서 제시된 '전체적인 어떤 것'과 '특정한 어떤
것' 사이의 차이, 즉 의식적 바라봄에서 있건 없건 간에 존재하는 모
든 존재자의 중심에 자리 잡은 이중성이다. 망가진 망치는 볼 수 있는
특정한 존재자이고 또한 일반적인 존재자이기도 하지만, 모든 응시로

부터 감춰진 깊숙한 곳에서 풀려난 망치-존재에게도 마찬가지다. 우리는 1949년에 4중이라고 하는 것이 더는 모든 존재자의 중심부에서 펼쳐지지 않는다는 것을 보았다. 대신 그것은 은폐된 것과 탈은폐된 것의, 하이데거가 '전체로서의 존재beings as a whole'와 '존재 그 자체beings as such'라고 부른 것[1] — 총체성으로서의 세계와, 감춰지고 드러나는 세계들에 거주하는 다양하고 특정한 사물들 — 사이의 대결을 포함한다. 시야에서 물러나는 한편, 그저 암시하기만 하는 용어는 땅과 신들이다. [그리고] 우리가 '~로서' 접근하는 것은 사멸하는 자들과 하늘이라는 이름을 얻는다. 세계의 통일성을 가리키는 용어는 땅과 사멸하는 자들인 데 반해, 미리 다수의 실재로 흩어진 것은 신들과 하늘이다. 이 네 용어는 말 그대로 존재자들의 분류법으로 간주될 수는 없지만, 일반적으로는 실재에 대한 네 가지 구조로서 언제 어디서나 발견된다. 너절한 플라스틱 컵과 연안의 석유 시추 장비에서는 4중의 위상을 보류하면서도 소박한 수공예품에서는 4종의 반영 구조를 찾고 싶어 하는 하이데거의 낭만적 경향에도 불구하고 말이다.

이 책에서 옹호하는 4중의 판본은 하이데거의 1919년 모델과 유사하지만, 지향적 객체 혹은 감각 객체에 대한 후설의 모델에서 변경된 것이다. 젊은 하이데거가 모든 존재자는 '전체적인 어떤 것'이자 '특

1　Martin Heidegger, *Nietzsche* [4 vols.], tr. by D. F. Krell. (New York: Harper, 1991.) [옮긴이] 마르틴 하이데거, 『니체 I』, 박찬국 옮김, 길, 2010; 마르틴 하이데거, 『니체 II』, 박찬국 옮김, 길, 2012.

정한 어떤 것'이라고 말할 때, 사물의 다양성은 이러한 순간의 두 번째 ['특정한 어떤 것']에서만 발견된다. 망치, 원숭이, 굴뚝, 수박, 별은 모두 다른 방식으로 '특정'하지만, 모두 하이데거에게서 정확히 동일한 방식으로 '전체적인 어떤 것'이기도 하다. 사실 '전체적인 어떤 것'이 된다는 것은, 존재가 다양한 방식으로 표현된다는 아리스토텔레스의 원리에 대한 하이데거의 간헐적 수긍에도 불구하고, 하나의 존재자를 나머지와 교환할 수 있게 만드는 따분하고 형식적인 명예에 불과하다. 그러나 우리는 후설에게서는 이와 같은 일이 일어나지 않는다는 것을 보았으며, 그렇기 때문에 내가 지지하고자 하는 것은 후설의 모델이다. 우리가 마음속의 수박이라는 현상을 살펴본다면 우리는 (a) 그 모든 특수성 속에서의 수박과, (b) 수박과 다른 모든 것에 동등하게 귀속될 '존재 일반' 사이의 따분한 대립을 찾지 못하기 때문이다. 이것 역시도 흄이 말한 성질의 다발을 상기시킨다. '존재'는 이제 흄의 통일적 다발이 행하는 역할에 기여하도록 채택되었다는 유일한 차이만 있지만 말이다. 그보다 문제의 그 대결은 지속되는 단위로서의 수박과, 그것이 다양한 시기에 드러내는 다수의 외관 사이에 있다. 그와 같은 구별은 (젊은 하이데거가 했을 법한 것처럼) '일반적인 어떤 것something in general'과 '특정한 수박' 사이에 있는 것이 아니라, 수박-객체와 수박-성질 사이에 있다. 지금까지 보면 후설이 옳았다. 그래서 우리는 의식 속에 있는 이 수박-객체가 어떤 바라봄view을 통해서도 접근할 수 없는 은폐된 수박-객체에 의해 가려지는 것이 아니라는 그의 관념론적 주장만 거부해야 한다.

이 책에서 지지하는 4중의 네 극점은 하이데거의 것보다 덜 시적인 이름을 갖는다. 땅, 신들, 사멸하는 자들, 하늘 대신에, 우리는 실재 객체, 실재 성질, 감각 객체, 감각 성질이라는 이름을 제안한다. 하이데거의 것과 비교되는 이 최신 모델에서 시적인 측면이 상대적으로 결여되어 있는 것은 황량한 풍경에 대한 끔찍스럽게 미학적인 취향 때문이 아니다. 그보다 우리를 위한 드라마가 극점 그 자체가 아니라 극점들 사이의 긴장 속에 놓여 있기 때문이다. 하이데거는 4중의 네 용어들 사이를 비추는 역동적인 상호관계를 언급하지만 이 긴장에 대한 이름을 결코 제공해주지도, 이들을 하나하나 고려하지도 않는다.

감각 객체와 그것의 감각 성질 사이의 긴장은 후설 현상학의 주요한 주제다. 가장 단순한 우편함이나 나무는 그 표면으로부터 새로운 외관을 방사radiation함에도 불구하고 특정한 시기 동안 우리에게 동일한 단위로 남아 있다. 공통 감각에 대한 갈수록 둔감해지는 습관이 이러한 사건에서 그 신비를 벗겨낸다 하더라도, 지속되는 감각 객체가 관찰자의 각도, 거리, 기분에 따라 무수하게 체현되어 나타날 수 있는 방식에서 대단히 이상한 무언가가 존재한다. 아마 어린아이라면 이와 같은 이상함을 감지할 것이다. 반면에 성인이라면 엄청난 훈련을 통해 포도주병의 매우 단순한 회전이나 산 뒤의 빛의 움직임을 둘러싼 신비로운 분위기를 다시 깨달을 필요가 있을 것이다. 또한 후설은 우리에게 두 번째 긴장도 제공하는데, 거기서 감각 객체는 그 자체의 변동하는 우연적 표면과 다른 것이 아니라 시간이 지나도 감각 객체가 그 자체로 남는 데 진정으로 필요한 성질의 다수성과 다른 것이다. 그러나 이러한 성질들이 바로 객체의 실재 성질이다. 왜냐하면 그 것은 감각 객체가 파괴되지 않고서는 그것에서 벗어날 수 없기 때문 이다. 그리고 [이러한 성질들은] 모든 감각적 접근으로부터 물러나 있으 며, 지성에 의한 완곡한 접근에 한정되어 있기 때문이다. 하이데거의 도구-분석에서 발견되듯이, 실재 객체와 감각 성질 사이에는 그 이상 의 긴장이 있다. 물러난 혹은 지하 세계에 있는 망치는 은폐된 단위지 만, 그것은 감각 성질을 현상적 영역을 향해 발산한다. 그리고 마지막 으로, 이렇게 물러난 실재 객체들은 그저 통일된 덩어리가 아니며, 저 마다 본질적 특징들을 갖는 한에서 서로 다른 것이다. 통일된 사물로 서의 실재 사물과 그것의 다수의 성질 혹은 기색 사이의 긴장은 후 설이나 하이데거에 의해서는 논의되지 않았지만, 라이프니츠의 「모나 드론」[2]에서는 발견할 수 있었으며, 잘 알려지지 않은 20세기의 스페 인 바스크 사람인 사비에르 수비리[3]의 저작에서도 발견된다. 하이데 거 용어법에 대한 횔덜린식의 열정을 받아들이지 않더라도 우리는 여 전히 네 가지 긴장에 선사할 도발적 이름을 제공할 것이다. 후설의 음 영에 해당하는 **시간**time(감각 객체-감각 성질), 하이데거의 도구-분석에 해당하는 **공간**space(실재 객체-감각 성질), 라이프니츠의 모나드에 해당하 는 **본질**essence(실재 객체-실재 성질), 후설의 형상적 직관eidetic intuition에 해

---

2   Leibniz, "Monadology."

3   Xavier Zubíri, *On Essence*. Translated by A. R. Caponigri. (Washingon: Catholic Univ. of America Press, 1980.) [옮긴이] Xavier Zubiri Apalategi, 1898~1983. 스페인 출신의 철학자. 과학적 언어를 통해 고전 형이상학을 재정립하고자 했던 실재론자다.

당하는 **형상**eidos(감각 객체-실재 성질)이 그것이다. 마침내 그 이상의 구성을 위한 기반으로 제공될 4중 구조가 여기에 존재한다.

시간, 공간, 본질, 형상

모든 사려 깊은 사람은 종종 시간과 공간의 본질에 관해 성찰하는데, 그와 같은 성찰이 인간의 행위와 그 밖의 모든 것의 영원한 고향을 형성한다. 시간은 되돌아갈 수 있는 것인가? 그리고 우리는 시간을 통해 뒤로 거슬러가기도 하고 앞으로 더 나아가 여행할 수 있는가? 공간은 단지 우리가 보는 3차원만 가질 따름인가? 아니면 공간은 더 많은 것을, 그중 몇 가지는 다른 형태의 생명이 거주할 수 있는 곳을 포함하는가? 시간과 공간은 뉴턴에게서와 마찬가지로 절대적이고 비어 있는 용기인가? 아니면 그것들은 라이프니츠에게서와 마찬가지로 관계의 방식에 의해 발생되는 것인가? 민코프스키[4]의 유명한 말처럼 시간과 공간을 단일한 4차원 시공간으로 간주하는 것이 가능한가? 그러한 질문거리는 우리를 끝없이 매료시킨다. 그러나 이런 경우 모두에서 공간과 시간은 친구도 경쟁자도 없는 비할 데 없는 연속체라는 것인가? 예를 들어 칸트는 선험 미학에서 시간과 공간을 서로 떨어져 홀로 있는 것으로 설정했으며, 그 밖의 모든 것을 범주 목록

---

4 [옮긴이] Herman Minkowski, 1864~1909. 러시아 출신의 독일 수학자. 수론(數論)의 문제를 기하학적 방법으로 설명하고자 했다. 아인슈타인의 특수 상대성 이론을 보다 잘 설명하고자 '민코프스키 공간(Minkowski space)'을 제안했다.

에 넣어버렸다. 그러나 공간과 시간의 우선적 위상을 당연시하기보다는 그 둘 모두 보다 기본적 실재에서 파생된 것은 아닌지 묻게 될 수도 있다. 그리고 그 대답이 "네"라고 한다면, 우리는 또한 가장 유명한 두 아이들인 공간과 시간과는 다른 자손이 더욱 원시적 차원에서 있을 수 있는지도 물어야 하겠다. 이런 이유로 이 책에서 그리는 객체의 형이상학이 시간과 공간을 보다 더 기본적인 것 즉 객체와 그것의 성질 사이의 분극화를 통해 재해석할 흔치 않은 기회를 제공한다는 점을 하나의 극적인 발전으로 간주해야 한다.

일상적인 의미에서 시간을 말할 때 우리가 지칭하는 것은 고정성stability과 변화의 놀라운 상호작용이다. 시간 속에서는 감각할 수 있는 객체the objects of sense가 움직임이 없고 고정되어 있는 것 같지만, 변동하는 특징으로 뒤덮여 있음이 드러난다. 그럼에도 경험은 각 순간마다 불연속적 감각의 끊임없는 만화경 속으로 퇴락하지 않는다. 그보다는 크든 적든 지속성을 가진 감각 객체가 있는 듯하다. 시간은 감각 객체와 그것의 감각 성질 사이의 이와 같은 긴장에 대한 이름이다. 한편 우리가 공간에 대해 말할 때, 모든 사람은 공간이 절대적 용기인지 아니면 단순히 사물들 사이 관계의 문제인지에 대한 라이프니츠와 클라크 사이 오랜 논쟁[5]을 상기할 것이다. 하지만 사실은 둘 다 아

5   G. W. Leibniz & Samuel Clarke, *Correspondence*. Translated by R. Ariew. (Indianapolis: Hackett, 2000.) [옮긴이] 고트프리트 빌헬름 라이프니츠·새뮤얼 클라크, 『라이프니츠와 클라크의 편지』, 배선복 옮김, 철학과현실사, 2005.

니다. 공간은 단순히 관계의 위치가 아니라, 관계와 비非관계의 위치이기 때문이다. 나는 어느 순간 카이로에 앉아 있다 해도 전적으로 일본 오사카와의 관계가 없다고 할 수는 없다. 원리상 나는 언젠가 그곳으로 여행을 떠날 수 있기 때문이다. 그러나 이 관계는 결코 총체적일 수 없다. 내가 현재 그 도시에 접촉tough할 수 없기 때문이다. 또한 내가 오사카의 중심부에 서 있다 하더라도 나는 그 도시의 실재를 규명하지 못할 것이기 때문이다. 그 도시가 내게 드러내는 감각적 측면이 무엇이든, 심지어 아주 가까이 접근했다 하더라도, 이 도시의 외관은 존재의 어둠 속으로 영원히 물러나는 실재 오사카와 다를 것이다. 관계와 비관계의 이런 상호작용은 정확히 우리가 공간을 말할 때 의미하는 바이고, 이러한 관점에서 하이데거의 도구-분석은 현실적으로 공간에 관한 것이지 그가 잘못 논증했듯이 시간에 관한 것이 아니다. 공간은 은폐된 실재 객체와, 그것들에 연결된 감각 성질 사이의 긴장이다.

우리는 이제 시간과 공간을 남겨두고 여전히 당장에는 이름이 없지만 도외시된 그것들의 자매들을 만나려 한다. 후설은 감각의 영역에 객체와 그것의 우연적 표면-성질 사이 긴장(우리는 이것을 '시간'이라고 불렀다)만 포함하는 것이 아님을 보여주었다. 왜냐하면 이와 더불어, 객체와 그것의 진짜로 결정적인 성질 사이에 또 다른 긴장도 있기 때문이다. 객체의 진짜로 결정적인 성질은 형상적 변이의 과정을 통해 드러난다. 즉, 우리는 생겼다가 사라지면서 변화하는 집의 속성을 제거하면서 다른 많은 관점에서 집을 상상한다. 이런 방법의 목표는 집의 내적 핵심이자 그것을 지각하는 사람에게 집을 그 자체로 만들어 주는 형상에 접근하는 데 있다. 후설은 이와 같은 형상적 특징이란 감각 경험이 그것을 파악할 수 없는 한 전혀 감각적일 수 없음을 꽤 분명히 보여준다. 대신에 형상적 특징은 단지 범주적 직관을 통해 알 수 있을 뿐이다. 그것은 지성의 과업이지 감각의 과업이 아니다. 그러한 직관은 순수하게 감각적인 객체의 성격과는 다른, 생동하며 결코 가시적이지 않은 특성을 가리켜준다. 그리고 순수하게 감각적인 객체의 성격은 감각 객체의 통일성에는 이질적인 부분과의 접합을 수반한다. 여기서 우리는 후설이 플라톤과 맺고 있는 참된 근친성을 발견한다. 플라톤과 후설 모두 성질을 세계의 표면에 배치하고 객체를 깊은 곳에 숨은 기체로 간주하는 개별적 실체의 철학에 반대하면서 이런 [철학의] 가정을 뒤집는다. 즉 객체가 세계의 표면에서 다수의 형상적 특징들을 통일함에도 불구하고 그러한 특징들을 깊은 곳에 놓는 가정 말이다. 후설은 감각 객체와 그것의 숨어 있는 실재 성질 사이 긴장을 **형상**이라고 부른다. 그리고 마지막으로, 네 번째이자 마지막 긴장이 있는데, 인간의 경험으로는 결코 접근할 수 없는 것이다. 나는 숨어 있는 실재 사물들에서 진행되는, 통일된 실재 객체와 그것의 숨은 실재 특징의 다수성 사이 대결을 가리키고 있다. 비록 전통적 실재론에는 실재가 모든 접근으로부터 완전히 물러난다는 하이데거식의 가차 없는 감각이 결여되어 있음에도, 실재 객체와 그것의 실재 성질 사이의 긴장은 항상 **본질**이라 불렸다. 그리고 전통적 모델의 본질이 실재 성질을 어디에서도 예증될 수 있는 유동적 보편자[6]로 간주하는 데 반해, 이 책에 따른 성질은 목성의 위성이 자신의 주인에 의해 형성되는 것처럼 자기가 속하는 객체에 의해 형성된다.

이런 식으로 시간과 공간이라는 단조롭고 나이 든 짝은 객체와 그것의 성질 사이의 네 가지 긴장 즉 시간, 공간, 본질, 형상으로 둘러싸인 새로운 모델로 확장되었다. 이 네 개의 용어는 순서에 관계 없이 진술될 수 있다. 이와 같은 용어를 선택한 이유는 그것이 내 귀에 가장 듣기 좋은 어감을 가졌기 때문이다. 우리는 이미 세계가 두 종류의 객체와 두 종류의 성질로 배분된다고 결정했다. 그것의 가능한 짝은 정확히 다른 무언가가 아니라 이 네 가지 긴장으로 이어진다. 시간, 공간, 본질, 형상의 상호작용은 네 가지 분리된 힘의 작용이 아니라, 어떤 방법을 통해서든 모든 객체에 영향을 미치는 네 가지 긴장의 작용인 것이다. 감각 객체가 기본적 모델의 특징으로서의 실재 객체에 합류한다고 했을 때, 그와 같은 긴장은 이미 실재적이고 허구적인 존재자를 포함하고 있음에 주목하자. 환원주의자와 과학을 맹신하는 자연주의는 절대로 이러한 위업을 완수하거나 평가조차 할 수 없는데, 그것들은 물리적 사물들에 대한 조야한 편견에 아첨하지 않는 수백만의 모든 존재자를 소멸시키는 데 급급하기 때문이다.

6 　[옮긴이] universals, 고전 형이상학에서는 각 개체는 단일하더라도 흰 구름, 흰 장갑, 흰 도화지에서 볼 수 있는 것과 같은 흰 성질은 보편적(공통적)이라고 주장한다.

분열과 융합에 관하여

긴장은 항상 흥미롭기는 하지만 어디로 향할지 알 수 없을 때가 있다. 서로 적대하는 남북한의 군대는 단지 작은 사고만을 일으킨 채 50년 넘게 서로를 주시하고 있으며, 또 다른 세기에도 혹은 그 뒤에도 계속 그럴 것이다. 다양한 형태의 객체와 성질 사이 긴장도 마찬가지다. 무언가가 현재 상태status quo에서 변하기 위해서는 객체와 성질 사이 결합이 용해되어야 하고 새로운 것이 산출되어야 한다. 응용 물리학을 비유로 사용하자면, 우리에게는 융합에 수반되는 분열이 필요하다. 그러나 분열과 융합은 단지 두 선택지일 따름이고 항상 관련하는 것임에 틀림없다. 객체와 성질은 또 다른 결속이 출현하면 틀림없이 파열되는 결속을 벗어나서는 결코 존재하지 않기 때문이다. 이제 우리는 우리의 네 종류의 긴장에 시간, 공간, 본질, 형상이라는 이름을 붙이는 작업을 마쳤다. 이러한 각각의 긴장이 파열되거나 산출될 때 그것이 무엇을 의미할지에 대해 간략한 예습을 해보는 것이 의미 있을 듯하다.

시간은 감각 객체와 그 다수의 반짝이는 특징 사이 불화로 기술되었다. 개와 나무는 우리가 그것들을 다른 객체로 보는 것과 상관없이, 매 순간 변동하는 과잉의 물질적인 면면을 드러낸다. 이것이 바로 지각의 진정한 본성이며, 나는 곧이어 명백히 아무런 생각이 없는 존재자들의 가장 낮은 영역에서조차 원초적 지각이 발견된다고 주장할 것이다. 그러나 물론 우리는 지속하는 감각 객체의 한결같은 풍경에 영원히 초점을 맞추지는 않는다. 그보다 우리가 마주하는 것에 간헐적 변화가 있다. 여기에는 적어도 두 경우가 발생할 수 있다. 어쩌면 우리는 한순간에 무언가가 달라졌음을 확인할지도 모른다. 우리는 나무가 사실은 교수대였다는 것을 발견해 그 표면의 성질이 이제는 훨씬 더 불길한 실마리로 이동해간다는 점을 알게 된다. 혹은 어쩌면 우리는 우리의 주의를 한 감각 객체에서 곁에 있는 것으로 돌릴지도 모른다. 딸기에서 그 씨앗으로 혹은 어쩌면 전체로서의 딸기 조각으로. 이와 같은 일이 벌어질 때 감각 객체와 그것의 성질 사이에는 이전 균형의 순간적 붕괴가 발생하는데, 여기서 객체는 그것의 성질을 꼭두각시처럼 조작하는 통일된 중추로 잠시 나타난다. 이런 사건은 인정recognition 혹은 승인acknowledgement이라 불릴 수 있지만, 이 용어는 아마도 더 진보한 동물 존재자에게 제한될 복잡하고 인지적인 과정을 암시하는 것이기도 하다. 우리에게 진짜로 필요한 것은 인간뿐만 아니라 바위와 전기의 원초적 영혼psyches에도 적용될 수 있는 용어다. 나는 그 과업에 대한 충분히 폭넓은 것으로서 **대면**confrontation이라는 용어를 제안한다. 잠 못 드는 자는 딸기와 특공대의 기습을 대면하고, 잠자는 자는 침대와 대면하며, 자갈은 아스팔트의 모든 우연적 세부에 반대되는 성질로 아스팔트와 부딪힘으로써 아스팔트와 대면한다.

공간은 접근할 수 있는 영역 너머에 놓인 실재 객체와, 맞닥뜨릴 때만 존재하는 그것의 감각 성질 사이 긴장으로 기술되었다. 극점 사이에 그와 같은 분열이 요구될 때 감각 객체가 그것의 성질과 미리 결합되는 반면에, 실재 객체는 감각적 장에 존재하지 않는다. 그래서 실재 객체와 감각 성질들은 **융합될** 때만 만나게 될 것이다. 그런 경우에 감각 성질들은 자신에 대한 현재의 감각적 지배자로부터 벗어났다가, 물러나 있던 실재 객체 즉 그것들을 자신의 의지에 복종시키는 보이지 않는 태양의 궤도를 도는 것처럼 보인다. 바로 객체의 그 비가시성이 객체와 감각 성질들을 따분한 일상에서 종종 겪는 것과 같은 맛없는 퓌레로 압축하는 것을 불가능하게 한다. 이와 같은 융합은 예컨대 모든 종류의 예술 작품에서 발생하는데, 나는 그 이상으로 하이데거의 '망가진 도구' 역시 엄밀한 의미에서 예술적인 것은 아니라고 하더라도 미학적 효과를 갖는다고 주장하고자 한다. 우리가 감각 객체로 하는 직접적인 종류의 접촉 대신, 감각 성질의 영역과 모호하게 융합되는 깊은 곳의 조용한 객체를 암시하는 말이 존재한다. 우리는 물러나 있는 실재 객체와 접근 가능한 표면 성질과의 융합에 대한 일반적인 용어로서 **매혹**allure이라는 단어를 사용할 수 있다. 나의 책『게릴라 형이상학』[7]에서 나는 그 용어를 "매혹이란 사물의 통일성과 (특정한 성질의) 다수성 사이의 친밀한 결속이 다소 부분적으로 해체되는 특별하고 간헐적인 경험이다"라고 정의한 바 있다.

후설의 경우에서 우리는 감각 객체가 우연적인 표면 외관만을 갖는 것이 아니라는 점에 주목했다. 감각 객체는 형상도 갖고 있으며, 객체가 객체 그 자체로 인정되는 데 결정적인 성질도 갖는다. 이러한

---

7   Graham Harman, *Guerrilla Metaphysics: Phenomenology and the Carpentry of Things*, p. 143. (Chicago: Open Court, 2005.)

성질은 감각 성질처럼 우리를 밀어붙이지는 않는다. 이러한 성질은 범주적이면서도 감각적이지 않은 직관에 의해서만 파악되기에 결코 온전하게 현존하지는 않는다. 감각 객체는 대체로 그것의 다양한 형상적 특징으로 분절되지 않는 까닭에 우리에 대해 모호하고 통일된 효과를 발휘한다. 그것은 항상 그 자체의 형상과 미리 융합된다. 단지 이론적 과업만이 그것 사이의 결속을 분해하거나 역설계할 수 있을 뿐이다. **이론**theory이라는 단어는 실재 객체에서 통일된 감각 객체를 분리해내는 분열에 대한 우리의 용어로 쓰일 수 있다(통일된 감각 객체가 그 자체가 되는 데에는 실재 성질을 필요로 한다). 우리는 나중에 동물, 식물, 비행기 역시 1차적 의미에서 이론을 세울 수 있는 역량이 있는지를 결정해야 할 것이다. 그러나 우선 우리는 이론이 감각 객체와 감각 객체의 다수의 실재적 특성 사이에 발생한 일종의 분열이라는 점부터 확인할 수 있다.

마지막으로 우리는 본질을 실재 객체와 그것의 실재 성질들 사이 긴장이라고 말했다. 이러한 관계는 결코 어떠한 경험에도 직접적으로 참여하지 않는다. [실재 객체와 실재 성질들의] 극점 모두가 모든 접근으로부터 물러나 있기 때문이다. 라이프니츠는 다음과 같은 역설을 주목한다는 점에서 옳았다. 있는 것은 하나이니, 실재 객체는 통일되어 있음에 틀림없기 때문이라는 것이다. 그러나 순전한 단위는 다른 무엇과도 서로 교환될 수 있기에 어떤 두 가지 단자도 서로 다르지 않을 것이다. 그래서 각각의 실재 객체는 실재 특성의 **다수성**을 지녀야 한다. 여기서 내가 제안하고자 하는 것은 다소 특이하다. 즉 객체 자체는 그 자체의 본질적 특징을 갖지 않는다는 것이다. 우리는 실재 객체가 그것의 감각 성질과 접촉하지 않으며, 매혹을 통해서만 감각 성질과 이어졌다는 점을 이미 보았다. 이와 비슷하게 실재 객체와 그것의 실재 성질은 분리되어 존재해야 하는 필요에 따라 미리 존재하는pre-existent 결속을 갖지 않는다. 오히려 그것들은 **융합**fusion을 통해, 즉 매개하는 용어를 통해 합쳐짐에 틀림없다. 특이하게도 심미적 경험의 매혹과 유사한 이 과정은 인과causation라고 불릴 수 있다. 이와 같은 주장에 대한 선례는 작용 인과efficient causation를 능숙하게 다룬 수아레스에게서 볼 수 있다. 그에게 존재자 사이 직접적 인과관계는 존재할 수 없으며, 사물은 그가 실제로는 실재 성질을 가리킨 그것들의 '우연'에 의해서만 상호 작용할 따름이다.

네 가지 긴장을 바라보는 훨씬 더 간단한 방법은 다음과 같다. 이 책은 두 종류의 객체와 두 종류의 성질에 토대를 둔다. 그 둘 모두에서 실재적이고 감각적인 것이 있다. 흥미로운 점은 성질이 그와 동일한 종류의 객체와 결합할 필요가 없다는 점을 인식하는 일이다. 실재 객체는 라이프니츠와 스콜라 학파의 학자들이 주장했듯이 분명 실재 성질을 필요로 한다. 그리고 감각 객체는 후설의 현상학이 설득력 있게 구성했듯이 항상 변동하는 감각 성질과 연결되어 있다. 그러나 또한 두 경우의 이국적 결합도 있다. 하이데거의 도구-분석에서 보았듯이 실재 객체는 자신의 접근 가능한 표면 특성의 이면에 숨어 있다는 점에서 감각 성질과도 연결되기 때문이다. 그리고 이와 마찬가지로 특이한 점은 감각 객체가 실재 성질을 갖는 것으로 판명되었다는 점이다. 감각 객체가 진정한 실재 성질로 구성된 형상을 갖는다는, 즉 그 성질이 항상 감각적인 그저 변동할 뿐인 지각적 음영과는 반대되는 성질로 구성된 형상을 갖는다는 후설의 통찰이 그것이다. 이런 점에서 우리는 충격적이게도 실재적 영역과 감각적 영역 사이에서 이 종교배가 진행되고 있음을 발견했다. 마치 형이상학이 럼주, 앵무새, 화산에 의해 객체들 사이의 고유한 관계가 오염되어버린 카리브해 지역인 것처럼 말이다.

그러나 실재적 혈통과 감각적 혈통을 이와 같이 혼합하는 것에 대해 도덕적 격분을 표현하는 것은 요점을 비켜가는 것이다. 그와 같은 격분이 참된 역설을 놓치고 있기 때문이다. 즉 실재 객체와 감각 객체가 두 종류의 성질과 관계 맺는 엄청나게 다른 방법들이 그것이다. 어떤 감각 객체든 이미 그 두 종류의 성질과 접촉하고 있다. 우리가 경험하는 수박 혹은 광견병에 걸린 개는 (우리가 시간이라 불렀던) 매 순간 우리가 관찰하는 명멸하는 그림자와 거의 구별되지 않는다. 또는 (우리가 형상이라 불렀던) 그 자체로 계속 인식되면서도 수박 혹은 개가 잃어버릴 수 없는 심원한 비감각적 특징과도 거의 구별되지 않는다. 이 두 결속 모두 이미 존재하기에, 그것들의 파열은 이전에 연결된 부분의 분열을 요구한다. 이것이 매우 기이하게 들리겠지만 여전히 참된 역설이 곧 이어질 것이다. 이제 경험의 왕국으로부터 물러난 **실재** 수박 혹은 **실재** 개를 살펴보도록 하자. 우리는 이와 같은 실재 객체들이 그것들의 감각 성질들(우리는 그것들 사이의 거리를 공간이라고 불렀다)과 고유하게 결속된다고 말할 수는 없다. 그것이 순전히 누군가 혹은 무언가에 대한 현상으로만 나타나기 때문이다. 수박 그 자체는 보이는 각도나 거리, 혹은 그것을 가리는 오후의 어둑한 그림자의 정밀한 각도와 전혀 관계가 없다. 이러한 감각 성질이 유령처럼 물러난 수박 주위의 궤도에 놓일 때(매혹), 이것은 순수하게 일시적인ad hoc 토대 위에서 발생하며 수박은 그것이 진실로 정서적 피조물인 듯 다뤄지기에는 무리가 있을 것이다. 그래서 그것은 이미 달라붙은 극점들의 분열이라기보다 이전부터 분리된 극점들 사이에서 드러나는 형태의 융합인 것이다.

우리가 실재 객체와 그것의 실재 성질 사이의 연관성을 살펴볼 때 훨씬 더 역설적인 상황이 발생한다. 그러한 연관성에서 그 두 가지 것들 사이의 매우 친밀한 결속이 예상될 수 있기 때문이다. 그러나 여기서 우리는 실재 객체가 그 자체의 실재 성질과 맺고 있는 연관성이 실재 객체에 귀속될 것이라고는 누구도 상상하지 못할 감각 성질과의 연관성보다 더 밀접한 것은 아니라는 점을 알게 된다. 다시 말해, 이것은 일시적으로 지금과 그때에만 발생하는 관계인 것이다. 바꿔 말해, 객체와 객체 자체의 실재 성질 사이 관계(우리는 이것을 본질이라 부른다)는 외부의 존재자에 의해 생성된 관계다. 이것은 그 어떤 것도 실재적이거나 숨어 있거나 본질적이지 않다는 상대주의 테제라기보다는 그저 그것이 우리에게 나타나는 방식인 것이다. 대신에, 실재적이고 숨어 있고 본질적인 것이 무척 많이 존재하지만, 오로지 비실재적이고 명백하며 비본질적인 것을 경유해서만 소통한다는 점에서 그것은 상대주의에 대한 기괴한 대안이다. 이는 버섯이 직접적으로 혹은

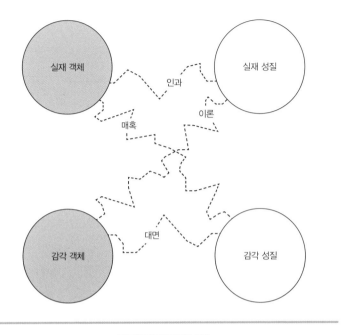

다이어그램 7. 망가진 연결

리좀적인 연결망rhizomal networks을 통해서가 아니라 전파를 통해 그 고유의 성질과 소통한다는 이야기로 들릴지도 모른다. 실재 객체는 실재적이며 또한 규정적 성격을 지니지만, 그것의 본질은 인과의 상호작용을 통해 외부에서 처음 생산된다. 이것을 이 책에서 꽤 오래 자세히 논의할 것이기에 나는 새로운 미립자가 물리학 모델로 예측되고 나중에 확증되듯이, 이런 이상한 결과가 우리 다이어그램의 대칭상에서 비롯되는 것임을 살펴보기만 할 것이다.

긴장에 관하여

그러나 긴장이 무엇인지, 그리고 이것이 연구될 필요가 있는지는 아직 완전히 분명하지 않다. 우선, 이미 다른 종류의 많은 관계가 우주에서 가능하다는 점이 판명되었다. 정확히 말해 그중 10개는 그렇다. 그러나 실제로는 이러한 관계 모두가 근접과 분리를 동시에 암시하는 용어인 긴장이라 불릴 수는 없다. 예를 들어 다수의 실재 성질 혹은 감각 성질이 동일한 객체에 존재할 수 있다. 이 동일 객체가 내가 의미하는 바의 긴장이 실제로는 아님에도 말이다. 이와 마찬가지로 지각하는 행위자_agent가 감각 객체들과 접촉하는 실재 객체이며, 다수의 감각 객체는 이와 같은 행위자의 경험에 인접해 있다. 이런 경우의 그 어떤 것도 긴장으로 간주되지 않더라도 말이다. 네 가지 긴장 모두가 지닌 공통점은 모든 것이 객체-극점과 성질-극점을 포함한다는 것이다. 여기서는 이러한 사실에 대한 암시 중 몇 가지를 간략하게 살펴보겠다.

우리가 이미 보았듯이, 첫 번째 요점은 두 가지 긴장은 지극히 평범한 형태를 하고 있는 것에 존재할 수 있다는 것이고, 반면에 다른 두 가지는 그렇지 않다는 것이다. 다시 말해, 감각 객체는 소용돌이치는 분위기의 감각 성질과 핵심이 아직 분절되지 않은 실재 성질에 항상 수반되는 것임이 틀림없다. 그러나 두 경우 모두에서 객체-극점과 성질-극점 사이의 긴장은 둘 사이의 일종의 분열을 필요로 한다. 이러한 분열을 통해 객체-극점과 성질-극점은 마치 따로 또 같이처럼 나란히 붙어 있다. 그것은 실재 객체를 포함하는 두 긴장과는 상당히 다르다. 여기서 실재 객체는 융합을 통해 성질과 묶이는 까닭에, 감각 객체보다 실재 객체와 관련될 때 실제로 지극히 평범한 상태의 긴장은 나타나지 않는다.

다음 질문은 어째서 [네 극단 중에서] 다른 두 가능한 극단extremes 중 하나에서가 아니라 이런 경우에 '긴장'이 나타나는가 하는 것이다. 한편으로 두 극점은 전혀 관계를 갖지 않는 듯이 완전히 별개로 유지될 수 있으며, 다른 한편으로 두 극점은 서로 너무 융합되어 있어 완전히 평범한 결합이 일어날 법하기 때문이다. 우리는 (감각 객체의 경우와 같이) 평범한 것의 분열을 통해서든, (실재 객체의 경우와 같이) 이전에는 분리되었던 것의 융합을 통해서든 관계없이 두 극단이 긴장의 일부가 될 수 있는 조건을 확인할 필요가 있다.

8. 수준과 영혼

여태까지 우리는 세계가 두 종류의 구역으로, 실재적인 것과 감각적인 것으로 분리되었다고 이야기했다. 이것은 두 가지 오해를 낳을 수 있다. 첫 번째는 실재적인 것과 감각적인 것이 두 가지 고정된 위치여서, 실재적인 무언가는 우주의 바닥에 있을 것이고 감각적인 무언가는 그 표면에 놓여 있으리라고 가정하는 것일 듯하다. 두 번째는 감각적인 것을 인간의 경험과, 어쩌면 동물의 경험과도 동일시하는 것일 듯하다. 첫 번째 오해에 답하자면 실재 객체에서 특정한 영역이란 없으며, 감각 객체 역시 마찬가지라는 것이다. 감각적인 것은 지각하는 자와의 관계에서만 존재하고, 실재적인 것은 그것과의 관계에서 물러난 모든 것임을 상기해보자. 그러나 우리가 실재 망치를 살펴본다면 그것은 다른 존재자라면 가졌을 법한 관계로부터 그저 물러난 것이 아니다. 망치는 망치를 구성하는 객체들 사이의 관계로 **구성되는** 것이기도 하다. 그리고 모든 객체가 부분을 가져야 하는 한에서(그렇지 않다면 그것은 불분명한 덩어리일 것이기 때문이다), 이는 객체의 무한 퇴행을 암시한다. 그리고 두 번째 오해에 답하자면 정신적인 것이 동물에게만 적용된다는 말은 참이 아니다. 단순히 인간만이 아니라 모든 객체가 감각 객체와 그것의 감각 성질 사이 대결과 마주한다고 말하는 것은 인간에 대한 심리학적 특성을 비인간적 존재자에게로 투사하는 것이 아니다. 왜냐하면 모든 존재자가 감각 객체와 마주한다고 판명되더라도 그러한 경험에는 인간의 삶이 갖는 현저하게 시각적이고 지적인 성격과 비슷한 것이 거의 없을 것이기 때문이다. 우리가 또 다른 피조물이 무엇인지에 대해 '알지' 못한다는 것이 사실인 반면, 우리는 또한 망치, 버섯, 혹은 중성자라는 지하 세계의 실재도 알지 못한다. 그러나 이것이 이런 사물들에 관한 모든 지식을 방해하지는 못한다.

객체의 수준

철학의 역사에서 존재하는 모든 것이 두 세계 중 하나에만 속한다는 이원적 세계론을 접하는 것은 그리 유별난 일이 아니다. 그중 가장 유명한 것은 완벽한 형상과 그늘진 동굴 사이 플라톤식 균열과, 본체적 영역과 현상적 영역 사이의 칸트식 분리일 것이다. 그와 같은 분할은 하이데거의 도구-분석에서도 다시 나타나는데, 나는 그것을 객체 지향 존재론object-oriented ontology의 중추로서 기술했다. 간단히 말해 하이데거에게는 존재자가 발견될 수 있는 장소가 두 곳뿐이다. 지하 세계에 숨어 조용히 자기 일을 수행하거나 [존재자의] 외부에 있는 정신 앞에서 불꽃을 튀기거나 둘 중 하나다. 그리고 [독자들은] 이 책이 무생물적 객체조차 **서로를** 눈앞에 있음으로 환원시킨다는 주장을 통해 하이데거의 분석을 급진화시키지만, 그저 한 측면에선 객체를, 다른 한 측면에선 관계를 갖는, 더 포괄적인 이원적 세계론에 대한 해석인 것은 아닌지 궁금해질 수도 있다. 그러나 우리는 이원적 세계론에 반대해야 한다. 모든 것을 단일한 내재성의 평면으로 납작하게 만들지 않기 위해서만이 아니라, 객체와 관계란 지도상에 고정된 두 점이 아니기 때문이다. 그보다 모든 존재자는 두 측면을 갖고 있다. 우리는 이원적 세계론 대신 두 **얼굴** 이론two-face theory 즉 야누스[1]라는 널리 알려진 기호 아래에서 태어난 철학을 말해야 할 것이다.

불행하게도 실체와 집합체aggregate 사이를 구별했던 라이프니츠를 살펴보자. 다이아몬드, 사람, 말, 나무와 같은 개별적 존재자는 모나드를 갖는다고 할 것이다. 이는 라이프니츠의 '집합체' 혹은 '이성의 사물'에는 해당하지 않는데, 그것은 자연적 사물들의 이른바 실재적 통일성을 결여하고 있다. 그러한 집합체의 사례로는 서로 달라붙은 두 개의 다이아몬드, 손을 쥐고 있는 사람들이 이루는 원, 기병 연대, 전체로서의 슈바르츠발트[2]가 있다. 즉, 이원적 세계론에 대한 라이프니츠의 해석은 **특정한** 존재자들을 우주 혹은 타자의 곁에 배정함으로써 이들에게 적용되는 분류법으로 기능한다. 여기서 하이데거의 이론은 이를 피하는 듯이 보일 수도 있는데, 동일한 망치가 두 세계 즉 손안에 있음과 눈앞에 있음에 동시에 속하는 것으로 여겨질 수 있기 때문이다. 그러나 문제는 하이데거가 사물의 존재 이외의 그 어떤 심오한 것도 허용하지 않는다는 데 있다. 우리가 망치를 망치의 격리된 도구-존재 속에서 고찰한다면 우리는 그것이 이미 우주의 밑바닥에 있

---

1   [옮긴이] Janus. 고대 로마의 신으로 서로 반대 방향을 바라보는 두 얼굴을 가졌다. 한 해가 끝나고 새로운 해가 시작됨을 상징하며, 로마 시내의 야누스 신전은 전쟁할 때는 문을 열어두고 전쟁을 하지 않을 때에는 문을 닫아두는 것으로 잘 알려져 있다. 1월(January)의 어원이기도 하다.

2   [옮긴이] Schwarzwald; Black Forest. 독일 남서부에 있는 삼림지대.

음을 알게 된다. 그래서 우리에게는 진정한 존재와 파생된 현존 사이의 **단일한** 틈을 가로지르는 빛과 그림자의 영원한 놀이만이, 그리고 현존의 유일한 자리로서의 인간의 경험만이 남게 된다. 그러나 이 이론은 틀렸다. 나는 눈앞에 있음으로서의 망치와 그림자 속으로 물러나는 것으로서의 망치를 구별하는 데서 기꺼이 하이데거를 따랐다. 그럼에도 지하 세계의 망치는 우주의 그 어떤 궁극적 기반이 아니다. 비록 망치가 다른 객체가 망치에 대해 가질 법한 그 어떤 관계보다 더 심오한 게 확실하더라도, 그것은 또한 그 자체의 관계로 형성된 것이기도 하다.

다시 말해 객체가 두 형태로, 첫째, 그 자체로, 둘째, 어떤 관계 속에서 나타나는 것으로 존재한다고 생각하는 것만으로는 충분하지 않다. 그보다 객체는 그 두 방향 모두에서의 관계와는 다른, 벽으로 둘러싸인 섬이다. 망치가 인간 혹은 다른 존재자가 그것과 갖는 특정한 접촉으로부터 물러나는 것과 마찬가지로, 망치는 그것을 형성하는 요소를 통해 출현하기 때문이다. 망치를 외부와의 관계로 환원하는 것은 그것을 상부 채굴하는 것으로서, 후설식의 현상으로 혹은 다른 사물들과의 관계 속에서만 존재하는 라투르식의 행위자로 환원하는 것이다. 이와 반대로 망치를 단지 그 조각의 총합에 대한 별칭으로 부르는 것은 망치를 **하부 채굴하는** 것으로서, 그 질료적 계보의 부수 현상으로 환원할 뿐이다. 그리하여 실재적 도구–존재로서의 망치가 우주의 기반에 결코 자리하지 않는다는 점이 이제 분명해졌는데, 왜냐하면 층을 이룬 구성 요소들이 우주 아래에서 떼를 짓고 있으며,

그 아래에 또 다른 층이 있는 과정이 거듭되기 때문이다. 나는 구성적 객체로의 이러한 퇴행이 불확정적indefinite이라고 말하기보다, 요소들의 무한 퇴행infinite regress을 수긍하거나 부정하는 것에 관한 칸트의 이율배반Antinomies에서 볼 수 있는 금지에도 불구하고 객체로의 퇴행이 무한정하다는 주장을 더 밀어붙일 것이다. 결국 실재적이라는 것은 다수의 실재 성질과 지각된 성질[감각 성질]을 갖는다는 것을 의미한다. 그리고 객체가 본래적으로 통일체임에 틀림없다고 간주한다면 다수의 성질은 단지 그 요소들pieces의 복수성으로부터 발생할 수 있을 뿐이다. 그래서 요소 없는 객체란 없으며, 또한 무한 퇴행은 발생한다. 무한 퇴행에 대한 손쉽고 만연한 조롱에도 불구하고, 거기에는 단지 두 대안만이 있으며 그 둘 모두 점점 악화될 뿐이다. 무한 퇴행 대신 우리에게는 **유한 퇴행**finite regress이 있는데, 그 경우 하나의 궁극적 요소는 더 많은 모든 것의 질료다. 혹은 우리는 **어떠한 퇴행**도 갖지 않을 수 있는데, 그 경우 인간의 마음에 나타나는 것 이면에는 어떠한 근원도 없다. 그 두 대안은 이미 하부 채굴과 상부 채굴이라는 비판을 받은 바 있다. 무한 퇴행이 '내내 거북이를 따라가는' 이론이라는 조롱을 듣는다면, 유한 퇴행은 최종적인 전능한 거북이를 숭배할 뿐이며, 어떤 퇴행도 없다는 이론은 거북이 없이 거북이 껍질 위에서 쉬고 있는 세계를 옹호하는 셈이다.[3]

---

3   [옮긴이] 거대한 거북이가 코끼리 네 마리를 이고 있고 코끼리들이 세계를 떠받치고 있다는 인도 신화를 염두에 둔 비유로 보인다.

망치가 우주의 기반이 아닌 것처럼, 망치에 대한 인간의 지각이 지붕일 필요도 없다. 실재에 대한 인간의 관계는 초월적인 것이라고 가정되곤 한다. 무생물적 존재자가 세계의 혼란에 사로잡혀 있는 것처럼 여겨지는 데 반해, 인간은 그러한 세계를 초월해서 사물들을 그 자체'로서' 선명하게 관찰하는, 바람이 불고 별이 빛나는 자유의 공간에 들어간다고 여겨진다. 그러나 이는 그렇지 않다. 존재자와 우리의 관계는 그 자체로 우리 자신을 포함한 다른 모든 존재자들을 세밀하게 관찰하는 것으로부터 물러나는 통일된 객체가 될 수 있다는 점을 주목하자. 즉 우리가 결혼을 하고 사업상의 동업을 성사시키거나 외인부대에 합류하는 경우처럼 말이다. 이와 같은 연관을 암시한다고 해서 결코 참여자들에게 완전히 접근할 수 있는 것은 아니다. 인간의 의식은 우주를 초월하거나 중립적인 과학적 공백$_{void}$에서 관찰하는 것이 아니라, 영원히 실재의 중간층을 파고 든다. 인간의 의식에서 물러나는 도구-존재를 인식하지 못하는 것만큼이나 인간의 의식이 귀속하는 더 큰 객체에 대해 인식하지 못한 채 말이다. 그렇지만 하향하는 무한 퇴행에도 불구하고, 상향하는 무한 퇴행은 없음을 나중에 보게 될 것이다. 우리가 우주를 대양이라고 상상한다면 그것은 객체들의 소란스런 표면과 그 위로 텅 빈 하늘만이 있는, 바닥 없는 대양일 것이다.

객체의 내부
브렌타노가 중세 시대의 용어인 '지향성'을 다시 도입할 때 그는

'지향적 비존재inexistence'라는 더 긴 형태의 용어도 사용했다. 이런 맥락에서 비존재는 '부재nonexistence'가 아니라 무언가의 내부에 있는 어떤 것의 존재를 의미한다. 이를테면 모든 정신적 행위는 그것이 인도되는 쪽을 향하는 객체를 내포한다. 브렌타노에게는 정신적 실재만이 객체를 내포하며, 이것이 정신적 실재를 물리적인 것과 구별시켜준다. 브렌타노의 제자이자 자신의 스승보다 물리적 실재에 훨씬 적은 여지를 할애한 후설에게서도 마찬가지다. 이제 나는 내재적 객체성이라는 관념을 지지한다. 이 책의 기둥 중 하나는 감각 객체이며, 그것은 지향되는 한에서만 존재한다. 그렇다 하더라도 바로 이 점에서 브렌타노와 후설의 견해를 수정할 필요가 있을 것이다. 여기에는 두 가지 이유가 있다. 첫째, 감각 객체는 마음속에 자리할 수 없는데, 마음**과** 감각 객체 모두 더 포괄적인 객체의 내부에 자리 잡고 있기 때문이다. 내가 나무를 지각한다면 이 감각 객체와 나는 나의 마음속에서 만나지 않는바, 그것은 단순한 이유 때문이다. 즉 나의 마음과 그것의 객체는 지향에 있어 두 개의 동등한 파트너이고, 통일적 용어는 그 둘 모두를 내포해야 한다. 마음은 부분과 전체 모두로서 동시에 기여할 수 없다. 그보다 마음과 객체 모두 더 큰 무언가에 의해 포괄된다. 다시 말해, 그 둘 모두는 나와 **실재** 나무 사이의 관계를 통해 형성된 객체의 내부에 존재하는데, 그것은 일상에서 발견되는 나무와는 꽤나 다를 것이다. 둘째, 물리적 존재자는 내재적 객체를 갖지 못하는 데 반해 정신적 존재자는 내재적 객체를 갖는다는 브렌타노의 견해는 단지 두 존재론적 구조를 별개의 두 **종류의** 존재에 잘못 귀속시킨 경우다.

우리는 이것을 분류의 오류Taxonomic Fallacy라고 부를 수 있다. 물리적 사물과 마음 모두 객체라고 말하는 것이 더 정확할 수 있기 때문이다. 그리고 객체인 둘 모두 모든 관계로부터 물러나 있으며, 그것들 자체인 일을 수행할 따름이다. 그것들이 다른 사물들과 관계 맺는 한에서, 그것들은 특권화된 정신적 행위자로서의 그것들 스스로에 내재하는 객체와 대면하기보다는 그것들이 그 일부로 들어가 있는 더 큰 객체들에 내재하는 객체와 대면한다. 우리는 이러한 점들을 한 번에 하나씩 다룰 것이다.

먼저, 우리는 객체와 관련한 몇 가지 편견을 포기할 필요가 있다. 객체를 부피가 큰 물리적 고체로 생각하는 강한 편향이 그렇다. 그리고 이러한 종류의 사물들이 일반적으로 지속성을 갖고 있다는 이유로, 우리는 객체가 시간을 넘어 지속되어야 한다고 생각하는 경향이 있다. 다시 물리적 사물들의 모델을 따르자면 우리는 일반적으로 어떤 동질성을 갖는 객체를 선호한다. 다시 말해, 우리는 바위에 수십억 개의 원자가 포함됨에도 그것을 객체라고 부르는 데에는 별 신경을 쓰지 않는다. 하지만 유럽연합을 구성하는 요소의 엄청난 차이에도 불구하고 누군가 유럽연합을 객체라고 부른다면 난감해한다. 그럼에도 이러한 편견에 대한 근거는 없다. 이 책의 목적은 객체가 더 넓은 맥락은 물론 그 자체의 구성 요소로부터 자율적인 통일된 실재를 갖는 것임을 밝히는 데 있다. 망치가 그것의 다양한 쓰임새에 지나지 않는다면, 그것은 망치라기보다 그저 망치-이미지일 뿐이다. 마찬가지 이유로 망치가 그것의 구성 요소에 불과한 것이라면, 그것은 망치라기보다 그저 분자의 더미일 뿐이다. 그러나 망치가 이러한 분자 없이는 존재할 수 없기는 하지만, 그것은 종종 중복 인과redundant causation[4]로 알려진 원리에 따라 동일한 망치가 되는 것을 중단하지 않고서도 분자들의 배열상의 변화를 견뎌낼 수 있다.

내가 이제 말하려는 것에 대한 불신을 피하고자 나는 이 점을 강조하고자 한다. 즉, **모든 관계는 직접적으로 새로운 객체를 생성한다**는 것이다. 어떤 구성 요소들이 자신들을 초과하는 사물을 발생시키는 방식으로, 객체가 이러한 구성 요소의 변화를 견딜 수 있는 방식으로 배열된다면, 구성 요소들은 또 다른 감각적 외관을 깨지 않고서도 각각의 실재 객체와의 진정한 관계로 진입한다. 우리가 우리 외부의 실재 객체와 어떻게든 관계 맺는 한에서 감각적 나무, 감각적 우편함, 감각적 찌르레기에 대한 지각이 일어남을 고려할 때, 우리는 새로운 실재 객체를 형성하는 객체와 어떻게든 연결된다는 점을 분명히 해야 할 것이다. 지각이란 일시적인 것으로, 순전히 물리적인 것은 아니며 또한 이질적 요소로 구성되어 있음이 참이라고 할 때, 이와 같은 관점은 객체가 무엇인지에 대한 불필요하고 전통적인 견해를 수용하는 사람에게서만 객체를 실격시켜버린다. 사실은 나무에 대한 나의 지각이 객체에 대한 기준을 충족시켜주기 때문이다. 그것은 하나의 지각이기 때문에 확실히 통일된 것이다. 그것은 또한 새로운 무언가이며 고립된 조각으로 환원될 수 없는데, 나도 진공 속의 나무도 모두

---

4   Manuel DeLanda, *A New Philosophy of Society*, p. 37. (London: Continuum, 2006.)을 보라.

나무-지각과 같은 것을 발생시키지 못하기 때문이다. 그리고 더 나아가 나무에 대한 이와 같은 지각은 그것을 기술하고자 하는 어떤 시도보다 더 심오한 실재를 갖는바, 그와 같은 점은 어째서 현상학적 실천이 상당히 까다로운지를 정확히 보여준다. 그러나 나와 나무의 관계가 새로운 객체를 형성한다면, 그 객체의 실재적 조각으로서의 나는 새로운 객체의 내부에서 다른 요소의 단순한 이미지와 대면하는 나 자신을 발견하게 된다.

그러므로 우리는 실재적 나와 감각적 나무 사이에, 객체의 내부에 비대칭성이 있음을 발견한다. 이중성은 불가피하다. 실재 객체가 감각 객체를 그저 어루만지기만 할 뿐인 비추이적non-transitive 접촉이 항상 존재한다. 나무가 나와도 관계를 맺는다면, 이는 분리되어 있지만 관계되어 있는 객체의 내부에서 일어나야만 한다. 통상적 실수는 이와 같은 대칭성이 다른 두 **종류**의 존재자들 사이의 교차로에서 비롯된다고 가정하는 분류의 오류를 따르는 데 있다. 이러한 가정 하에서 '마음'은 항상 실재 객체일 수 있는 데 반해, '몸'은 마음속에 나타난 유령과도 같은 것으로서 그 자체로는 결코 지각하지 못해 파멸해 버린다. 사실 다른 존재자들을 마주하는 물리적인 몸은 인간의 마음이 할 수 있는 것 이상의 여분을 이런 존재자들에게서 뽑아낼 수 없다. 그러므로 참된 이중성은 마음과 몸 사이가 아니라 실재 객체와 감각 객체 사이에 있다. 실재적인 돌과 나무는 원초적 방식으로 다른 존재자들의 감각적 화신과 마주해야 한다. 그러나 이것은 불가피하게 범심론panpsychism이라는 위험에 빠질 것에 대한 우려를 불러일으킨다.

범심론에 관하여

일반적으로 인간 존재와 바위 혹은 불꽃과 같은 무생물적 객체 사이에는 다리를 놓을 수 없는 틈이 있는 것 같다. 인간은 단순히 물리적으로 세계에 자리 잡고 있는 것이 아니고 충격만을 주고받는 것도 아니다. 그 대신 우리는 세계 속에서 우리가 겪는 곤경을 명백하게 깨닫는다. 이것이 인간에게 세계라는 직물의 구멍과 같은, 우주라는 보석에 난 흠과 같은 특별한 존재론적 지위를 부여하는 듯하다. 여하튼 인간의 사유는 어떤 종류의 비극 혹은 마법 주문을 통해 다른 존재자들이 인간의 사유에 현존하게 되는 방식으로서의 물리적 충격의 단순한 교환을 초월한다. 이것이 아마도 칸트 이후의 철학에서 합의된 핵심적 논점일 것이다. 철학자는 이른바 코페르니쿠스 혁명에 따라 우리를 넘어선 실재가 있는지에 관해 동의하지 않을 것이지만, 대부분은 인간-세계의 관계가 모든 타자에 대한 토대이거나 적어도 타자들을 알기 위한 토대라는 데 동의할 것이다. 우박과 대양이 충돌할 때 어떤 인간도 이를 관찰하기 위해 그곳에 있지는 않는다고 하면, 인간과 대양 사이 충돌과 동일한 존재론적 지위를 이 충돌에 부여하지 못한다. 이런 입장은 일반적으로 동물에 대한 물음을 살짝 비켜가는데, 그때 동물의 정신적 삶은 눈 먼 기계와 인간을 완전히 초월한 것 사이의 어디쯤에서 오도 가도 못한 채 남겨진다. 우리를 동물과 다르게 만들어주는 '언어' 혹은 '로서-구조'가 있다고 주장함으로써 동물의 지능mentality을 인간적 인지의 결여로 설명하고자 하는 여러 다양한 시도가 있었다. 그러나 이러한 시도는 그 문제에 거의 도움을 주지 못했다고 말하는 편이 안전할 것이다. 예를 들어 하이데거의 유명한 1929년/1930년 강의[5]는 그러한 시도들이 자랑스럽게 공표하는 동물의 '세계-빈곤'에 관해 어떤 유용한 것도 말해주지 못한다.

이와 대조적으로 객체 지향 존재론은 인간-세계 관계가 전혀 특권을 갖지 못한다고 주장한다. '파악prehension'이라는 단일 범주를 모든 타자가 형성될 수 있게 하는 관계의 원초적 형태로 가정하는 화이트헤드 덕분에, 칸트의 인간-세계라는 복점은 진정한 경쟁자와 직면하게 된다. 이렇게 떠오르는 경쟁자에 대한 통상적 응수가 우리에게 가르쳐주는 것은 거의 없다. 그에 대한 대응에는 보통 다음과 같은 빈정거림이 넘쳐날 뿐이다. "나는 이 탁자에 대한 인간의 지각이 바위가 탁자 위에 놓여 있을 때 일어나는 것과는 다르다고 생각해." "왜 아무것도 없는 것이 아니라 무언가가 있느냐고 물어보는 법을 네가 앵무새에게 가르칠지를 나한테도 얘기해줘." 이런 식으로 비아냥거리는 반론은 단순한 이유에서 논점을 놓치고 있다. 누구도 무생물적 존재자가 언어, 감정, 인지, 선견, 혹은 꿈과 같은 재능을 포함한 정신적 능력의 완전한 인간적 도구상자를 갖고 있다고 주장하지 못한다. 나무와 집이 시를 쓰고, 신경쇠약증을 겪으며, 자신의 실수로부터 배운다는 증거는 없다. 문제는 인간과 비인간 사이의 이처럼 명백한 차이가 **기본적인 존재론적 균열**로 간주될 만한 가치가 있는가 하는 것이다. 인간이 세계의 결정적 파열이라고 우리가 가정한다면 우리는 그저 편향

5   Heidegger, *The Fundamental Concepts of Metaphysics: World-Finitude-Solitude*.

에 빠질 뿐이기 때문이다. 사실 사람들과 미네랄 사이의 차이가 크긴 하지만, 별과 블랙홀 사이의 차이 혹은 수렵채집인과 끈 이론가 사이의 차이도 마찬가지인 것이다. 핵심은 기본적인 존재론적 분리가 특정한 **종류**의 존재자와 동일시될 수 있다고 가정하는 분류의 오류를 피하는 데 있다.

그보다 우주의 기본적 균열은 일반적으로 객체와 관계 사이에, 모든 관계의 외부에 있는 자율적 실재와 다른 객체들의 감각적 삶에서의 캐리커처화된 형태 사이에 놓여 있다. 식물, 균류, 동물, 인간의 특수한 형태가 무엇이든 그것은 수소와 헬륨에서 발생한 보다 무거운 화학적 요소와 마찬가지로 객체와 관계 사이 틈새에 대한 복합 형태일 뿐이다. 이것은 지능이 신경과학이나 끈 물리학으로 환원될 수 있음을 결코 암시하지 않는다. 우리의 원리는 어느 특정한 종류의 존재자가 우주에서 다른 모든 것에 대해 벽을 쌓는 것을 금하고 있기 때문이다. 그 대신 모든 것은 감춰진 객체와 그것이 다른 객체에게 나타나는 뒤틀린 형태 혹은 번역된 형태 사이의 불화에서 나타난다. 이것은 범심론 즉 인간적 특권에 대한 포스트칸트주의적 분위기에서는 우스꽝스러운 것으로 널리 간주되었던 학설처럼 들린다. 그러나 범심론은 현재 부흥의 한가운데에 있다. 이는 데이비드 스커비나의 대가다운 연구이자 적어도 두 가지 중요한 점을 지적하는 『서양의 범심론』[6]에서 특히 분명하게 드러난다. 첫째, 스커비나는 범심론이 우스꽝

---

6   David Skrbina, *Panpsychism in the West*. (Cambridge, MA: MIT Press, 2005.)

스러운 괴짜의 어긋난 환상이었던 적이 결코 없었으며 대부분의 서양 철학(아시아에 대해서는 아무런 언급이 없다)에서 발견될 수 있다는 것을 증명한다. 둘째, 스커비나는 범심론이 인간의 특별한 특성을 바위와 원자에 투사할 필요가 없음을 알아차렸다. 사실, 철학은 다른 수준의 객체에서 다른 수준의 영혼에 대한 보다 더 헌신적 사변을, 내가 '사변적 심리학speculative psychology'이라고 부르고 싶은, 여전히 부재하는 영역을 필요로 한다.

범심론에 대한 토대는 예민한 식물이나 흐느끼는 미네랄이라는 낭만적 관념과는 전혀 관계가 없다. 그 대신 그것은 칸트식 혁명에 대한 거부에서 직접적으로 출현한다. 모든 관계가 동일한 발판 위에 놓여 있고, 모든 관계가 그 자신의 용어의 깊이를 규명하는 데 똑같이 서툴다면, 사물 사이에서 중간적 형태의 접촉이 가능하다는 점은 틀림없다. 이 접촉은 **감각적** 형태를 가질 수 있을 따름인데, 그것이 단지 다른 객체에 대한 번역된 판본 혹은 왜곡된 판본과 마주할 수 있을 따름이기 때문이다. '~로서'가 무엇을 의미하는지에 대해 어떠한 해명도 제시되지 않는 한, 객체가 타자를 객체'로서' 마주하지 않는다고 불평하는 것은 아무것도 해결하지 못한다. 아마도 불은 자기가 태우는 목화에 관해 생각하지 못할 것이고, 자신의 맹렬한 행동에 대해 죄책감이나 동정심을 느끼지도 못할 것이다. 그러나 불은 여전히 목화와 간접적으로 접촉하고 있는데, (아샤리주의적 기회원인론자가 최초로 파악했듯) 직접적 접촉이 불가능하기 때문이다. 비록 불의 비밀스러운 내면 세계를 상상하기 어려울 수 있다 하더라도, 이것[간접적 접촉]이 감각적 영역을 유일하게 접촉 가능한 영역으로 남긴다. 보다 논쟁적으로 말해서, 무생물적 객체의 감각적 세계가 성질의 다발을 마주할 뿐만 아니라, 인간이 하는 것 못지않게 감각 객체와 [사물의] 음영 사이 후설식 균열과도 대면한다고 나는 주장한다.

다심론에 관하여

감각 객체와 그것의 성질 사이 균열은 인간의 지성이나 동물적 직감의 특별한 특징이 아니라 일반적으로 관계성의 기본적 특징이다. 우리가 일단 모든 객체가 캐리커처된 감각적 영역과 마주한다는 것을 알기 때문에 그러한 균열에 대해서는 단지 두 대안만이 있을 따름이다. 우리는 모든 객체가 분리된 성질의 다채로운 무리와 마주하거나, 불명료하고 뒤죽박죽으로 뒤섞인 통합된 덩어리와 마주하게 된다고 말할 수 있다. 첫 번째 대안은 성질이란 진공에서 마주칠 수 없고, 관목의 푸른색과 사형 집행인이 쓴 후드의 검은색처럼 항상 어떤 감각 객체에서 발산되기 때문에 실패한다. 무생물적 객체조차도 자기에게 유효한 모든 자료에 반응하지는 않는다. 탁자 표면의 미세한 진동은 문진文鎭이 탁자를 탁자로서 마주하는 것을 멈추게 하지 않고도 문진에 영향을 줄 수 있다. 두 번째 대안은 훨씬 간단한 이유로 실패한다. 다시 말해, 특정한 질적 성격이 없는 감각 객체는 난센스가 되리라는 것이다. 문진은 '일반적 감각 객체'가 아니라 탁자[라는 특정한 객체]에 의해 지탱되는 것으로, 그렇지 않다면 녹아버리거나 허공으로 날아가 버리지 않고 탁자 위에 놓일 이유가 없기 때문이다. [마지막으로] 남아 있는 선택지가 참이다. 이를테면 감각 객체와 그것의 성질 사이 균열은 동물이나 인간 지능의 특별히 가슴 아픈 특징이라기보다는 관계의 구조에 속한다는 것이다. 사변적 심리학은 이와 같은 균열에서의 가능한 변형들을 고찰함으로써 철학을 금, 이끼, 모기, 네안데르탈인, 곰으로부터 원자를 분리하는 지질 구조판tectonic plates으로 이끌면서 언젠가는 출현할 것이다.

그러나 범심론이 조롱받아서는 안 된다는 입장을 고수함에도, 나는 접두어 범-pan- 혹은 '모든'의 쓰임새까지 옹호할 수는 없다. 그래서 나는 경험을 하는 존재자들의 명부가 **모든** 존재자로 확장되지 않고서도 기존의 모든 한계를 넘어서는 풍선이 되어야 함을 주장하고자 **다심론**polypsychism을 이야기할 것이다. 이는 꽃과 전기에는 영혼의 영예를 수여하는 데 반해 먼지, 바퀴벌레, 텅 빈 플라스틱 병은 철학적 슬럼으로 추방하려는, 영혼의 민주적 확장으로부터 한줌의 추잡한 객체를 배제하길 바라는 이들 때문이 아니다. 왜냐하면 우리는 항상 '지각한다'는 용어와 '비지각한다'는 용어를 특정한 **종류**의 존재자 가운데 배분하지 않음으로써 분류의 오류를 피해야 하기 때문이다. 그보다 지각하는 것과 비지각하는 것은 다른 때에도 동일한 존재자에게서 발견되어야 한다. 그것들은 객체의 유형이라기보다 존재의 양식이다. 중요한 점은 범심론이 공표하듯, 객체가 **존재하는** 한에서는 객체가 지각하지 않는다는 데 있다. 그보다 객체가 **관계하는** 한에서 객체는 지각한다. 지각한다는 것은 더 큰 객체의 내부에 있는 감각 객체와 마주한다는 것을 의미하고, 실재적 존재자는 그것을 보다 포괄적인 객체의 **구성 요소**component로 만들어주는 관계 덕분에 그와 같은 [객체의] 내부에 자리 잡게 된다는 것을 상기하라. 그러나 모든 객체가 그러한 관계에서 언제든 발견된다고 생각할 이유는 없다. 실재 객체가 더 작고 무수한 구성 요소로 하강하는 연쇄에서 발생한다는 것이 참이라 하더라도, 그것이 더 큰 객체의 구성 요소로서 그 이상의 관계로 진입해 들어가야 하는 것은 아니다. 이는 마치 한 동물의 선조에 대한 끊어지지 않을 만큼 긴 목록이 그 자체로 [그 동물의] 성공적 번식을 의미하지 않는 것과 같다. 우주에 바닥은 없지만 표면은 있다. 무한 퇴행은 있을지라도 무한 진보는 없다. 즉 우주라고 불릴 수 있는 최종적이고 포괄적인 객체는 없다.

간단히 말해, 모든 객체가 항상 지각하는 것은 아니다. 어떤 객체는 잠을 자거나 **휴면한다**. 인간의 잠이 앎이나 관계의 완전한 중지가 결코 아니더라도 [휴면한다는] 은유는 시사적이다. 멀리 떨어진 종소리나 방으로 들어가는 하인에 대한 어렴풋한 인상이 그렇듯이, 꿈은 잠자는 자의 마음속으로 들어간다. 그러나 휴면하는 객체의 잠은 완벽한 상태의 잠일 것이며, 거기서 존재자는 그 이상의 관계에 들어서지 않고도 실재적일 것이다. 휴면이 죽음과 같지 않다는 데 주목하자. 죽은 객체는 더는 실재적이지 않은 반면에, 휴면하는 객체는 실재적이지만 단지 관계가 없을 따름이다. 객체는 [그것을 구성하는] 조각의 변화를 견딜 수 있는 자율적 단위를 형성할 때 실재적이다. 이와 같은 논의는 다른 존재자와의 부가적 관계를 요구하지 않는데, 실재 객체가 그러한 관계보다 **더 깊은 곳에** 놓여 있고 그 자체에 지속하는 효과 없이도 그 관계 속으로 진입한다는 것을 우리가 이미 보았기 때문이다. 이런 측면에서 휴면하는 객체는 우리가 탐구할 수 있는 가장 순수한 종류의 객체다. 휴면하는 객체는 전적으로 혼자인 것은 아닌데, [그것을 구성하는] 구성 부분이 있기 때문이다. 그것은 그저 다른 무언가의 구성 부분이 아니기에 지각하지 않는다. 원리상 어떤 객체는 영원히 휴면하는 상태로 남을 수 있다. 그것은 대양의 표면으로 영원히 떨어지는 물방울처럼, 더 상위의 객체로 들어감으로써 발견되고 어루만져지고 활용되지 않고서도 완전히 실재적일 것이다. 그러나 어떻게 휴면하는 객체가 이전에 아무런 관계가 없더라도 갑자기 깨어나 관계 속으로 들어갈 수 있는지를 살펴보는 것이 남아 있다.

객체 지향 철학의 기본적 모델이 이제 독자 앞에 있다. 두 종류의 객체(실재적인 것과 감각적인 것)와 두 종류의 성질(역시 실재적인 것과 감각적인 것)이 있다. 실재에 대한 이 네 극점은 고립되어 있지 않지만 항상 다양한 순열에 따라 서로 간의 대결 속에 갇혀 있다. 그와 같은 극점들 중 하나의 객체-극점과 하나의 성질-극점 사이 특별한 긴장과 관련한 네 개념이 있는데, 여기에는 시간, 공간, 본질, 형상이라는 이름이 붙었다. 이 모델에서 다수의 수수께끼와 역설이 발생함에도, 역설은 모델의 가치를 증명할 수 있는 가장 설득력 있는 증거다.

9. 존재학

우리는 두 종류의 객체와 두 종류의 성질이라는 네 극점을 포함한 모델을 개괄했다. 우리의 과제는 이제 다음과 같다. 우리는 극점이 어떻게 상호 작용하는지를 살피기 위해 이와 같은 극점의 다양하고 가능한 조합을 숙고해야만 하며, 이와 같은 모델이 얼마나 강력하고 유용한지를 증명해야만 한다. [그 모델이] 강력하지 않다면, 그것은 그저 세계에 대한 또 하나의 아마추어적 체계나 정신 나간 체계에 불과할 것이다. 또한 [그 모델이] 유용하지도 않다면, 그것은 구조적 추상에 대한 무익한 훈련 외에는 아무것도 아닐 것이다. 칸트는 그저 세계를 범주로 재단한 것이 아니라, 그 범주가 인간 존재에 대한 지속적 관심이라는 주제에 어떻게 적용될 수 있는지를 증명하려고 노력했다. 프로이트는 꿈이 단순한 소망 충족이라고 규정하지 않았고 그 이상의 무엇이라고도 말하지 않았지만, 그러한 관점을 정신병과 전반적 인간 문화의 궁극적 성격에 대한 완전한 이론으로 발전시켰다. 이름값을 하려는 철학이라면 이들과 비슷한 정도의 풍요로움을 얻기 위해 모험을 떠나야 할 것이다.

네 요소를 포함하는 집단에는 원리상 열 가지 순열이 가능해야 할 것이다. 명백히 네 세트로 구성된 카드놀이를 살펴보자. 다이아몬드 카드는 또 다른 다이아몬드[카드]와 짝이 되거나, 하트, 클럽, 혹은 스페이드[카드]와 짝이 될 것이다. 그러나 이것은 단순히 형식적 가능성일 따름이다. 실재 세계에서는 조합을 불가능하게 만드는 그 이상의 제한이 있을 수 있다. 이름은 그러한 짝짓기를 기술하고 분류하는 훈련을 위해 필요한 것이고, 이런 목적에서 나는 존경의 정신이 아니라 기만의 정신으로 고안된 단어를 선택하고자 한다. 영국의 작가 M. R. 제임스는 고전적 유령 이야기에서 어떤 강단 현학자를 '존재학의 교수'라고 기술했다.[1] 구글 검색을 하면 '존재학ontography'[2]이라는 단어가 최근 수십 년 동안 때때로 진지하게 공들여 제안되었음을 빠르게 보여준다. 그러나 어떤 경우에도 그 단어가 인기를 끌지는 못했던 것 같다. 그러므로 그 단어는 아직 누구에게나 열려 있으며 우리는 이 장에서 기술할 주제를 위해 제임스의 용어를 빌려올 수 있다. 존재학이야말로 숲과 호수와 같은 군집된 자연의 성격을 다루는 지리학 대신 객체의 우주의 기본적 주요 지형과 단층선이 담긴 지도를 그린다.

---

1   M. R. James, "Oh, Whistle, and I'll Come to You, My Lad," p. 57. In *Casting the Runes and Other Ghost Stories*. (Oxford: Oxford University Press, 1987.) [옮긴이] 한국어판에서는 '비교존재학 교수'라고 번역되었다. 몬터규 로즈 제임스, 「호각을 불면 내가 찾아가겠네, 그대여」, 『몬터규 로즈 제임스: 호각을 불면 내가 찾아가겠네, 그대여 외 32편』, 조호근 옮김, 현대문학, 2014, 119쪽.

2   [옮긴이] ontology와 geography가 합성된 조어로, 존재지리학의 의미이지만 본서에서는 존재학으로 옮겼음.

계통 분류

우리는 부가적 도구로서 혼합에 대한 약어를 덧붙일 수 있다. 철학에서 지나치게 많은 약칭이 무익한 전문적 훈련에 대한 산만한 인상을 줄 수 있음에도, 적은 양의 약어는 항상 보다 긴 이름으로 세계의 네 극점을 지시해야 한다는 부담을 피하게 해줄 수 있다. 그런 관점에서 우리는 실재 객체real object를 'RO'로, 실재 성질real quality을 'RQ'로, 감각 객체sensual object를 'SO'로, 감각 성질sensual quality을 'SQ'로 표기했다. 이를 보다 생생하게 살펴보기 위해 우리는 카드놀이라는 비유와 함께할 것이다. 표준적 카드 한 벌에 붉은색의 두 짝[다이아몬드, 하트]과 검은색의 두 짝[스페이드, 클럽]이 있는 것처럼, 존재학은 두 객체와 두 성질의 '세트'가 있음을 인식한다. 이 이미지는 얼마나 다른 종류의 짝이 계통으로 분해되는가에 대해 상상하는 것을 쉽게 해줄 것이다. 먼저 우리는 붉은색 세트를 검은색 세트와 짝짓는 네 방법이 있으며, 그래서 객체와 성질을 짝짓는 각기 다른 네 방법이 있다는 것에 주목했다. 바로 실재 객체–실재 성질RO-RQ, 실재 객체–감각 성질RO-SQ, 감각 객체–감각 성질SO-SQ, 감각 객체–실재 성질SO-RQ이 그것이다. 이 모든 짝은 객체를 성질과 연결시키기 때문에, 이 짝들은 붉은색과 검은색의 서로 구별되는 네 가지 결합이 가능한 이종적 짝이라 불릴 수 있다. 이와 마찬가지로 각각의 색깔이 그 자체로 맺는 세 가지 가능한 짝이 있다. 예를 들어 붉은색의 경우, 우리는 하트와 하트, 다이아몬드와 다이아몬드, 혹은 하트와 다이아몬드를 가질 수 있다. 존재학의 관점에서 이것들은 실재 성질–실재 성질, 감각 성질–

감각 성질, 실재 성질-감각 성질로 명시될 것이다. 이와 유사하게 검은색 세트는 스페이드-스페이드, 클럽-클럽, 스페이드-클럽으로 결합될 수 있는데, 이는 존재학에서 실재 객체-실재 객체, 감각 객체-감각 객체, 실재 객체-감각 객체로 기술된다. 이와 같은 방법을 통해 우리는 세계에 대한 세 가지 기본적인 분극화의 계통이 있다는 초기 가설을 수용할 수 있게 된다. 우리는 이러한 가정에서 무엇이 비롯되는지를 알 수 있고, 나중에 필요하다면 이를 교정할 수 있다.

지금까지 우리가 주목했던 것 대부분은 이종적 짝에 의해 이끌렸는데, 이종적 짝들은 **시간, 공간, 본질, 형상**이라는 도발적 이름으로 소개되었다. 그것은 세계 속의 네 가지 커다란 긴장을 나타내며, 이들의 이름은 물리적이고 형이상학적인 영역의 기본적 특징과의 연결을 시사한다. 우리는 또한 각각의 긴장에 있어 명백하게 대위법적으로 객체와 성질을 자리 매김하는 특별한 방법이 있음을 보았다. '대면confrontation'은 시간에서 발견되는 감각 객체와 감각 성질의 무언의 대결을 그 두 구성 요소 사이의 열린 논쟁으로 전환시킨다. '매혹allure'은 공간에 대해, '인과causation'는 본질에 대해, 그리고 '이론theory'은 형상에 대해 그 유비적 역할을 맡는다. 이 네 가지 긴장은 두 하위 계통으로 분해되는데, 그중 두 가지가 항상 이용할 수 있는 감각 객체와 관련되어 있는 데 반해, 다른 두 가지는 헤아릴 수 없이 깊은 곳으로 물러난 실재 객체와 관련되어 있기 때문이라는 점도 역시 언급되었다. 감각 객체는 진정으로 자율적인 무언가가 결코 아닌 한에서, 감각 성질과의 긴장(시간)과 실재 성질과의 긴장(형상)을 제외하고서는 도저히 존재할 수 없다. 일반적으로 감각 객체는 그것의 성질과의 손쉬운 합일로 존재한다. 평범한 지각은 나무와 그것의 흔들리는 표면의 특징 혹은 지하 세계의 실재적 기색을 분명하게 구별하지 못하기 때문이다. 새로운 무언가가 일어난 적이 있다면, 이럴 때 요구되는 것은 두 극점 사이의 **분열**이다. 그 반대가 실재 객체에 적용되는데, 실재 객체는 그것(공간)을 공표하는 표면 성질과의 긴장이나 그것(본질)에 귀속되어 있는 다수 특징과의 긴장과는 처음부터 어떤 종류의 관계도 하지 않기 때문이다. 이 두 경우에서 **융합**은 그 자체로 실재 객체와 실재 성질 혹은 실재 객체와 감각 성질 사이에서 요구된다. 융합 그 자체는 특징에 달라붙는 그와 같은 그림자를 다룰 방법이 없다. 이와 같은 네 가지 과정 모두 더 자세한 기술을 필요로 한다. 더나아가 우리는 어떤 원인이 그러한 분열과 융합을 야기하는지 알 필요가 있다.

붉은색 짝의 본성은 붉은색과 검은색이 혼합될 때만큼 복잡하지는 않다. 그 짝들은 모두 성질과 관련되어 있는 것이 분명하기 때문이다. 즉 실재 성질–실재 성질, 감각 성질–감각 성질, 실재 성질–감각 성질이 그것이다. 이제 그러한 성질들 사이의 결속에 기여할 법한, 세계에 대한 단 하나의 극점만이 있을 뿐이다. 그러한 성질들이 귀속되는 객체가 그것이다. 두 실재 성질 혹은 두 감각 성질은 그것들 모두 동일한 객체에 속하는 한에서만 연결된다. 그리고 실재 성질이 실재 객체를 통해 연결되고 감각 성질이 감각 객체를 통해 연결된다는 것이 논리적일 수 있는 데 반해, 그 규칙은 그렇게 엄격하지 않은 것으로 밝혀졌다. 우선, 두 종류의 성질 모두 **감각** 객체를 통해서만 연결된다. 지향적 객체가 우연적 표면 특징과 비교되는 단위일 뿐만 아니라 감각적 직관으로는 파악될 수 없는 실재적이고 형상적인 성질까지 통일시킨다는 후설의 발견을 상기해보자. 예를 들어 나는 나무를 단순히 감각 객체로 관찰한다. 그러나 이 객체는 감각적 나무를 절멸시키지 않고서도 광범위하게 섞일 수 있는, 변동하는 우연적 특징과, 감각적 나무가 그 자체가 되기 위해 필요로 하는, 지속할 수 있는 실재 성질 모두를 갖는다. 모든 감각 객체는 그에 속하기도 하지만 속하지 않기도 하는 두 종류[감각적 종류와 실재적 종류]의 특징과의 끊임없는 불화 속에서만 존재한다. 단지 특별한 융합의 경우에서만 각각의 종류의 성질은 실재 객체에 부착되어 있는 것처럼 보일 수 있다. 사물의 평범한 상태에서는 실재 성질-실재 성질과 감각 성질-감각 성질 짝 모두 감각 객체에 의해 매개된다.

후자인 감각 성질-감각 성질에서 이들을 묶는 이는 맨 처음에는 관찰자인 듯한데, 우리가 감각적 사과 혹은 감각적 개가 그들과 마주하는 이에게만 존재한다는 것을 알고 있기 때문이다. 그러나 관찰자는 감각 성질과 아무런 직접적 접촉이 없다는 점을 상기하자. 이는 후설에 의해 거부된 경험론적 독단일 뿐으로, 후설은 우리가 항상 감각 객체와 접촉한다는 점과, 성질이 이런 객체에 파생적일 뿐임을 증명한다. 감각 성질의 경우, 저 유명한 신플라톤주의적 용어를 사용한다면 감각 성질은 동일한 감각 객체에서 함께 **발산되는**emanate 한에서 간접적으로 연결된다. 우리는 대부분의 경우 실재 성질이 감각 객체와의 연결에서만 존재한다는 점을 보았다. 그러나 이는 발산으로 기술될 수 없다. 이 성질이 더는 시야를 향해 내뿜어지지 않기 때문이다. 그래서 감각 객체와 연결되어 있는 실재 성질에 대한 보다 더 적절한 용어는 니콜라우스 쿠자누스[3]가 제안한 것으로 유명한 **축소**contraction일 것이다. 남은 짝인 실재 성질-감각 성질은 나무와 같은 감각 객체에 대한 논의를 전개할 때 이미 언급되었다. 다시 말해, 나무는 언제든 실재 성질과 감각 성질을 갖는데 이것들은 서로 상당히 다를 것이다. 이런 이유로 실재 성질-감각 성질 짝은 **이중성**duplicity이라는 이름으로 알 수 있다.

이제 검은색 짝 즉 실재 객체-실재 객체, 감각 객체-감각 객체, 실재 객체-감각 객체로 주의를 돌려보자. 이들의 계통은 붉은색 짝들보다 더욱 잡다한데, 저마다 서로 다른 양상을 지니기 때문이다. 감각 객체의 짝으로 시작해보자. 우리는 단일한 관찰자가 겪는 동일한 경험의 영역에서 감각 객체가 그것들의 **인접**continguity을 통해서만 연결된다는 것을 안다. 나는 한 번에 하나의 감각 객체가 아니라 여러 감각 객체와 마주한다. 두 실재 객체 사이 결속에서 객체 지향 철학의 근간이 되는 원리는 그러한 객체에는 그 어떤 것과의 직접적 연결이 없다는 통찰이다. 이런 방법으로 은폐된 도구-존재에 대한 하이데거의 관념은 동일한 수준에 있는 모든 상호작용에 대한 화이트헤

---

3   [옮긴이] Nicolaus Cusanus, 1401~1464. 독일의 철학자, 신학자, 법률가, 천문학자. 신플라톤주의에 입각해 아리스토텔레스적 스콜라 철학을 비판했다.

드의 우주론적 시각과 결합한다. 그리하여 무생물적 존재자는 우리에게서와 마찬가지로 서로에게서도 숨겨지는 것이다. 두 감각 객체가 인접된 것보다 더 나은 것이 결코 될 수 없다면, 실재 객체는 상호관계가 전혀 없는 **물러남**withdrawal의 방식으로 공존한다. 대리 인과vicarious causation에 대한 형이상학 전체는 이러한 논제에 도움을 주기 위해 고안된 것이다. 이제 실재 객체-감각 객체 짝만이 남았는데, 우리는 그것을 즉각적 접촉의 **진정성**sincerity이라 부르고자 한다. 여기서 실재 객체로서의 경험자는 감각 객체와 직접적으로 접촉한다.

이런 방식으로 우리는 세계 내의 열 가지 가능한 형태의 긴장의 지도를 만들었다. 색을 뒤섞는 방식의 긴장은 우리가 시간, 공간, 본질, 형상이라고 불렀던 것이다. 붉은색 짝 혹은 방사radiations는 발산, 축소, 이중성이라 불린다. 그리고 검은색 짝 혹은 접합junctions은 물러남, 인접, 진정성이라 불린다. 그러나 열 가지 범주에 대한 이와 같은 기획은 추가적인 해명을 해야 할 필요를 분명하게 감당하기에는 아직 [우리에게] 친숙하지 않다.

붉은 것과 검은 것: 긴장

카드놀이에서 비롯된 은유는 그것이 우리의 모델을 더 생생하게 만드는 데 유용함을 증명할 것이다. 최신 물리학과 QCD 혹은 '양자 색역학Quantum Chromodynamics' 즉 어떻게 강한 원자력이 쿼크 사이 상호관계에서 비롯되는지에 대한 이론을 살펴보자. 그렇게 미세한 수준의 우주에서는 실제로 어떤 것도 색채가 없는 데 반해, 기본 색인 붉은색, 파란색, 초록색의 활용은 강한 핵력strong nuclear force이라는 상당히 전문적인 모델에 대한 강력한 직관적 토대를 제공해준다. 유추해보자면, 우리가 항상 '실재 객체' 혹은 '감각 성질'이라고 말하기보다, 그러한 용어와 그것들의 상호작용을 위한 일련의 직관적 동의어를 갖는 것이 도움이 될 것이다. 우리가 각기 다른 색의 두 세트로 된 카드만을 가졌다고 하더라도, 우리의 경우 단지 한 쌍의 색(붉은색과 검은색)만이 다양한 극점을 설명하는 데 필요하다. 어떤 것에 대해 어떤 색을 사용할 것인지를 결정하는 것은 다소 임의적인데, 지난 저작들에서 나는 성질을 일종의 '블랙박스black box'로 간주될 수 있는, 객체로부터 발산되는 '흑색 소음black noise'이라고 지칭했다. 이러한 이유로 나는 객체-극점을 지칭하는 데 검은색 짝 한 세트를, 성질-극점을 지칭하는 데 붉은색 짝 한 세트를 사용하는 것을 선호한다. 처음에는 경박하게 들리겠지만, 잭Jack이나 다른 카드들이 포함되어 있는지 여부와 상관없이 우리가 숫자 카드로 구성된 네 가지 다른 세트에 대해 말함으로써 네 가지 다른 양식을 예시하는 것이 객체를 이야기하는 데 생기를 북돋울 것이다. 개를 예로 들자면, 우리는 클럽의 개(감각 객체), 다이아몬드의 개(그것의 감각 성질), 스페이드의 개(실재 객체), 하트의 개(그것의 실재 성질)라는 매력적 표현을 사용할 수도 있다. 그러나 이는 우리의 무기고에 유용한 동의어를 추가하지만, [아직까지는] 진지한 전문 용어로는 제안되기 어려운 황당한 이미지를 뜻할 뿐이다.

이러한 이종적 짝을 통해 해내야 할 첫 번째 과제는 객체와 성질이 나란히 존재하는 특별한 사건과 반대되는, 객체와 성질의 평범하

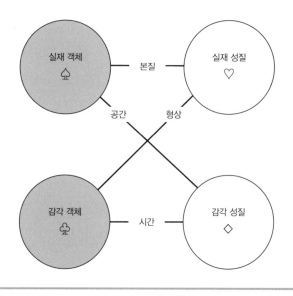

다이어그램 8. 네 가지 긴장

고 일상적인 상태를 기술하는 것이다. 우리가 찾은 것은 우리의 두 짝(시간을 산출하는 감각 객체-감각 성질 짝과 형상을 산출하는 감각 객체-실재 성질 짝)이 이미 일상의 경험에 붙어 있는 데 반해, 다른 짝(본질을 산출하는 실재 객체-실재 성질 짝과 공간을 산출하는 실재 객체-감각 성질 짝)은 그것들 간의 연결이 **만들어지지** 않는다면 통일되지 않는다는 점이다. 시간과 형상의 평범한 상태는 이와 같다. 즉 객체와 성질은 하나의 단위로 압축되는 것처럼 보이며, 단지 특별한 경우에만 이것들은 명백한 갈등을, 우리가 말했듯 분열을 드러낸다. 이와 반대되는 것이 본질과 공간에 적용되는데, 실재 객체의 감각 성질과 실재 성질가 융합되는 경우를 제외하면 이것들[본질과 공간]에서 실재 객체는 그것의 감각 성질과 실재 성질과 결코 대치되지 않는다. 공간이 우리가 부단히 경험하는 것은 아니기 때문이다. 다시 말해서 경험은 가까이 있고 떨어져 있는 모든 객체가 우리와 직접적으로 접촉하고 공간적 거리는 그저 추론될 뿐인 일종의 홀로그램이다. 그리고 처음에는 놀랍게 들릴지 몰라도, 실재 객체 또한 분명한 본질을 갖는 것은 아니다. 실재 객체의 본질은 잠깐 사이에 단 한 번만 산출되기 때문이다. 사물의 평범한 상태에 대해서는 이 정도로 해두자.

그런데 이어지는 질문은 그렇게 평범한 환경이 어째서 어찌되었든 파열되는가이다. 알랭 바디우는 평범한 '상황의 상태state of situation'를 파열시키기 위해서는 희귀한 진리-사건truth-event이 필요하다고 주장한다. 우리는 이 원리를 받아들임으로써, 그리고 그와 같은 사건을 숫자상 네 개로 만듦으로써 그의 입장에 완전히 동참한다.[4] 그 분열의 본질은 그의 경우와 우리의 경우에서 완전히 다르며, 바디우는 인간이 그와 같은 사건의 주체가 되도록 허용하지만, 무생물적 객체가 사건의 주체가 되는 것은 허용하지 않는다. 실재 객체나 감각 객체가 그 성질과 분리되고 새로운 것과 합일된다면, 우리는 이것이 언제 그리고 어째서 발생하는지 알 필요가 있다. 이는 억지 질문이 아니며, 어째서 무언가가 발생하는지에 관한 주된 철학적 문제를 다루는 것

---

4   Alain Badiou, *Being and Event*. Translated by O. Feltham. (London: Continuum, 2006.) [옮긴이] 알랭 바디우, 『존재와 사건: 사랑과 예술과 과학과 정치 속에서』, 조형준 옮김, 새물결, 2013.

이다. 어째서 [객체는] 순전한 정체 상태에 있지 않은가? 항상 나타나는 것이 아니라 잠시만 나타나는 사나운 변화를 겪게 만드는 사물의 배열과 관련해 부적절한 것은 무엇인가? 객체와 그것의 성질 사이 결속이 분명 다소 느슨하다 할지라도, 우리는 어째서 객체가 갑자기 성질을 방출하거나 흡수하는지에 관해 여전히 의문을 가져야 한다. 몇 가지 관점에서 존재학 모델은 입자 물리학 모델과 유사하게 전개된다.

시간, 공간, 본질, 형상에 관해 제기되어야 하는 세 번째 질문은 이 객체와 그 성질의 네 짝이 직접적으로 서로를 다루는가, 아니면 어떤 매개자가 필요한가다. 이 중 두 경우(공간과 본질) 대답은 간단하다. 매개는 다른 용어에 의해 요구된다. 결국 이와 같은 경우 객체와 성질은 정의상 분리된다. 다시 말해 이 극점 사이 융합이 요구되며, 모종의 중간 용어가 융합하는 일을 맡아야 한다. 이러한 상황은 시간과 형상의 경우에서 덜 분명한데, 여기서는 감각 객체가 항상 감각 성질 및 실재 성질 모두와 접촉하고 있기 때문이다. 그러나 감각 객체가 무언가를 경험하는 존재자를 위해서만 우선적으로 존재한다면, 그 경험하는 존재자가 분리된 두 극점 사이 틈새를 이어줄 수 있는 제3의 용어라고 말할 타당한 이유가 있게 된다.

그리고 이 때문에 우리는 아직까지 제기되지 않은 최종적 질문에 이르게 된다. 즉, 성질이란 정확히 무엇인가? 성질이 근원적 감각 객체에서 발산됨에 틀림없다는 후설의 주장을 고려했을 때, 성질이 보편자여야 한다는 주장은 불가능해 보인다. 파란색이 동등한 색조의 대양, 하늘, 셔츠, 눈, 페인트의 경우에서 항상 다른 색이라면, 보편자는 항상 2차 등급의 추상이지 감각의 진정한 재료가 아니기 때문이다. 성질은 항상 객체에서 뽑아내야 하는 것이기 때문에 경험에서 순수하게 주어진 감각 자료가 없음을 고려했을 때, 그와 관련된 이유에서 감각 성질이 감각 객체와 어떻게 다른지는 불분명해진다. 내가 객체의 이른바 성질에 주목한다면 내가 찾은 것은 그 이상의 객체이지 날것의 감각질[5]이 아닌 것이다. 그렇기에 성질은 혼돈스러운 백색 소음[6]이 아니라 어떤 감각 객체의 조각을 구성하는 객체에서 유래한 '흑색 소음'인 것이다. 마지막으로, 경험된 모든 성질이 객체의 주위를 도는 이론으로 가득 차 있다면, 우리는 감각 성질과 실재 성질 사이에 실제로 어떤 차이가 있는지를 알 필요가 있다.

붉은 것과 붉은 것: 방사

우리는 이제 다이아몬드가 다이아몬드와 어울리고, 실재 성질이 감각 성질과 어울리며, 또 다른 조합이 형성되는, '붉은 것'이라고 불리는 성질-성질 짝으로 넘어가고자 한다. 여기서 다시 우리는 먼저 이러한 짝짓기가 갖는 평범함의 상태에 관해 알 필요가 있다. 즉. 한 종류의 극점 혹은 세트와 짝을 지을 때 이러한 각각의 사물 사이 **통상적**normal 상호작용이란 무엇인가? 어떤 성질이 짝을 지을 때 존재의

---

5   [옮긴이] qualia. 어떤 것을 지각할 때 떠오르는 심상이나 기분. 따라서 객관적이지 않고 주관적일 수밖에 없다.

6   [옮긴이] white noise. 빗소리, 개울물 소리, 새소리와 같이 일상에서 들을 수 있는 일종의 자연음. 심리적인 안정감과 집중력을 높여준다.

통상적 상태가 동일한 객체에 함께 묶여 있다는 점은 분명하다. 감각적 나무의 다수의 우연은 그 나무의 매개를 통해서만 [나무에] 함께 속하는데, 동일한 것이 나무의 수많은 실재 성질에도 해당된다. 그렇지만 두 종류의 성질에는 중요한 차이가 있다. 우리는 감각 객체가 항상 그러한 성질과 결합해야만 존재하고, 그것과 상대적으로 드문 분열의 경우에만 분리된다는 것을 확인했다. 이와 대조적으로 실재 객체는 융합의 경우에서만 본질적 특징의 다수성을 떠안으며, 이러한 의미에서 실재 객체는 평범함의 상태와 결코 연결되지 않는다. 유비적 특징은 두 종류의 객체에서 발생한다. 동일한 경험 행위자에 대해 다수의 감각 객체가 미리 공존하는데, 그로 인해 그러한 감각 객체들의 평범한 상태는 감각 객체를 경험하는 행위자와 인접하거나 연결되게 되어 있다. 그러나 이는 미리 서로 단절되어 있는 존재 양식을 가진 실재 객체에는 해당되지 않는다. 즉, 우리는 한 극점과 또 다른 극점 사이 평범한 연결이 경험에서만 발견될 뿐 물러난 진정한 실재에서는 발견되지 않음을 본다.

이어지는 질문은 언제 그리고 어째서 이러한 짝이 합쳐지고 나뉘는가다. 실재 성질 혹은 감각 성질에서 이는 단지 이종적 짝짓기에서 비롯된 하나의 부산물일 뿐이다. 단일한 실재 객체와 연결된 두 실재 성질을 살펴보자. 우리는 이런 경우가, 우리가 본질이라 불렀으며 인과의 현상과 연결시켰던 일종의 융합을 요구한다는 것을 보았다. 다소 다른 무엇인가가 두 감각 성질에서 발생하는데, 그것은 언제나 감각 객체와 연결되어 있으므로 객체로 축소될 필요가 없으니, 그

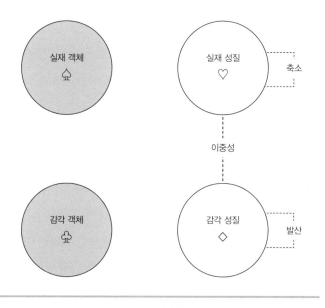

다이어그램 9. 세 가지 방사

성질이 처음부터 객체에서 **발산하기** 때문이다. 이러한 성질이 감각 객체를 통한 연결을 상실하는 유일한 방법은, 우리가 **대면**이라 부른, 감각 객체와 그것의 성질 사이에 발생하는 분리다.

　세 번째 질문은 만약 이와 같은 붉은색 짝을 매개하는 것이 있다면 무엇인가다. 그러나 여기서 그 대답은 매우 분명한데, 우리가 이미 그것을 간략히 다뤘기 때문이다. 우리는 실재 성질과 감각 성질 모두 항상 동일한 감각 객체에 의해서만 함께 묶인다는 점을 알고 있다. 우리는 또한 같은 감각 객체에 결속된 실재 성질과 감각 성질의 혼합된 조합에도 마찬가지라는 것을 알고 있다. 즉 해바라기의 실재적 특성은 해바라기의 일렁이는 우연과 더불어 동일한 감각적 꽃[해바라기]과 짝지워진다.

그러나 여기서 최종적 질문은 이전 단락의 질문들과 약간 다르다. 다시 말해, 왜 우리는 여기서 다수성을 다루고 있는가? 어째서 감각 나무에는 수없이 **다른** 감각 성질이 있는가? 그리고 실재 개dog에는 어째서 수없이 **다른** 실재 성질이 있는가? 내가 제안하는 대답은 실재 객체 혹은 감각 객체가 다수의 요소로 구성되어 있다는 사실에서 나온다. 이 요소들이 문제의 그 객체를 형성하기 위해 함께 모일 때, 상호작용에서는 필요하지 않게 된 부분의 초과된 특질이 객체를 둘러싼 성질의 가스 혹은 잔향으로, 객체가 제조되는 과정에서 나온 산업 폐기물로 남는다. 동일한 것이 다른 방법으로 실재 객체와 실재 성질 사이 관계에도 적용된다. 왜냐하면 설령 실재 객체가 감각 객체와 동일한 방법으로 다수의 성질에 달라붙지 않는다 하더라도, 그런 성질은 이후 가능한 용도로 쓰일 수 있도록 실재 객체를 통해 걸러질 필요가 있기 때문이다.

검은 것과 검은 것: 접합

우리는 이제 마지막 세 가지 짝으로, 어떤 방식으로든 결합하는 서로 다른 객체들의 짝인 실재 객체-실재 객체, 감각 객체-감각 객체, 실재 객체-감각 객체 짝으로 이동한다. 우리의 첫 번째 질문은 또 다시 이와 같은 짝의 일상적인 평범한 상태와 관련된다. 실재 객체와 감각 객체의 연결과 관련해서 통상적 상태는 즉각적 접촉 중 하나인 것이 분명하다. 우리는 경험이라는 것이 경험을 하는 실재 객체가 감각 객체와 대면하는 것 외의 어떤 것도 아님을 보았기 때문이다. 그와 동시에 (접촉한다는 것의 어려움을 고려했을 때) 실재 객체의 실재 객체-실재 객체 짝은 실재 객체-감각 객체 짝과 함께 유별난 최종 범주에 속할 또 다른 변칙이다. 반면 우리는 이러한 감각 객체들을 즉각 경험하는 동일한 실재 객체에 대해 감각 객체-감각 객체 짝은 오로지 인접의 상태에서만 존재한다는 것을 안다.

그러나 잠시 동안은 현재 형태학적으로 할당된 짝에 머물면서, 다시 우리는 언제 그리고 어째서 그 짝이 합쳐지고 나뉘는지를 물을 필요가 있겠다. 그리고 여기서 우리는 실재 객체와 감각 객체의 짝에서 또 다른 변칙과 마주한다. 실재 객체가 감각 객체와 접촉하고 있음에도 불구하고 여기서는 어떠한 분열도 가능하지 않은데, 두 극점 사이에 분열이 일어날 수 있게 하는 어떤 매개자도 없다는 확실한 이유 때문이다. 진정성sincerity은 분열에 종속될 수 없다. 진정성에 대해 할 수 있는 것은 그저 그것을 끝내는 것뿐이다. 즉 잠 혹은 완전한 죽음처럼 새로운 진정성으로 대체하거나 어느 것으로도 대체할 수 없거나 둘 중 하나다. 진정성이 중단될 때, 어떠한 매개자도 이 사건을 경험하기 위해 현존하지는 않으며, 그래서 진정성은 그저 우주에서 사라진다. 진정성에 대한 두 번째 목격자는 없다.

세 번째 질문은 여기서 늘 그렇듯 이와 같은 범주에서 극점을 매개하는 것은 무엇인가다. 실재 객체가 진정성을 통해 감각 객체와 마주할 때 즉 실재 객체-감각 객체 짝이 나타날 때, 대답은 명백히 "아

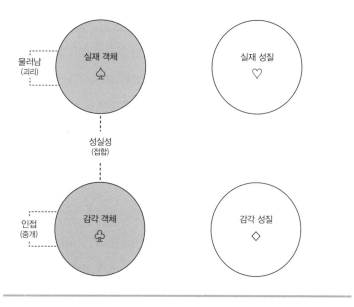

다이어그램 10. 세 가지 접합

무엇도 없다"다. 실재 객체와 감각 객체의 접촉은 우리가 알고 있는 직접적 접촉의 유일한 경우라는 의미에서 직접적이다. 실재 객체-감각 객체 짝이 직접적 접촉이라면, 실재 객체-실재 객체와 같은 종류의 짝은 직접적이지도, 매개적이지도 않으며, 전혀 발생하지도 않는데, 그것이 바로 대리 인과가 우선적으로 요구되는 이유다. 대리 인과는 우리에게 세 가지 접합에서 가장 쉬운 경우를 남겨준다. 그것은 감각 객체-감각 객체 사이의 접촉으로, 우리는 이미 그와 같은 접촉이 감각 객체와 동시에 마주하는, 경험하는 실재 객체에 의해 매개됨을 보았다.

여기서 던지는 네 번째 질문이자 마지막 질문은 앞선 두 항목[긴장과 방사]만큼이나 다른 것이다. 우리에게는 이제 무매개적으로 혹은 직접적으로 접촉하는 실재 객체와 감각 객체 짝이 있다. 이에 따라 우리에게는 실재 객체와 실재 객체 짝이 남아 있는데, 실재 객체-실재 객체 짝은 직접적으로도, 단거리 매개를 통해서도 발생될 수 없으며, 합성 객체compound object의 발현을 고려했을 때만 발생됨에 틀림없다. 그 것은 훨씬 더 많이 매개된 방식으로 혹은 훨씬 더 많이 복잡한 방식으로 발생함에 틀림없다. 어째서 이들 접합 중 무언가는 상호접촉을 하는데 다른 것은 할 수 없을까? 구조적으로는 만족스러울지라도 [이 것은] 이상한 상호보완 관계다. 우리는 어째서 두 실재 객체가 직접적으로 접촉할 수 없는지에 대해 이미 이야기했다. 실재 객체와 실재 객체는 대리적 형태로밖에는 서로 접촉할 수 없다는 것이 그 이유다. 그러나 어째서 실재 객체가 감각 객체와 접촉하는지에 대한 질문이 남아 있다. 이는 우주의 구조와 객체의 구조에 관해 우리에게 무엇을 가르쳐주는 것일까? 우리는 존재학을 합리적으로 타당한 분과 학문으로 발전시키기 위한 예비 작업을 수행하면서 그에 따른 보상을 거두기 위해 노력해야 한다. 우리에게는 세계의 극점들 사이에서 발생하는 모든 가능한 상호작용에 대한 더욱 세밀한 지리 도감이 필요하며, 그와 같은 지리 도감은 우리가 거둘 성과 중 하나임이 분명하다.

10. 사변적 실재론

대륙적 전통[유럽 대륙 철학의 전통]에서 최근의 철학은 세계에 대한 접근 철학Philosophy of Access이라고 기술하는 것이 안전할 것이다. "최초의 철학자는 칸트였다"는 지젝의 신조에 동의한다면, 그것은 인간-세계의 틈새가 모든 엄밀한 철학의 특권적 자리라고 가정한다. 모든 철학의 특권화된 자리로서의 인간-세계의 틈새는 인간과 세계를 상호적으로 공共규정하는co-determining 이러한 두 극점 사이의 연결될 수 없는 틈새가 부정될 때조차도 (혹은 부정될 때 특히) 마찬가지로 남아 있다. 우리는 2006년에 캉탱 메이야수가 이러한 입장을 '상관주의'라는 기념비적 이름으로 제시했음을 알고 있다. 이 용어가 프랑스에서 어떻게 받아들여졌는지 간에, 상관주의는 영어권에서 사변적 실재론 Speculative Realism으로 알려진 새로운 철학적 운동에 대한 촉매로 기여했다. 이 운동은 2007년 4월에 런던에서 공식적으로 데뷔했으며,[1] 영국과 북미의 대륙 철학자 중 젊은 세대에게서 널리 유행한 것으로 드러났다. 여전히 사변적 실재론 그룹이라는 말은 주류 상관주의 철학을

---

1   런던대학교 골드스미스 칼리지의 알베르토 토스카노가 그 행사의 좌장 역할을 맡았다. 완전한 글은 *Collapse*, Volume III. "Speculative Realism: Ray Brassier, Ian Hamilton Grant, Graham Harman, Quentin Meillasoux," pp. 306-449에서 볼 수 있다.

공유하는 적들에 의해 규정되고 있다. 다른 측면에서 보더라도 지적인 단층선은 처음부터 그룹 안에 있었고, 나를 제외한 원년 멤버 중 누구도 이제는 그와 같은 용어의 의미에서 '객체 지향 철학자'[2]로는 불릴 수 없게 되었다.

사변적 실재론의 원조 중 메이야수만이 상관주의에 대한 노골적 적대감을 피해간다. 메이야수가 상관주의를 비판함에도 불구하고 그의 목표는 상관주의를 폐기하는 것이 아니라 그것을 그 내부에서부터 급진화함으로써 절대적 지식의 형태를 추구하는 데 있다. 이는 메이야수가 사변적 실재론 창립 회의에서 피히테를 옹호한 데서 가장 분명하게 드러났다.[3] 그때 메이야수는 다음처럼 지적했다.

> 나는 '상관correlation'이라는 용어를 통해 하먼이 '접근 철학'
> 이라고 부른 이와 같은 입장에 대한 본질적 논변이 드러나
> 길, 그리고 — 나는 이를 강하게 고수했는데 — 이와 같은
> 논증의 명백하고 절망적으로 완강한 예외적 힘 또한 드러
> 나길 바랐다. 상관주의는 단순한 만큼 강력한 한 가지 논
> 변에 의존하는데, 그것은 다음과 같이 정식화될 수 있다.
> X의 소여 없이는 어떠한 X도 없고, X의 가정 없이는 X에

---

2   이러한 이유로 2010년 4월에 애틀랜타 조지아 공대에서 열린 '객체 지향 존재론' 회의에 참석한 이언 보고스트(Ian Bogost), 레비 브라이언트(Levi Bryant), 스티븐 샤비로(Steven Shaviro)는 모두 객체 지향 접근의 다양한 방법론과 관련되어 있다.

3   앞서 언급한 *Collapse*의 글, Volume III, pp. 408-449를 참조하라.

관한 어떤 이론도 없다. 당신이 무언가에 관해 말한다면, 당신은 당신에게 주어지고 당신이 상정한 무언가에 관해 말하는 것이다.[4]

이 책의 4장 중 '도구–존재의 실재론'에서 나는 내가 왜 이러한 논변의 노선을 따르지 않는지 설명했다. 우리의 차이는 이제 충분히 선명해졌을 것이다. 내가 독일 관념론이 칸트의 물자체를 포기한 것을 한탄하는 데 반해, 사실 메이야수는 알 수 없는 물자체를 절단하는 것이 합리주의 철학으로 나아가는 진정한 길이라고 찬양한다. 이런 측면에서 그는 바디우와 지젝이라는, 지식의 '유한성 이후post-finitude' 모델에 있어 그의 동료 대변인들과 많은 공통점을 가진다. 이와 대조적으로 내가 칸트에 대해 가진 불만은 그가 물자체 개념을 유지했다는 점이 아니라, 그가 그것을 보다 일반적 의미의 합리성이 아니라 홀로 맴도는 인간의 지식으로 간주했다는 점에 있다. 나는 화이트헤드와 마찬가지로 물자체는 실재적이라고 주장한다. 그러나 나는 또한 이 실재가 인간 주체에 의해서와 마찬가지로 무생물적 인과관계에 의해서도 도달되지 않는다고 주장한다. 사실 인간의 지각으로부터 물러난 목화–그–자체와 마찬가지로 불로부터 물러난 목화–그–자체도 있기 때문이다.

레이 브래시어Ray Brassier(베이루트)와 이언 해밀턴 그랜트Iain Hamilton

---

4   Ibid., p. 409.

(브리스톨)는, 메이야수와 달리, 급진적 형태이기는 해도 인간-세계를 철학의 토대와 상관되도록 위치 지으려는 것에 대한 나의 불쾌감을 공유한다. 이 두 사람은 다른 이유에서 내 입장에 반대한다. 이들은 실재론을 지지하는 동시에 실재론에 대한 나의 '객체 지향적' 입장을 거부한다. 셸링과 들뢰즈의 저작에 영향을 받은 그랜트는 객체에 대해 하부 채굴하는 태도를 지니고 있다.[5] 그랜트에게 개별적 존재자는 더 심오한 생산력이 어떤 종류의 장애물에 의해 방해되거나 지체될 때 발생한다. 세계의 역동성은 개별적 객체가 아니라 무형의 '생산성'에서 온다. 과학적 자연주의에 깊이 몰두한 브래시어에게 객체는 세계의 진정한 페르소나가 아니라 일상의 고형 물체solid mid-sized object로 만들어진, 상식적 용어로 세계를 보는 고루한 '통속적 존재론folk ontology'의 자투리일 따름이다.[6] 브래시어가 물질 세계의 외부에 놓인 자율적 영역으로서의 의식을 거부하는 인지과학을 따름에도 불구하고, 과학에 의해 알려진 것 아래의 실재와 그 조건 사이에 근본적 균열이 없다는 입장을 그가 받아들이고 있음을 고려한다면, 그 또한 그 용어에 대한 나의 관점에서 '실재론자'가 아니다. (이유는 저마다 다르지만) 메이야수와 마찬가지로 브래시어에게 세계는 궁극적으로 수학화될 수 있기에 진리는 내가 주장하는 것과 같은 완곡한 접근법을 요구하지 않

---

5   Iain Hamilton Grant, *Philosophies of Nature After Schelling*. (London: Continuum, 2006.) 을 보라.

6   Ray Brassier, *Nihil Unbound: Enlightenment and Extinction*. (London: Palgrave, 2007.)을 보라.

는데, 그들에게 실재는 원칙적으로 지식과 통약 가능하기 때문이다.

이러한 요약은 사변적 실재론이 엄밀한 의미의 철학적 운동이 아니라 매우 다른 네 가지 철학적 유행을 위한 요람이라는 것을 의미한다. 나는 객체 지향 철학의 분열된 그룹의 대표자로서 내가 왜 객체를 모든 철학의 근원으로 옹호하는지에 대한 맞대응으로 이 장을 마감하려고 한다. 이 입장은, 나의 세 동지들은 미처 주목하지 못한 역사적 흐름인 현상학에 대한 나의 독해에서 유래한다. 첫째, 내 생각에 객체는 그 무엇으로도 환원될 수 없으며, 객체 고유의 용어를 다루는 철학이 다루어야 한다. 둘째, 객체와 그것의 성질 및 다른 객체 사이 긴장은 존재하는 다른 무언가를 설명하는 데 사용될 수 있다. 그것은 진정으로 총체적인 주제다. 셋째, 나는 객체 지향 모델이 지식의 많은 영역 특히 인문학의 다양한 분과 학문을 위한 거대한 약속을 담지한다고 주장한다.

객체와 실재론

우리는 (내가 언제나 소중히 여기는 운동인) 현상학의 최악의 결과 중 하나가 실재론과 반실재론 사이 논쟁이 '사이비 문제'라고 하는 관념을 굳게 해주는 것이었음을 보았다. 지향성은 항상 그 자체의 외부에 있는 그 무언가를, 지각하거나 미워하는 어떤 객체를 향해 나아가기 때문에, 현상학은 모든 가능한 지각 너머에 있는 존재자를 가정하는 '소박한' 실재론으로 빠지지 않고서도 우리가 필요로 하는 실재론을 우리에게 제공해줄 것이라고 추정할 수 있다. [그러나] 우리가 증오하고 사랑하며 두려워하는 많은 사물이 조금도 존재하지 않는다고 판명되었다는 사실로 인해 증명되었듯이, 문제는 지향성의 객체가 실재적이지 않다는 데 있다. 현상학은 객체 자체를 감각 객체에 제한하고 실재 객체에는 어떠한 여지도 남기지 않는다는 점에서 본질적으로 관념론적이며, 세계에 대한 고유한 관점을 위협할 때 발생하는 어려움을 '사이비 문제'라고 일축해버리는 것을 모면할 수 없다. 많은 시도가 이러한 난국에서 비롯된 실재의 징후를 구원하기 위해 제기되었다. 문제는 이러한 노력 중 그 어느 것도 인간-세계 상관물을 적절한 활력으로 공격하지 못했다는 데 있다. 예를 들어 어떤 사람은 인간 주체가 우주의 절대적 조물주가 아니라 자신에게 '주어진' 무언가의 수동적 수취인에 불과하다고 주장함으로써 현상학을 구하고자 애쓴다. 그러나 이같은 이른바 해결책은 요점을 놓치고 있다. 현상학의 주요 문제는 결코 자아$_{ego}$의 구성적 역할이나 세계에 반하는 그 불충분한 수동성에 있지 않다. 그보다 문제는 인간과 세계가 이 철학에서 유일한 두 극점이며, 그것들 모두가 누구든 이야기할 수도 있는 모든 상황의 참여자가 된다는 데 있다. 현상학에서 객체 사이에는 아무런 관계도 없다. 그러나 우리 시대에는 '실재론'에 대한 문턱이 낮게 설정되어 있다 보니 어느 저자의 팬도 자신의 영웅을 대신해서 실재론을 주장할 수 있게 되었다. 외부로부터 오는, 그리고 인간 주체에 대한 지식의 현존을 파열시키는 무언가에 관한 가장 보잘것없는 추적조차 저 너머를 향한 대담한 몸짓이라고 치켜세워진다. 이와 같은 이유에서 나는 전투의 함성인 '실재론'이 존중받을 만하다고 주장하는 동시에, 우리를 구해주는 데는 충분하지 않다는 결론을 내렸다. 이른바 약한 형태의 실재론은 우리 시대의 철학을 지배하는 상관주의에 대항할 수 없기 때문이다. 보다 더 중요한 원리는 객체-객체 관계를 주체-객체 관계와 정확히 동일한 토대 위에 놓는 것이다. 화이트헤드가 예증했듯, 우리는 오직 이러한 방법을 통해서만 칸트의 코페르니쿠스 혁명을 역전시킬 수 있다.

우리는 무생물적 객체를 전면에 내세움으로써 과학적 유물론의 노선을 따르는 것처럼 보이는데, 이때 과학적 유물론은 모든 것이 비인간적 주체 사이 상호작용에 의해 설명된다는 이론에 따라 고귀하고 순결한 인간 주체를 거부한다. 그러나 나로 하여금 인간 주체를 완전히 거부하도록 이끄는 이러한 유물론에는 두 가지 문제가 있다. 첫 번째 문제는 과학적 유물론이 실재의 어느 한 단계에서 작동하는 뉴런과, 또 다른 것에 대해 작동하는 전체로서의 의식을 허용하지 않은 채 주체-객체 관계를 두뇌와 훨씬 더 작은 존재자와의 객체-객체 관계로 환원하려고 애쓴다는 점이다. 두 번째 문제는 객체-객체 관계에 대한 유물론의 개념이 충분히 실재적이지 않다는 점이다. 과학적 유물론은 존재자들의 실재가 세계의 황혼 속으로 영원히 물러난다고 했을 때, 두 존재자가 어떻게 관계할 수 있는지에 대한 진정한 철학적 문제를 제기하지 않기 때문이다. 과학적 유물론은 무생물적 관계를 철학에 되돌리는 가치 있는 몸짓을 수행하지만, 그 몸짓을 물질적 충격 너머에는 아무것도 없다는 음울한 언명과 짝을 이루게 한다. 그리고 여기서 한 번 더 우리는 그와 같은 관념론에도 불구하고 현상학의 커다란 기여와 마주한다. 왜냐하면 후설의 위대함은 객체를 자유롭게 표류하는 성질의 소란스러운 풍경과도 같은 경험론적 방법으로 다루지 않고 그것을 관념론적 영역에 곧장 이식한 데 있기 때문이다. 그리고 하이데거의 위대함은 객체를 어슴푸레한 존재의, 관념론적 영역이 아닌 단일체적monolithic 영역에 재투입했다는 점에 있다.

객체에서의 극성

이 책에서 제시하는 철학은 객체의 철학일 뿐만 아니라, 분극화의 철학이기도 하다. 광야에서 고립되어 그 자체로 존재하는 실재 객체와 더불어, 후설이 발견한, 사로잡힘으로만 존재하는, 다른 존재자의 경험 속에서만 존재하는 감각 객체도 있다. 그러나 객체와 더불어 성질도 있는데, 특이한 사실은 객체가 이러한 성질을 갖기도 하고 갖지 않기도 한다는 점이다. 이러한 비대칭의 체계는 두 종류의 객체와 두 종류의 성질과 더불어, 4중fourfold 구조라는 제안으로 이끌렸던 것이다. 이 구조를 받아들이지 않으려는 사람은 그것이 드러내는 한 가지 혹은 그 이상의 극성을 거부해야 한다. 그리고 4중 구조에 대한 두 기본적 축이 있다고 했을 때, 이를 거부할 주요한 두 방법도 있다. 첫째, 앞에서 거부된 접근 철학에서 발견되듯 사유의 외부에 있는 무언가의 존재를 부정하는 평범한 책략이 있다. 여기에는 빛과 그림자 사이에 어떠한 대위법도 없는데, 소여what is given만이 실재적이라 불리기 때문이다. 둘째, 객체는 그것의 성질 외에 아무것도 아니기에, 모든 것은 직접적으로 주어진 특성의 다발일 뿐이라는 경험론적 주장이 있다. 우리가 일반적으로 그렇게 하듯 이 둘을 함께 놓는다면, 우리가 종국적으로 이르게 되는 곳은 네 극점 중 하나만이 존재하는 세계, 즉 **감각 성질**만이 존재하는 세계다. 그동안 과학적 자연주의자는 의식에서의 감각질을 무시했으며, 모종의 실재적 기체substratum를 지지함으로써 인간의 애처로운 마음에 대한 망상을 폭로하고자 애썼다. 이 실재적 기체는 성질에 불과한 것으로, 성질 외의 어떤 통일체도 아닌 것으로 판명된다. 즉, (브래시어의 입장에서 찾아볼 수 있는 것과 같은) 과학적 자연주의는 진실로 존재하는 모든 것으로서의 **실재 성질**을 인정한다. 그러나 이조차 감각 성질과 단지 상대적으로만 다른 것으로 판명되는데, 브래시어의 실재 성질이 인간적 접근의 어떤 형태, 즉 과학적 지식과 완전히 통약 가능하기 때문이다. 우리가 세 번째 선택지로 검토할 수 있는 것은 현상학으로, 현상학에서 **감각 객체**는 우선적으로 존재한다. 후설에게서 관찰 가능한 의식의 외부에는 어떤 실재 객체도 없으며, 객체의 형상적이고 감각적인 성질은 항상 객체에 파생적이기 때문이다. 이것은 **실재 객체**를 유일한 1차적 실재로 수용하는 철학이라는 네 번째 선택지를 우리에게 남겨준다. 이 선택지는 통일된 실체가 다른 모든 것의 근원이라는 가장 고전적인 실재론이 지지하는 입장이다.

소크라테스 이전 초기 철학자들이 다양한 물리적 요소를 우주를 구성할 수 있는 근원으로 고려한 이후, 엠페도클레스는 이 요소들을 하나의 체계로 통일시켰는데, 그 체계에서 공기, 흙, 불, 물은 사랑과 증오로 혼합된다는 동일한 토대 위에 놓여 있었다. 앞서 활용했던 카드놀이 용어법으로 되돌아가보면, 이 책은 엠페도클레스의 체계와 비슷한 체계를 제공한다. 이 체계에서 스페이드, 하트, 클럽, 다이아몬드 카드 각각은 분열과 융합으로 혼합된다. [이 체계와 엠페도클레스의 체계 사이의] 분명한 차이는 4종의 객체the quadruple object의 네 가지 용어가 물리적 요소가 아니며, 물방울과 마찬가지로 '스페이드'(즉 실재 객체)로 간주되는 군대와 연병장이 있는, 모든 가능한 크기의 객체와 성질이라는 점이다. 객체 지향 철학은 상관주의자, 자연론자, 현상학자, 혹은 고전적 실재론자의 환원주의적 입장을 포용하는 대신, 네 입장 모두에서 발견되는 진리의 낟알을 수확한다.

이론의 확장

4중적 객체에 대한 이 철학의 분명한 미덕 중 하나는 지식의 다양한 형태를 상대적으로 민주화하는 데 있다. 강성 환원주의자는 사회학, 예술사, 음악 이론 등의 '연성' 분과가 실재적이고 물리적인 존재의 커다란 층위에 이식된 인간적 부수 현상일 뿐이라고 쉽게 비웃는다. 그러나 철학이 객체에 대해, 그리고 그것의 성질과 관계에 대해 이야기한다고 할 때, 중성자에 참인 것은 정부와 축구팀에도 참이어야 한다. 이들 모두 객체일 것이며, 이들 모두 다른 다양한 사물들과의 관계가 매 순간 변하더라도 일정한 정체성을 유지할 것이다. 중성자는 환경에 대한 현재의 영향을 능가하며, 이집트의 무바라크 정권[7]

---

7   [옮긴이] 하지만 무바라크 정권은 민중에게 압도되어 2011년 아랍의 봄 시기에 붕괴했다.

또한 그러하다. 이제 중성자가 뽀빠이나 일각수보다 더 실재적이라는 불평이 나올 것이다. 나는 그에 동의한다. 그러나 진짜 질문은 중성자에 대한 우리의 **개념**이 뽀빠이와 일각수에 대한 **개념들**보다 더 실재적인가 하는 것으로, 그에 대한 대답은 여기서 명백히 부정적이다. 이 세 가지 모두 감각 객체이지 실재 객체가 아니다. 그러나 우리가 물리적 영역을 인간적 영역과 단순히 동일시하지 않는다는 점에 주목하는 것이 중요하다. 군대, 정부, 노래는 이것들이 출현하는 아주 사소한 층위와 독립해 있는 특정한 실재를 가지는 것만은 아니다. 이들은 물리적 영역 **내에** 수준levels이 있는 경우도 있다는 것이다. 우리의 목표는 단지 인문학이 물리학으로 환원되지 않는다고 말하는 것이 아니라, 지질학과 화학 또한 물리학으로 환원되지 않는다고 말하는 데 있다. 각 영역은 저마다의 실재를 가지며, 이것들은 자기가 유래하는 곳으로 환원될 수 없다. 객체 지향 철학은 환원하지 않기에, 과학을 대신해 손가락을 가로저으며 인문학을 거부하는 강의를 제공하지 않는다. 마찬가지로 객체 지향 철학은 권력의 담론적 실천에 의해 구성된, 과학에 대한 포스트모던 이론을 대신해 손가락을 가로저으며 과학을 거부하는 강의 또한 제공하지 않는다.

프로이트가 꿈이란 소망의 상징적 충족이라는 원리를 확립했을 때, 그는 꿈에 대한 아주 흥미로운 이론을 제공했다. 그러나 그는 그보다 더 멀리 나아갔다. 장애물에 가로막히고 간접적 만족을 통해 번역되는, 욕망에 대한 프로이트의 일반 이론은 인간의 모든 실재 — 말실수, 친구의 집에 있는 물건을 잃어버리는 것, 강박적 신경증, 히스

테리, 정신병, 문화적 실재, 죽음 충동, 성차性差, 심지어 아이와 동물의 영혼에 이르는 — 에 대한 이론이 나아갈 길 또한 열어주었던 것이다. 프로이트를 어떻게 보느냐와 상관없이, 정신분석이 광대한 **시야**를 가졌음을 부정할 수는 없다. 어떤 측면에서 4종의 객체 이론은 보다 더 야심차다. 4종의 모델은 종이 랜턴에서 나오는 불빛처럼 부옇고 깜박이는 빛을 인간의 영역뿐만 아니라 무생물적 인과 관계에도 비춘다. 마음의 안팎에 있는 모든 것은 성질을 갖는 동시에 갖지 않는 객체다. 이와 같은 이유에서 분열에 의해 찢기고 융합에 의해 합쳐지는, 객체와 성질 사이 분극화된 관계라는 주제는 철학이 세계의 한 영역을 자의적으로 다른 것으로 환원하지 않으면서 요구하는 보편적 문제를 제기한다. 여기서 지도로 그려본 4종의 객체가 정당한 모델이라면, 존재학의 네 가지 긴장, 세 가지 방사, 세 가지 접합은 그 이상의 결론을 쉽게 도출할 수 있게 해줌으로써 우리에게 우주에 대한 강력한 지도를 제공해줄 것이다.

존재론적 (비)유물론의 매혹 혹은
그것은 유물론을 충분히 쇄신하고 있을까

서동진(계원예술대 교수)

"한때 주체가 점유했던 비어 있는 왕좌에 객체를 앉히는 것이 비판적 사유의 목적은 아니다. 그 자리에 선 객체라면 단지 우상일 따름이다. 비판적 사유의 목적은 그러한 위계를 폐지하는 것이다."

- Th. W. 아도르노

1.

철학 생도들의 인터넷 블로그 사이트들이 이곳저곳에서 생겨나고 있었다. 서로의 블로그를 방문하고 코멘트를 남기며 교류하던 이들은 자신들이 어딘가 공통적인 사고를 하고 있다는 점을 발견했다. 그리고 그들은 자신들이 기존의 초월적 인간주의가 공언하던 지식의 확실성에 의문을 품은 채 자유로운 사고를 실행하고 있으며(그런 점에서 그들은 사변적speculative이다.), 저 악명 높은 칸트 이후의 비판철학에 의해 선언된 좁디좁은 현상계를 넘어 물자체An Sich, Thing-in-itself란 이름으로 접근 금지된 세계, 불가해한 그 세계의 존재자들을 발견하고자 분투하고 있음을(그런 점에서 그들은 실재론realism을 지지한다.) 확인하였다. 그리고 마침내 2007년 영국의 골드스미스 대학에서 마련된 학술대회에서 한자리에 모인다. 새로운 유물론의 대표 종種이랄 수 있을 '사변적 실재론'이 탄생한 순간이다. 레이 브레시어, 이언 해밀턴 그랜트, 캉탱 메이야수, 그리고 바로 이 책의 저자인 그레이엄 하먼이 그 자리에 모였다. 사람들은 새로운 유물론의 탄생을 이렇게 극적으로 묘사한다.[1] 그리고 이 새로운 철학적 운동 혹은 프로그램은 다양한 개념을 낳고 다양한 이론적 프로그램을 생산하며 또 흥미진진한 합종연횡을 거듭하며 번성해왔다.

　그 가운데 가장 명성이 높은 이는 단연코 그레이엄 하먼일 것이다. 그는 사변적 실재론의 대오에서 일찌감치 이탈하여 자신의 전매 특허임을 별나게 강조하는 그의 철학적인 프로그램, 즉 객체 지향 존재론Object-Oriented Ontology, OOO을 전파하는 데 전력을 다해왔다. 자신의 동료들이 머릿속에 그리는 유물론이나 실재론과 거리를 두면서 자신은 비유물론immaterialism이란 입장 — 물론 이는 관념론과 전연 관계없다 — 에 속한다고 자처한다.[2] 그는 곧잘 자신은 '물질'에는 그다지 관심이 없다고 통명스레 말하곤 한다. 또는 의식을 통해 얻는 진실은 세계에 대한 접촉에서 얻는 숱한 앎 가운데 보잘것없는 일부에 불과하다고 단언하면서, 미적 경험(그는 클레멘트 그린버그, 마이클 프리드, 스탠

1　창립자들은 골드스미스 칼리지에서의 학술대회 성과를 모은 책에서 자못 감격적인 어조로 사변적 실재론의 탄생 과정을 기록했다. 다음의 공동 서문을 보라. Levi Bryant, Nick Srnicek and Graham Harman, "Towards a Speculative Philosophy," Levi Bryant, Nick Srnicek and Graham Harman eds. *The Speculative Turn: Continental Materialism and Realism* (Melbourne: re.press, 2011), pp. 1-7.

2　Graham Harman, *Immaterialism: Objects and Social Theory* (Cambridge, UK and Malden, MA: Polity Press, 2016), pp. 13-20.

리 카벨 같은 모더니즘 미학의 추기경에 가까운 미학자들을 열심히 옹호한다.)을 비롯한 다양한 접촉의 양태들을 강조함으로써 인식론 중심주의에 여전히 미련을 버리지 못하는 실재론자들을 힐난한다.[3] 그는 철학 전공자들의 알렉산드리아에 가까울 '필페이퍼즈PhilPapers' 사이트에서 '사변적 실재론' 카테고리의 편집자 역할을 맡음은 물론,[4] 여러 출판 프로젝트를 책임지거나 지원해왔다. 대학에서 그와 관련한 강좌를 개설하는 것은 물론이다. 그리고 마침내 그는 지난해인 2018년 영국의 세계적 출판사인 펭귄 북스의 자회사인 펠리컨 북스에서 『객체 지향 존재론』을 출간하였다.[5] 운이 좋으면 우리는 그의 책이 공항 서점 진열대의 페이퍼북 소설 옆에 나란히 놓여 있는 것을 발견할지도 모른다. 『쿼드러플 오브젝트』는 이 책과 더불어 그의 객체 지향 존재론에 대한 가장 포괄적인 안내서다. 이 책이 하면의 사변을 이루는 주요 골격을 상세하게 밝힌다면 『객체 지향 존재론』은 대중적인 입문서에 가까운 책이며, 그가 『쿼드러플 오브젝트』 이후 새로운 유물론의 다른 입장들과의 비판적 대화를 결산하고 있다는 점에서 객체 지향 존재론의 판촉을 위한 일종의 팸플릿이기도 하다.

---

3   Graham Harman, *Object-Oriented Ontology: A New Theory of Everything* (London: Pelican Books, 2018), p. 161.

4   https://philpapers.org/browse/speculative-realism

5   Graham Harman, *Object-Oriented Ontology*.

2.

한때 우리는 텍스트 바깥에는 아무것도 없다는 느닷없는 철학적 선언에 어리둥절해하는 이상한 상황에 처해야 했다. 우리는 결국 '언어의 감옥'에 갇혀 있고, 우리가 세계를 인식하는 것은 언어/담론/표상/텍스트/이데올로기를 통해서일 뿐이기에, 우리는 세계에 관한 경험과 지식을 매개하는 바로 그것들을 비판하여야 한다고 모두 떠들었다. 사람들은 이를 언어적 전환linguistic turn이라고 부르곤 하였다. 그리고 다시 얼마 전부터 우리는 이와 전연 반대되는 철학적 선언들을 마주하고 또다시 어안이 벙벙해지고 있다. 이데올로기/스펙터클/시뮬라크르/담론 등을 거론하던 이들은 모두 퇴각하고 이제 그 자리를 새로운 유물론new materialism, 실재론이 차지하는 것처럼 보이기 때문이다. 사람들은 이를 사변적 전환speculative turn/존재론적 전환ontological turn/정동적 전환affective turn/미학적 전환aesthetical turn/동물적 전환animal turn/포스트 휴먼 혹은 비인간적 전환post-human/non-human turn 등 산만하고 잡다한 용어들을 통해 명명하기 시작했다.

폭발적이라 불러도 좋을 새로운 사변적 이론들의 프로그램은 몇 가지 점에서 수렴한다. 그들은 언어, 담론, 지식, 문화, 그 무엇이든 주체성의 권역 안에 있던 대상을 해방시키고 대상(객체) 자체, 즉 (사)물thing의 자율성과 그것의 능동적 작인으로서 역능/생기론적인 힘 등을 강변한다. 그들은 근대성의 죄과, 즉 칸트주의적 비판철학(메이야수의 기소장에는 그것이 '상관주의correlationism'란 죄명으로 기재될 것이고, 또 어떤 이는 이를 '인간 예외주의'라고 규탄할 것이다.)을 폐지할 것을 강변한다.[6] 그들은 말 그대로 주체라는 개념에 씌워진 혐의를 고발하고 그 것을 청산하고자 한다. 주체는 객체의 다른 이름에 불과함을 깨달 아야 하며, 주체/객체의 위계는 타도되어야 한다! 그리고 둘 사이의 수직적 관계는 평탄화되어야 한다!(그래서 어떤 이는 새로운 유물론을 위 한 이름으로 '평탄한 존재론flat ontology'이란 이름을 수여한다.)[7] 인간은 객체의 세계 바깥에서 독립하여 그 위에서 군림하는 것이 아니라 다른 객 체들 가운데 하나로서 자신의 위치를 겸손히 인정해야 한다. 그리 고 상관주의에 대한 비판은 하먼 특유의 비판 공정이라고 할 '이중 환원duomining', 즉 이 책에서 옮긴이가 하부 채굴undermining과 상부 채 굴overmining이라고 각각 번역한 두 가지의 환원에 대한 비판이다. 하 부 채굴은 어떤 객체를 이해하기 위해 그것을 구성하는 최종의 궁극 적 원인이나 기체基體를 상정하려는 접근이다. 반면 상부 채굴은 사회 구성론이나 포스트구조주의 철학의 담론적·수행적 규정의 접근처럼 객체란 어떤 행위나 작용의 효과에 불과하다는 접근이라 요약할 수 있을 것이다.

새로운 유물론은 크게 생기적 유물론Vital materialism(제인 베넷), 존 재자론Onticology(레비 브라이언트), 존재학Ontography(이언 보고스트), 사변적 실재론(캉탱 메이야수), 객체 지향 존재론(그레이엄 하먼), 사물 이론Thing

---

6   캉탱 메이야수, 『유한성 이후: 우연성의 필연성에 관한 시론』, 정지은 옮김, 도서출판 b, 2010.
7   Levi R. Bryant, *The Democracy of Objects* (Ann Arbor, Michigan: Open Humanities Press, 2011).

theory(빌 브라운), 다형적인 유물론적 존재론Plastic materialist ontology(카트린 말라부) 등과 같은 다양한 이름을 내건다. 아울러 여기에 정동affect 혹은 분위기mood/atmosphere와 같은 개념을 중심으로 진행되는 이른바 정동적 전환, 비인간적 전환 역시 추가할 수 있다. 이러한 이론적 추세의 핵심은 주체-객체의 근대적 형이상학의 이분법 ─ 메이야수의 표현을 빌자면 칸트의 코페르니쿠스적 혁명의 효과 ─ 을 넘어 인식, 이성, 무의식 등의 개념을 통해 식별된 주체의 개념을 거부하고, 다양한 물질적 대상과 힘, 관계 등을 행위와 실천을 구성하는 행위자agency/actant로서 승인하도록 요구한다. 따라서 주체는 객체의 일부일 뿐이며 소여성givenness과 객체 자체는 다른 것이 된다.

그리하여 주체와 객체는 횡단 불가능한 거대한 간극을 통해 분리된 항이 아니라 이제 동일한 평면에 속한 것들로 여겨진다. 이제 새로운 유물론은 주체/객체의 대립 혹은 구분을 거부하거나 철회하면서 주체의 대립항으로서의 객체object 또는 대상을 대신해 사물thing, 실체substance, 내재적 힘의 평면, 아상블라주assemblage, 혹은 주체 없는 객체subjectless object 등 새로운 존재의 이름들을 내세운다.

이 점에서 하먼은 특기할 만한 자신의 '철학적' 사변을 구축한다. 하먼은 새로운 유물론을 철학사 안에 잠재하거나 부주의하게 간과되었음에도 시도된 바 있던 다양한 이론적 사색 등을 조회照會하고 재구성한다. 그리고 이를 통해 자신의 독특한 객체의 다이어그램을 구성한다. 이것이 바로 '쿼드러플 오브젝트quadruple object' 또는 4종의 객체라는 그의 사변적 존재론의 윤곽이다. 그러나 그는 존재 혹은 객체에 관한 일의적인 논변이 가능하다고 보지 않는다. 무한히 다양한 객체들을 모두 객체란 그물로 포획하기에는 객체 내의 차이, 하먼이 사용하는 개념을 빌자면 '긴장tension' 혹은 객체/성질 사이의 '균열rift'이 있기 때문이다. 따라서 그는 '평탄한 존재론'을 거부한다. 그는 이러한 긴장의 종류에 따라 서로 구별되는 객체들의 파노라마를 선호하기 때문이다. 또한 그는 유물론의 최저치를 이루는 것이라고 흔히 생각하곤 하는 최종적인 물질 따위의 관념에서 갈라선다. 그는 현상학의 계승자로서 감각 객체, 감각 성질 같은 개념을 통해 객체가 서로에게 현상하고 접촉하고 관계 맺는 방식들이 다기할 수 있음을 인정한다. 즉 하이데거식으로 말하자면 인식과 경험에 포착되는 객체가 있지만 그로부터 '물러나는' 객체도 있다는 것이다.

그는 객체들끼리의 관계 혹은 객체들이 그 자신, 즉 자신의 성질들이나 구성 부분들, 현상들과 맺는 관계 사이에 존재하는 간극에 따라 객체가 다양한 방식으로 겹쳐져 있음을 드러내고자 한다. 그리고 그것이 바로 객체 지향 존재론이라는 '방법'이다. 이 방법은 친절하게도 객체의 세계를 탐색하기 위해 제법 정연한 지도를 마련해준다.[8] 이것이 이 책의 9장인 「존재학」을 가득 채운 도해들이다. 그리고 이 그림들은 실재 객체, 실재 성질, 감각 객체, 감각 성질이라는 객체의 네

---

8   그런 점에서 그는 자신의 객체 지향 존재론을, 이 책에서는 '존재학'이라고 번역한 'ontography'라고 명명한다. 그것은 존재에 관한 제1원리를 찾는다는 의미에서의 과학이라기보다는, 존재의 실존 양태를 기술하고 분류한다는 의미에서의 존재-기록학이거나 존재들의 작도(作圖)에 가까울 것이다.

가지 양태와 그 사이에 가능한 열 가지의 연결 형태를 보여준다.

그리고 이는 또한 하먼의 철학사 주해이기도 하다. 그는 하이데 거의 저 유명한 '눈앞에 있음Vorhandenheit'과 '손 안에 있음Zuhandenheit'을 원용하면서 실재 객체와 감각 성질에 대한 긴장 개념을 선취한 이론을 발견하고, 라이프니츠의 모나드론에서 실재 객체와 실재 성질 사이의 긴장에 관한 서술이 예기되었음을 발견하며, 후설의 형상적 직관 같은 사고 실험을 감각 객체와 감각 성질 사이의, 그리고 감각 객체와 실재 성질 사이의 긴장을 설명하는 요소로 지목한다. 그리고 그 각각의 간극 사이의 긴장에서 놀랍게도 시간, 공간, 본질, 형상이라는 범주들을 도출한다. 또한 우리의 인식과 경험으로서는 알 수 없는 객체 사이의 관계를 설명하기 위해 '기회원인론occasionalism'이라는 대담한 가설을 동원하기도 한다. 객체가 취할 수 있는 양태에 따라 네 가지 객체를 구별하고 그것들이 맺는 연결을 통해 열 가지 순열을 얻어낸 하먼은, 이것이 그의 어떤 책의 제목처럼 '만물everything의 이론'일 수 있다고 기염을 토한다. 그러나 과연 그럴까. 우리는 이에 대한 의구심을 이 글의 마지막에서 간략히 개진할 것이다.

3.

새로운 유물론의 주된 노선 가운데 하나는 주체-객체의 분할을 폐지함으로써 체험, 변용affection 등의 개념을 통해 파악되는 전前주체적 차원을 역설하면서 주체 없는 주체성의 모델을 생산하는 데 진력한다는 점일 것이다. 결국 새로운 유물론의 공격은 이중적인 전선에서 펼쳐진다. 먼저 그것은 주관적 인식의 상대항으로 가정된 (또 그렇다고 그들이 추정하는) 대상 혹은 객체를 부정하면서, 동시에 주체란 개념에 적재되어 있다고 믿는 가치와 위엄을 파산시키고자 한다. 물론 이는 당연히 나름의 정치적인 효과를 수반한다. 그 가운데 가장 유명한 것은 '비판'이란 모델에 쏟아부은 격렬한 고발일 것이다. 독일 관념론의 다른 이름일 '비판' 철학이든 아니면 마르크스의 정치경제학 '비판'이든 비판은 이제 새로운 유물론의 공적이 된다.[9]

하먼식의 표현을 빌자면 비판은 수조 개가 넘는 존재자들로 이뤄진 세계에서 인간이 절반의 몫을 차지하고 다른 모든 존재자들은 나머지 절반 속에 욱여넣어지는 폭력적 조처다. 인간은 자신을 제외한 수조 개의 존재자들을 나머지 절반의 칸에 감금하며, 인간-주체와 전연 상관없이 자신들끼리 관계를 주고받는 대상들 사이의 관계를 정치에서 배제한다. 그렇기 때문에 우리는 인간-주체에게만 배타적으로 '공적인 것'을 구성하는 자격을 부여하는 짓을 그만두어야 하며 정치적인 것의 영역에 인간-주체만 배정하는 패악을 중단해야

---

9   아마 이를 대표하는 사례는 라투르의 악명 높은 주장일 것이다. Bruno Latour, "Why Has Critique Run out of Steam? From Matters of Fact to Matters of Concern," *Critical Inquiry* 30, no. 2, 2004. 한편 비판이란 모델이 지식의 모델이었음을 고발하며 허위의식이나 이데올로기의 비판이 아닌 감성적인 것의 분할의 재배치를 역설하는 랑시에르 역시 비판의 고발 대열에 속한다. 흥미롭게도 하먼은 철학의 기초라는 자리에 미학을 앉히고 인식 혹은 앎(knowledge)으로 환원할 수 없는 객체(와 성질 사이의 관계)의 드러남/물러남(presence/withdrawal) — 하먼이 여러 곳에서 되풀이해 말하듯이 앎은 '객체에 대한 불완전한 번역'일 뿐이다 — 을 헤아리기 위해 암시(allusion)나 빗댐(innuendo) 같은 용어를 채택한다. 그 역시 포스트-비판으로 나아가는 길을 여는 셈이다.

한다.[10] 레비 브라이언트의 말을 빌자면 '객체들의 민주주의democracy of objects'를 도입해야 하며,[11] 라투르의 구호를 빌자면 '객체들의 총회assembly'를 소집해야 하는 것이다.[12] 그런 점에서 그는 온전히 객체의 자유주의자라고 할 수 있다.

인식을 통해 알려진 객체만이 있는 것이 아니라 주체 없는 객체, 주체가 없어도 존재하는 객체, 의식과 언어를 통해 알려지기 전에 이미 존재하는 현실이 있다고 역설하는 사변은, 철학의 역사에서 그리 새삼스러운 것이 아니다. 그레이엄 하먼이 참조하고 의지하는 하이데거는 특히 그러하다. 물론 하먼의 하이데거는 여러 얼굴을 한 하이데거 가운데 하나다. 그의 기초존재론을 극단화된 주관주의 철학으로 보는 한편의 주장이 있다면, 인식으로 환원할 수 없는 사물의 실재성을 옹호한 유물론자로 간주하는 다른 한편의 주장이 있을 것이다. 하먼은 물론 후자의 하이데거를 채택한다. 하이데거가 후기에 전개했던 시적인 사유와 암시로 가득찬 객체에 대한 사유 — 물론 하이데거가 이를 위해 배정한 개념들은 객체라기보다는 '사물'일 테지만 — 는 물론, 훗날 하먼에 의해 '4종의 객체'라는 존재의 일반적 도식으로 탈바꿈하는 '사방대상das Geviert, 四方対象'[13]이란 수수께끼 같은 모델은 모두

---

10   Graham Harman, *Object-Oriented Ontology*.

11   Levi R. Bryant, *The Democracy of Objects*.

12   Bruno Latour, *Making Things Public: Atmospheres of Democracy* (Cambridge, MA: The MIT Press, 2005).

13   『쿼드러플 오브젝트』의 일본어판 번역본의 제목은 『사방대상』이다. グレアム ハーマン, 四方対

하먼의 존재론의 초석이 된다. 하먼은 포스트-하이데거적인 현상학을 통해 유물론을 급진화한다. 아무튼 오늘날 부상하는 새로운 유물론은 기시감을 불러일으킨다(화이트헤드의 과정철학, 윌리엄스의 실용주의 심리학, 톰킨스의 정동적 심리학 등이 복원되는 것도 유의할 만한 일이다).

그렇지만 이를 반복되는 철학적 보수화의 변주라고 치부하고 무시하는 것이 좋은 일은 아닐 것이다. 새로운 유물론의 이론적·정치적 효력은 이미 현실에서 확대되고 있다. 그것은 무력한 비판적 유물론(특히 역사유물론)을 대신할 수 있는 듯이 지지받고 있을 뿐 아니라, 나아가 최신의 과학기술의 성과나 사회분석의 지지를 받으며 오늘날의 상식으로 군림하고 있기 때문이다. 게다가 '인류세Anthropocene'라는 새로운 지질학적 시대에 접어들었다는 불길한 진단은 사유의 충격을 야기하는 주장에 머물지 않고 숫제 존재의 지평 전체를 재고하도록 하는 분기점으로서 받아들여야 한다는 주장이 쇄도하고 있다. 그런 점에서 새로운 유물론이 다시 돌아온 멍청한 이데올로기라고 얕잡아보는 것은 현명한 생각이 아니다. 그것은 현실적 관념으로 작동하기 때문이다.

초연결사회의 사물인터넷 운운하는 담론에서 우리는 이미 사물을 기꺼이 의인화하는 새로운 애니미즘적인 어법에 사로잡힌다. 자연 다큐멘터리나 동물 다큐멘터리는 대개 객체들이 인간에 '대한' 대상이 아니라 그 자체로 주체라는 듯이 보이스오버를 통해 그 모든 것들

象: オブジェクト指向存在論入門, 岡嶋隆佑 外 訳, 人文書院, 2017.

을 의인화한다. 동시대 예술의 현장에서 마주하는 설치 작품들은 모두 수다한 객체들이 어떻게 놀라운 경험을 불러일으키는지 느끼고 감응하도록 한다. 그런 점에서 새로운 유물론은 전문 철학의 고매한 영역 속에서 유통되는 것이 아니라 우리의 자생적 의식 속에서 이미 왕성하게 작동하고 있다. 사물의 시학詩學이라고 불러도 좋으리만치 객체들의 무한한 면모를 헤아리는 책들이 꾸준히 나오고 있다. 그리고 새로운 유물론은 이러한 느낌과 경험을 자신의 철학적 사변을 위한 서사에 항용 동원한다. 그런 점에서 새로운 유물론은 자생적 철학이다. 그리고 하이데거적인 의미에서 시대의 '분위기'에 감금된 우리에게 새로운 유물론은 더없이 매력적일 수밖에 없다.

그러나 하먼의 객체 지향 존재론의 터무니없어 보이기까지 하는 야심, 즉 그의 신작의 부제(A New Theory of Everything)처럼 '만물'에 관한 이론이 정말 모든 것을 망라하고 있을까. 그가 모든 것을 망라하는 존재의 총체적 도식을 만들어낼 때 그가 누락하고 있는 것은 없을까. 아마 그는 한 가지를 추가하는 것을 잊은 듯하다. 그것은 바로 무無이다. 물론 무라는 개념은 다른 개념들로 번역될 수 있다. 그 가운데 일급의 후보는 적대, 모순 또는 데리다적인 어법을 빌자면 '차연différance' 같은 것, 마르크스주의자라면 기꺼이 '계급투쟁'이라고 이름 붙일 것들이 이에 해당될 것이다.

그러나 여기에서 말하는 무는 존재가 채우는 어떤 실정적인 공백이나 자리를 가리키는 이름으로서의 무가 아닐 것이다. 이를테면 잔이 비어 있을 때의 그 공백을 가리키는 것으로서의 무와 같은 것은 아니다. 무란 안정적인 객체를 가능케 하는 원리라는 점에서 존재에 불가결하다. 지젝의 말을 빌자면 "올바른 유물론자의 입장은 '전체로 서의 세상이 존재하지 않는다'는 것이다. 즉 전체로 보면 세상은 무無, nothing이다. 그 안의 모든 것은 이 무 **내부**에 존재한다"가 될 것이다.[14] 이는 세계는 존재하며 그것은 수조 개의 존재로 이뤄져 있다는 하먼 의 주장과 다르다. 세계가 존재하지 않는다는 말은 세계가 없다는 말 이 아니라, 그것을 존재하도록 하는 '구성적인' 적대를 제한하고 그 적 대에 의해 규정된 각 요소들이 작용하는 관계의 체계로 표상하는 한 에서만 그 세계는 존재하는 것으로 현상할 수 있다는 말이다.

다음으로 우리는 주체를 객체의 외부에 놓인 자율적 실체로 둘 것이 아니라 그 역시 객체의 한 요소로 환원하여야 한다는 주문에 대해 따져볼 수 있다. 주체도 객체라고 말하며 다른 객체만큼의 지분 을 갖는 데 만족하여야 한다고 다그치는 것만으로 주체에 대한 유물 론적 처리를 충실히 완수한 것일까. 주체와 객체, 객체와 객체 사이의 관계로 구성된 다양한 객체 사이의 접촉이란 지평을 견지하면서 오성 과 이성에게 약간의 몫을 배당해주는 하먼의 접근은 실망스럽다. 그 는 외려 주체를 털끝만큼도 건드리지 않은 채 주체를 객체로 개명改名 하고 그것을 다른 객체와 동등한 객체의 도식 속에 배치하는 데 머물 기 때문이다. 이를테면 마르크스의 상품물신주의를 생각해보자. 상품

---

14   슬라보예 지젝, 「유물론 다시 보기」, 『혁명이 다가온다: 레닌에 대한 13가지 연구』, 이서원 옮김, 도서출판 길, 2006, 56쪽, 강조는 인용문.

은 구체적인 효용과 매력을 가지고 있는 사물에 덧씌워진 주관적인 환영인가. 그렇다면 그것은 주관적인 의식의 영역에 속하는 것이다. 아니면 그렇게 현상함으로써만 실재하는, 즉 자신을 특정한 가치가 있는 대상으로 나타냄으로써만 끊임없이 생명을 유지하는 객체 자체의 편에 속하는가. 상품은 주체인가 객체인가. 이런 물음 자체가 바로 상품물신주의의 요점일 것이다. 마르크스는 상품을 '객체화된 사유형태'라고 말한다는 것이다. 이것은 객체는 주체라는 언급에 다름 아니다. 그것은 모순어법이지만 또한 동시에 그런 모순을 통해서만 주체와 객체가 자신을 정립할 수 있음을 가리키는 것이기도 하다.

마르크스가 주체를 객체화할 때 그는 주체도 객체의 일종이라고 주장하는 것이 아니다. 그것은 외려 자본주의 생산양식이라는, 근본적으로 위기를 통해서만 자신을 조정하는 '불가능한' 세계가 가능하려면 이미 주체가 객체 안에 포함되어 있어야만 한다고 말하는 것이다. 따라서 지배적인 의식은 지배계급의 의식이란 마르크스의 말은 틀린 것이 아니다. 다시 말해 이데올로기에 물들지 않은 존재론이란 불가능하다. 오해를 피하고자 말하자면 이데올로기란 그것이 그런 방식으로 있을 수밖에 없는 것처럼 주체에게 객체를 현상하게 하는 틀을 가리킨다. 그렇다면 하먼의 객체 지향 존재론은 어떻게 이데올로기와 상관할까. 현명한 독자라면 아마 묻지 않을 수 없을 것이다.

『쿼드러플 오브젝트』는 최근 영미권의 철학계를 중심으로 '사변적 실재론'을 공통된 철학적 입장으로 삼는 일군의 철학자들 중 대표적인 인물인 그레이엄 하먼Graham Harman의 책 *The Quadruple Object*를 우리말로 옮긴 것이다. 저자 그레이엄 하먼은 현재 미국의 서던캘리포니아건축학교SCI-Arc 철학과 교수로 재직하고 있으며, 여러 저작과 다양한 매체와의 대담을 통해 '객체 지향 존재론'이라는 철학적 입장을 적극적으로 알리고 있는 철학자다. 그는 현재 자신의 결과물을 블로그에 올리며 활발하게 활동하고 있다.

이 책에서 하먼은 칸트 이후 근대 유럽 철학의 주류가 된 '존재론에 대한 인식론의 우위'라는 철학적 시각과 인간 중심적 사유 방식에 근본적으로 반기를 든다. 그는 이러한 문제의식을 바탕으로 후설의 현상학과 하이데거의 도구-존재 비판, 사방세계 등을 독특하고 도발적으로 해석하면서 대안을 모색하고자 한다. 그렇기 때문에 저자는 이 책에서 자신에게 영향을 준 두 철학자들의 입장을 먼저 살펴보고, 뒤이어 자신만의 고유한 철학을 발전시켜나간다. 이러한 그의 철학적 기획은 인간 주체를 중심으로 하는 인식론을 거부한다는 점에서 새로운 존재론적 논변이다. 또한 그는 거기서 더 나아가 객체 지향 존재론의 확장 가능성을 적극적으로 모색한다.

저자는 우선 물리적이든 관념적이든 세계 내에 존재하는 모든 단일체를 '객체$_{object}$'라고 규정한다. 따라서 저자가 규명하고자 하는 영역은 물리적인 것뿐만 아니라 관념적인 것까지 모두 포괄하며, 그 모든 것을 기술하는 철학을 구축하는 데 이 책의 목적이 있다. 이를 위해 그는 칸트 이전의 고대 그리스까지 거슬러 올라가며 객체에 관한 이론의 역사를 압축적이고 독특하게 해석하고, 자신의 객체 지향 철학이 그러한 전통을 창조적으로 계승하고 있음을 역설한다. 그리고 그는 후설과 하이데거의 철학 중 자신이 영향을 받은 부분을 간략히 기술한 후 본격적으로 객체 지향 철학을 전개하는 방식으로 이 책을 구성한다. 따라서 이 책의 서술은 저자에게는 자신만의 철학을 완성해가는 과정 자체이고, 독자에게는 그 과정에 동행하는 지적인 여정이나 마찬가지일 것이다.

우선 저자는 1장에서 철학사를 개괄하면서 객체에 대한 이론들을 해석하는 방법에는 크게 두 가지가 있다고 주장한다. 첫 번째 방법은 근원적인 실재로 파고들어가는 고대 그리스 자연철학자들의 탐구 방법인 하부 채굴$_{undermining}$이고, 두 번째 방법은 객체의 성질들을 파헤쳐서 그것들의 묶음(다발)을 객체로 이해하는 경험론적 탐구 방법인 상부 채굴$_{overmining}$이다. 저자는 이 두 가지 방법을 제시함으로써 서양 철학의 형이상학적 존재론의 역사도 간략히 정리한다. 하먼은 또한 경험 밖의 객체를 부정하는 버클리는 물론, 객체에 대한 불가지론적인 입장을 고수하는 칸트 또한 거부한다. 그는 대신 고대 그리스의 플라톤과 아리스토텔레스부터 중세 스콜라 철학, 근대 라이프니츠의 모나드론, 그리고 현대의 현상학을 하나의 전통으로 엮어놓은 뒤 자신의 철학이 그와 같은 전통에 놓여 있다는 자부심을 가지고 여정을 떠난다.

이제 본격적인 길에 나선 저자는 2장에서 현상학의 시조인 후설이 자신에게 준 영향에 대해 살펴본다. 후설 현상학의 목표가 '사물(사태) 자체the things themselves로의 환원'에 있음을 인정함에도 불구하고, 저자는 후설을 철저한 관념론자로 간주하며 그런 점에서 감각 객체가 후설 철학에서 암시됨을 포착한다. 다시 말해 후설에게서 사물(사태) 자체란 외부의 사물(사태)을 고려하지 않고 괄호를 쳐서 우리에게 드러나는 것인데, 이때 저자는 현상적 영역에서 감각 객체와 그 성질이 암시된다고 적극적으로 해석한다. 다시 말해 저자는 후설의 '지향적 객체'라는 것으로부터 감각적인 것을 이끌어내는데, 그는 그것을 다시 감각 객체와 감각 성질로 구별한다. 그러나 후설에게 있어 지향적 객체란 의식 없이는 있을 수 없기 때문에, 자율적인 실재나 행동이 결여되어 있는 한계를 지닐 수밖에 없음을 예리하게 지적한다.

그런 다음 3장에서 저자는 또 다른 20세기의 중요한 철학자인 하이데거에 주목하고 그의 철학을 후설 현상학의 보완이자 계승으로 규정한다. 하면은 후설이 현상에 드러난 것에 주목하는 반면, 하이데거는 현상에서 물러난 실재를 규명하고자 한다고 주장한다. 저자는 현상학이라는 구조물의 내부를 급진적으로 개혁하는 하이데거의 '도구 분석'에 주목해, 그것이 하이데거의 후기 철학뿐만 아니라 초기 철학에서도 그 맹아가 드러나는 핵심적 개념이라고 주장한다. 즉 하면에게 있어 하이데거의 사물의 실재란 '눈앞에 있는 것'이 아니라 '손안에 있는 것'이고, 도구 그 자체는 작동할 때가 아니라 작동하지 않을 때 그 실재적인 모습이 드러난다는 것이다. 여기서 저자는 하부 채굴과 상부 채굴이라는 또 다른 두 가지 극점을 도출한다.

그런데 저자는 여정에서 잠시 벗어나 4장에서 하이데거에 관한 기존의 입장과 자신의 입장이 다르다는 것을 강조하며 숨 고르는 시간을 가진다. 하면은 하이데거의 도구 분석이 일반적으로 알려진 것보다 더 심오한 의미를 지니고 있으며, 하이데거에게 있어 '눈앞에 있는 것'과 '손 안에 있는 것'은 알려진 것과 달리 대립되는 개념이 아님을 지적한다. 또한 그의 주요 저작인 『존재와 시간』이라는 제목에도 불구하고, 하이데거는 시간 일반에 관해 논의한 철학자가 아니라 연속된 시간에 주목한 베르그손과 달리 고립된 '순간(시간성)'에 주목한 철학자라고 주장한다. 따라서 하면에게 있어 하이데거는 현재의 순간에 초점을 맞춘 실재론자가 된다.

본문에서 저자는 객체가 그 자체로 자율적으로 존재한다고 주장한다. 그렇다면 객체와 객체 사이에 이루어지는 상호작용은 어떻게 이뤄질까? 저자는 자율적인 객체들은 직접적으로 상호작용하는 것이 아니라, 간접적으로만 상호작용한다고 주장한다. 그런 점에서 그는 5장에서 철학사에 나타나는 몇 가지 전통적인 간접 인과의 모델을 간략히 살펴본다. 저자에 따르면 간접 인과의 첫 번째 대표적인 모델은 신플라톤주의에서 찾아볼 수 있는 수직적인 인과 모델이고, 두 번째로 중요한 모델은 아리스토텔레스의 수평적인 인과 모델이며, 세 번째로 중요한 모델은 이슬람 철학에서 유래한 기회원인론의 간접 인과 모델이다.

저자는 그중에서 기회원인론적 인과 모델에 주목해 객체 사이에서 일어나는 상호 영향을 설명한다. 저자에 따르면 실재 객체란 직접적으로 접촉할 수 있는 것이 아니라 간접적으로 상호 작용할 뿐이다. 따라서 실재의 영역은 감각 객체와의 접촉을 통해 간접적으로만 알 수 있을 뿐이다. 반면 감각 객체는 다양한 성질들 사이의 다리 역할을 담당한다. 하먼은 이러한 기회원인론적 인과 모델이 그 당시 서유럽 지성계의 데카르트를 비롯해 이후의 흄과 칸트, 그리고 최근의 화이트헤드의 철학에 이르기까지 다양한 변형을 거치며 계속해서 전개되었다고 주장한다.

6장에 이르러서는 더욱 흥미로운 논의가 전개된다. 하먼이 제안하는 객체의 4중 구조는 하이데거의 후기 철학에서 나타나는, '땅' '하늘' '신들' '사멸하는 자들'이라는 '사방세계Geviert' 개념을 기본적인 모델로 삼고 있다. 저자는 사방세계가 그동안 하이데거 철학을 논의할 때 종종 무시되었지만, 이미 초기 철학에서도 그 맹아가 엿보였고 계속해서 성장해가는 핵심적인 개념이라고 적극적으로 해석한다. 특히 하먼은 고대 그리스 철학에서 전개되었던 실재적인 것과 감각적인 것이라는 이중적 원리가 하이데거에 와서 4중 구조로 더욱 확장되었다고 주장함으로써, 하이데거 철학 내에서 충분히 설명되지 않았던 사방세계 개념을 창조적으로 재해석한다.

이어서 저자는 7장에서 기존 철학사에서 발견되는 2중 구조에 관해 미처 기술하지 못한 점을 보충 설명한다. 그에 따르면 플라톤의 감각 세계와 감각을 넘어선 세계라는 2중적 관념은 아리스토텔레스의 단일 실체와 다수의 특성이라는 모델과 결합한다. 이는 근대에 들어와 칸트가 계승했으며, 하이데거 철학에서도 다양한 방식의 2중적 구도가 발견된다. 하이데거의 2중은 다시 4중적인 관념(땅, 하늘, 신들, 사멸하는 자들)으로 분기되는데, 이때 저자는 하이데거가 객체와 그 자체의 성질이 어떻게 만나게 되는지를 충분히 설명하지 못한다고 지적한다. 따라서 저자는 하이데거의 시적인 네 가지 개념을 감각적인 것과 실재적인 것 사이의 상호작용으로 대체하고자 한다. 여기서 하면은 네 가지 극점 중 감각 객체와 감각 성질 사이의 긴장을 '시간'으로, 실재 객체와 감각 성질 사이의 긴장을 '공간'으로, 실재 객체와 실재 성질 사이의 긴장을 '본질'로, 마지막으로 감각 객체와 실재 성질 사이의 긴장을 '형상'으로 명명하고, 이 네 가지 긴장을 '분열'과 '융합'이라는 입자물리학적 용어를 통해 기술한다.

이처럼 저자는 2중적 개념의 쌍을 거부하지 않으면서도 4중적 구조를 통해 객체의 구조를 형성하고자 한다. 그에게 남은 물음은 객체 내부의 여러 단계에 대한 것이다. 이를 위해 그는 8장에서 중세적 의미를 되살린 브렌타노가 제시하고 후설에 이르러 정립된 '지향성' 개념에 주목한다. 하면은 브렌타노와 후설이 제안한 정신적인 것과 물리적인 것 사이의 구별을 감각적인 것과 실재적인 것 사이의 구별로 대체한다. 이를 통해 그는 지각을 특정의 존재자에게 한정하지 않고 존재자의 일반적인 양태로 간주하며, 생명적 존재자뿐만 아니라 비생명적 존재자들까지 포괄하는 자신의 철학을 다심론적 철학이라 부르면서 객체를 자율적인 단위로 규정한다.

마침내 우리는 9장에서 하먼과 함께하는 여정의 목적지에 도달한다. 그는 앞선 논의를 통해 얻은 네 가지 극점, 즉 감각 객체와 실재 객체라는 두 가지 객체와 감각 성질과 실재 성질이라는 두 가지 성질 사이의 관계와 효력에 관해 기술한다. 이를 위해 그는 우리에게도 익숙한 카드놀이나 다소 낯선 현대 양자물리학을 함께 동원한다. 하먼에 따르면 네 가지 이종적인 극점 사이의 긴장인 시간(감각 객체-감각 성질), 공간(실재 객체-감각 성질), 본질(실재 객체-실재 성질), 형상(감각 객체-실재 성질)과 더불어, 그 각각의 내부에서의 객체와 성질을 배치하는 방법에는 '대면(시간)' '매혹(공간)' '인과(본질)' '이론(형상)'이라 불리는 분열(대면, 이론)과 융합(매혹, 인과)의 쌍이 있다. 그 이외에도 붉은색 카드로 비유한 것처럼 두 가지 성질 사이에는 세 가지 '방사'가 있고 (실재 성질-실재 성질, 감각 성질-감각 성질, 실재 성질-감각 성질), 검은색 카드로 비유한 것처럼 두 가지 객체 사이에는 세 가지 '접합'(실재 객체-실재 객체, 감각 객체-감각 객체, 실재 객체-감각 객체)이 있음을 기술한다. 그는 이러한 자신의 철학이 존재론ontology과 지리학geography이 결합된 형태의 이종적인 학문으로서, 작가 몬터규 로즈 제임스의 공포소설에 나오는 존재학ontography이라는 이름으로 논의될 수 있을 것이라고 주장한다. 여기서 저자의 의도는 칸트와 프로이트 철학과 마찬가지로 자신의 철학을 형이상학적 존재론의 차원만이 아니라 세계와 우주에서 벌어지는 윤리의 차원으로 확장시키는 데 놓여 있다.

마지막으로 저자는 10장에서 '사변적 실재론'이라 불리는 최근의 철학 사조의 발생 배경을 설명한다. 하먼은 사변적 실재론을 공유했던 다른 동료 철학자들, 즉 캉탱 메이야수, 레이 브래시어, 이언 해밀턴 그랜트의 입장을 하나하나 분석하고 자신과의 차이를 강조한다. 이어서 객체 지향 철학이라는 렌즈를 통해 현상학과 과학주의가 갖는 한계를 지적하면서 기나긴 지적 여정을 마친다.

그동안 이 책을 우리말로 옮기면서 역자는 후설과 하이데거 철학에 관한 지식의 부족을 절감했다. 또한 객체 지향 철학이라는 다소 낯선 저자의 철학에 적응하기 바쁘기도 했다. 그나마 다행스러웠던 점은 독일에서 하이데거 철학으로 박사학위를 받은 조홍준 박사가 역자의 주변에서 부족한 지식을 메꾸어주었다는 사실이다. 이 자리를 대신해 감사의 말을 전한다. 그럼에도 불구하고 이 책에서 발견되는 오류는 전적으로 역자의 책임임을 밝혀둔다. 마지막으로, 독자들이 우리에게 아직 낯선 객체 지향 철학을 이 책을 통해 더욱 잘 이해하는 것이 역자의 소박한 바람이다.

수원성 북문의 작은 카페에서
옮긴이 주대중

지은이 그레이엄 하먼 Graham Harman

카이로의 아메리칸대학교 철학과 교수이자 서던캘리포니아건축학교 교수. 저명한 철학자 알폰소 링기스의 지도 아래 레비나스에 관한 논문으로 석사학위를 받았다. 시카고 드폴 대학교에서 박사학위를 마치는 동안 스포츠 작가로 일하는 등 다채로운 이력을 쌓았다. 대표작으로 『쿼드러플 오브젝트』(2011) 『도구-존재』(2002) 『비유물론』(2016) 『객체 지향 존재론』(2018) 『사변적 실재론 입문』(2018) 등이 있다. 하먼은 2007년 런던대학교 골드스미스 칼리지의 '사변적 실재론' 학술대회에서 본격적으로 새로운 유물론을 펼쳤으며, 그 성과를 담은 『사변적 전환: 대륙 유물론과 실재론』(2011)을 공동 편집했다. 하먼은 자신만의 독보적인 철학을 '객체 지향 존재론Object-Oriented Ontology'이라 명명하고 활발한 논쟁을 펼치는 등 왕성하게 활동하고 있다.

옮긴이 주대중

고려대학교 철학과를 졸업하고 동 대학원에서 철학 석사학위를 받았다. 그 후 런던대학교 킹스 칼리지 철학과에서 MA과정을 졸업했다. 철학서를 비롯해 인문학 책을 소개하는 데 관심이 있으며, 틈틈이 커피를 볶고 있다. 옮긴 책으로 로저 스크루턴의 『현대 철학 강의』가 있다.

해제 서동진

계원예술대학교 융합예술학과에서 가르친다. 시각예술과 자본주의의 문화/경제에 대한 비판적 연구와 글쓰기를 하고 있다. 지은 책으로 『동시대 이후: 시간-경험-이미지』 『변증법의 낮잠』 『자유의 의지, 자기계발의 의지』 『디자인 멜랑콜리아』 등이 있다.

쿼드러플 오브젝트

1판 1쇄 2019년 11월 30일
1판 2쇄 2024년 4월 1일

지은이 그레이엄 하먼
옮긴이 주대중
펴낸이 김수기

펴낸곳 현실문화연구
등록 1999년 4월 23일 / 제2015-000091호
주소 서울시 은평구 불광로 128, 302호
전화 02-393-1125 / **팩스** 02-393-1128 / **전자우편** hyunsilbook@daum.net
ⓗ blog.naver.com/hyunsilbook　ⓕ hyunsilbook　ⓧ hyunsilbook

ISBN 978-89-6564-228-2 (93100)

이 도서의 국립중앙도서관 출판예정도서목록(CIP)은
서지정보유통지원시스템 홈페이지(http://seoji.nl.go.kr)와
국가자료종합목록 구축시스템(http://kolis-net.nl.go.kr)에서 이용하실 수 있습니다.
(CIP제어번호:CIP2019009573)